论语：
一以贯之的民族魂

高卡沙 著

北京燕山出版社
BEIJING YANSHAN PRESS

图书在版编目(CIP)数据

论语：一以贯之的民族魂 / 高卡沙著. — 北京：北京燕山出版社，2024.9
ISBN 978-7-5402-7224-1

Ⅰ．①论… Ⅱ．①高… Ⅲ．①《论语》－文集－当代 Ⅳ．①B222.2-53

中国国家版本馆CIP数据核字(2024)第019500号

论语：一以贯之的民族魂

作　　者：	高卡沙
责任编辑：	王月佳
出版发行：	北京燕山出版社有限公司
社　　址：	北京市西城区椿树街道琉璃厂西街20号
邮　　编：	100052
电　　话：	010-65240430（总编室）
印　　刷：	河北鑫彩博图印刷有限公司
开　　本：	710mm×1000mm　1/16
字　　数：	248千字
印　　张：	17
版　　次：	2024年9月第1版
印　　次：	2024年9月第1次印刷
定　　价：	76.00元

版权所有　盗版必究

序　言

　　孔子是我国春秋时期著名的思想家、教育家，但是他教学的目的，不仅仅是为识文断字办的扫盲班，这样的初级文化，一般私塾先生就足以轻易解决；也不仅仅是为了教人博古通今，学富五车，这些学问，较高水平的老师就绝对可以胜任；孔子只有一个真正的目的，以道德立学！就是为国家培养有道德、有文化、有能力的官员，忠心耿耿而又全心全意为国民服务的行政人员。所以说，孔子的学堂按照现在的说法可以被称为"国家行政干部管理学院"。

　　孔子培训国家行政管理人员，最注重的是什么呢？是人的道德品质。在《论语》发表之前，尚无一本完整论述官员应该知道什么是道德，怎么修养和遵守道德的教科书，《论语》就是把孔子及学生教学及生活期间，贯穿于其中的道德精髓记载下来编成书，作为专业的道德品质教材。

　　自《论语》产生千百年之后，经过各个时代的儒学研究，至程朱理学，儒家的精神被篡改和扭曲到无可容忍的地步，更把《论语》的道德之本意彻底抹杀，许多《论语》的解释，都存在着非常严重的错误，有的甚至错得离谱，不仅仅是精神实质，连词义有的都与原意没有关系，不仅扭曲了孔子，扭曲了中华文明，也错误地误导了一代又一代国人，害人之深无可名状。

　　为什么说《论语》传承至今已经两千多年，却依然能够作为我们今天的经典而不过时？因为它能教会人们懂得礼义廉耻，懂得自私自利对社会的危害，懂得如何做人处事，更因为它的思想超越了孔子所处的时代，是人类共同追寻的目标，是还要经过很长时间才能实现的思想境界。

　　看看两千年前的中国，即"天下为公"的理论就已经存在并且广泛流传，《礼记·礼运》明确记载了孔子的主张与信念："大道之行也，天下为公"，诸子百家都对此做过全面而大量的有关论述，如姜尚说："天下者，非一人之天下，唯有道者处之。"老子说："将欲取天下而为之，吾见其不得已。"管子说："所谓

《论语》：一以贯之的民族魂

天者，非谓苍苍莽莽之天也，君人者以百姓为天。"《吕氏春秋》更明确："天下非一人之天下也，天下之天下也。"

　　《论语》及诸子百家能够出现在春秋时期，是因为那时是从原始社会的公有制向私有制转变的初级阶段，公有制的基础还存在，而存在决定意识，以公为上、以公为德的思想与时代紧密相关。社会上的私有制发展得越长期、越完善、越巩固，人们的自私自利思想就越浓厚，看《论语》的眼光就越偏，甚至到了曲解的地步。

　　为了恢复《论语》的本来面目，擦掉蒙盖其上的厚厚灰尘，让其内在的精华重新发出灿烂的光芒，作者以探讨的方式，逐句逐字地为《论语》被错误解释的段落重新定义，使其以原貌展示在世人面前，并以其崇高的道德思想来教育我们的国人。

　　什么是《论语》？《论语》的"论"发音本为言论的"论"，可为什么发音为"轮"？没有人为此做过解释，论语变成"轮"语，其实就是地方语言发音的不同，没有其他含义，但这却是一个非常重要的问题。《论语》这个书名其实是个缩略语，原文应该是《孔子及弟子论人、特别是国家行政管理人员的道德修养之言行集》。这个主题不明确，里面的内容就难免被注解得离题千里，甚至完全背离了原意。

　　由于纸的发明在东汉，孔子所在的东周时期，文字的记载是用竹简，很厚又很笨重。所以，为了省工省料，为了让书籍不至于太沉，便于阅读与携带，只得以缩略方式省去许多当时众所周知的语言语句，以一字、一词代一句或更多的意思，但是读者都明白省略了什么，也就是因为有当时社会共有的思维理念为基础。

　　所以，尽量把《论语》中的缩略语中的含义解释出来，用现代的语言解释其蕴藏在其中的真实意义，以便更深刻地了解《论语》中包含的博大内容。

　　另外，《论语》中还有大量的通假字与倒装句，比较容易搞混的地方，也做了一些必要的说明。

作者于 2022 年 1 月 18 日

目　录

第一篇　学而 ……………………………………………………… 1
第二篇　为政 ……………………………………………………… 15
第三篇　八佾 ……………………………………………………… 27
第四篇　里仁 ……………………………………………………… 41
第五篇　公冶长 …………………………………………………… 52
第六篇　雍也 ……………………………………………………… 66
第七篇　述而 ……………………………………………………… 81
第八篇　泰伯 ……………………………………………………… 99
第九篇　子罕 ……………………………………………………… 109
第十篇　乡党 ……………………………………………………… 124
第十一篇　先进 …………………………………………………… 136
第十二篇　颜渊 …………………………………………………… 150
第十三篇　子路 …………………………………………………… 163
第十四篇　宪问 …………………………………………………… 177
第十五篇　卫灵公 ………………………………………………… 198
第十六篇　季氏 …………………………………………………… 218
第十七篇　阳货 …………………………………………………… 226
第十八篇　微子 …………………………………………………… 241
第十九篇　子张 …………………………………………………… 248
第二十篇　尧曰 …………………………………………………… 260

第一篇 学而

1.1 子曰:"学而时习之,不亦说乎?有朋自远方来,不亦乐乎?人不知而不愠,不亦君子乎?"

释义:孔子说:"学习了高尚的道德文化,时时处处想着要牢记、要实践去做好事,心情不是很愉悦吗?有志同道合的朋友从远方来相聚,不是很快乐吗?别人对自己不了解和不重用,但是自己不怨恨,这不才是君子风范吗?"

"学而时习之,不亦说乎",多解释为:学了以后,时常复习,不是很快乐吗?

有的人认为这句话比较简单,容易理解,稀里糊涂就过去了。其实这句话是论语的精华与中心思想,没有真正理解之前,就着急看后面,很难把握学习《论语》的正确方向,甚至会把《论语》理解到完全不同的思想和境界。任何事物都有其内在的实质,这句话就是《论语》的实质、中心点与指路灯。按照这个指明的道路走下去,才能不迷失方向。

这句话的意思是什么呢?"学而时习之,不亦说乎?"学了什么知识需要"时习"还会"不亦说乎"?

孔子的学堂有四个学科,即:"德行、言语、政事、文学",包括"礼、乐、御、射、书、数"这些作为行政管理人员需要掌握的基本技能知识,除了"德行、礼、乐"外,去温习、复习其他知识,除了重复、枯燥,还会"不亦说乎"吗?人人都知道"十年寒窗苦",又有什么可乐的呢?学霸除外啊。

而孔子要求时习的内容是缩略掉的:学到的什么是高尚的道德品质,又如何做一个高尚的君子,怎样用君子面貌接人待物,有没有用公心处事,是不是主动去做好事,才是时时刻刻要反省要时习的。主动去做好事善事才会觉得心中快乐。

"习",原意就是:数飞也。

小鸟学会了飞,就要去反复练习,以增强飞翔能力。

1

《论语》：一以贯之的民族魂

人要时时"习之"，不仅仅是在书本上温习、复习，而主要是去社会习练，是学到高尚的品德，去习练做一个全心为公、一心为民的行政人员，去习练做一个"乐成人美""乐善好施""助人为乐""与民同乐"的君子，以做好事、善事为乐，才能"其乐无穷""不亦说乎"呀。

当官员处于掌握公权的地位，如果私字当头，就会只为自己和小集团图谋私利，这是什么人呢？不就是自私自利、利欲熏心、一心为己的小人？

在令人难以抗拒的诱惑下，只有君子不为之心动，这才是国家各级行政管理人员应有的基本素质。优秀的执政者，会时时提醒自己修身养性，时时净化心灵，从不以权谋私，而为国家为人民尽心尽力谋幸福，鞠躬尽瘁死而后已，从而成为"一个高尚的人、一个有道德的人、一个纯粹的人、一个有利于人民的人"，该是多么快乐的事情呀？

"有朋自远方来，不亦乐乎"，这个朋，不是我们现在理解的可以在一起吃吃饭、聊聊天或者做生意、通官场的朋友，也不是指一般的普通朋友，古代狭义是同拜一个师门下的同学，"同师曰朋"；广义是道德高尚、志同道合的朋，是君子的朋，君子与君子相交，而绝不与小人为朋，这样的朋友自远方而来才是"乐"。

"人不知而不愠，不亦君子乎？"别人，尤其是某些掌握权势的小人，不知道或者故意装着不知道你的道德品质高尚、学识渊博、工作能力强，甚至恶意贬低你，诋毁你，你也不生气，不郁闷，不争辩，这不才是君子吗？孔子从来就看不上那些嫉贤妒能的小人，对他们毫不在意，不放在心里，什么叫"不与小人一般见识"？孔子说"这就是"！

强调一下，《论语》里的"学"，不是泛指所有的知识，而是特指道德文化。

参考：

《荀子》："君子博学而日参省乎己，则知明而行无过矣。"

《论语集注》："此为书之首篇，故所记多务本之意，乃入道之门、积德之基、学者之先务也。"

《周礼·地官司徒·大司徒》郑玄注："同门曰朋、同志曰友。"

《朋党论》："大凡君子与君子以同道为朋，小人与小人以同利为朋。"

1.2 有子曰："其为人也孝弟而好犯上者，鲜矣；不好犯上而好作乱者，未之有也。君子务本，本立而道生。孝弟也者，其为人之本与？"

释义：有子说："为人孝顺的人，却喜好违犯上德，几乎没有；不违反上德，却喜好违法乱纪，根本没有。君子致力于道德本分，本分树立，道德品质就会逐渐长成。孝顺的人，不是自身为人的本质所给予的吗？"

"其为人也孝弟而好犯上者，鲜矣；不好犯上而好作乱者，未之有也"，多解释为：为人孝弟的人，喜好冒犯上级，很少；而不冒犯上级又喜欢去造反作乱的人，根本没有。

什么意思？为人孝弟，孝顺父母，友爱兄弟姐妹，这没问题，而好犯上者，就出大问题了。孝弟的人，就很少冒犯上级吗？对上级"文死谏""言不必信、行不必果，惟义所在"不是冒犯？很少冒犯上级就不作乱？讲不通呀。

对那些认为造反才是作乱，孔子却认为扰乱、祸乱民众安居乐业的生活，才是真正的"作乱"，因为《周礼》有规定："乱民"要处以刑罚。

有没有规定"犯上"要处罚呢？没有，因为违背道德还没有达到违法的地步，不受司法管辖。

这句话里的"上"，是特指我们现在理解的上级还是国君？弄清这个问题，先了解一下东周时期有没有"上级"或者"国君"这种称呼？有没有这两个名词？也就是说人们的思想中有没有这两个概念？没有！春秋时期真的要去冒犯上级，也不用"犯上"这个词，而是用"犯颜"。

东周时期，对高官尊称是"子"、不值得尊敬的直呼"汝（你）"或其名。鲁国权贵、王室后裔季友，位居三公，拜鲁国相，只在一人之下，官位不可谓不高，孔子及弟子们也不过称呼他为"季氏"而已。百姓对高官是这样，高官对百姓也是这样，也要尊称"子""氏"等，不按等级，官不是"上"，这就是当时的社会风气。

奇怪吗？不奇怪，东周是公有制社会向私有制社会的转型期，与原始社会距离并不远，私有制发展不全面，人的等级观念没有现在那么强烈。

《论语》里多次提到"上"，极少是指位居上层的官员，大多都是与"德""智"紧密相关。如："恶居下流而讪上者""中人以上，可以语上也，中人以下，

《论语》：一以贯之的民族魂

不可以语上也""唯上智与下愚不移""君子义以为上"等里的"上"，都是"道德""道义""智德"的意思，"语上"，聪慧的人，可以谈论高尚的道德情操，以及如何指导处人、处世，慧根不足的人，说了也不懂，对于小人，无异于天书。

这段中的"上"是"上德"的上（通尚），最高统治者的帝王不被认为道德都高尚，官员更不能自认为是"上"。不管职位多高，身世多么显赫，就是天子王侯，无德之人也不可称"上"，只有"德、智"才分为上、中、下。

鲁国的穆叔（叔孙豹）对"上"的解释最明确：立德之人才是大"上"之人。

如果说，不能把冒犯上级就叫作"犯上"，那么冒犯长辈，是不是"犯上"？对，这应该算！因为冒犯长辈就是不尊敬，包括在违背道德了。

君子致力于修养为人之本，这个基础扎实了，道德素质也就越来越高尚。孝顺之类，不就是做一个好人的基本素质吗？有的书把"为人"写作"为仁"，也通，仁者爱人，包括爱自己的父母兄弟姐妹，这也就是孝弟，是仁的基本因素之一。

这段最需要注意的是，历代的文人，封建统治者的卫道士，还有那些胸无点墨、不学无术的假知识分子，居然把"犯上作乱"归结为一个意思，就是只要冒犯上级，就是作乱。要是敢于不服从国君起义造反，那就是大逆不道，就是乱臣贼子，要灭九族呀。这是孔子说的吗？是孔子的本意吗？

《荀子·子道》记载：鲁哀公问孔子："子从父命，孝乎？臣从君命，贞乎？"三（数次）问，孔子不对（不回答）。孔子出来后，对子贡说：刚才国君问我，儿子听父母的话，是不是孝？臣民服从君主的命令，是不是忠贞？多次问我我都没有回答，你怎么看呢？子贡说：子从父命，就是孝呀；臣从君命就是忠贞呀。先生，这个有什么难回答的呢？孔子说：小人（的思想）呀！你不懂！若是万乘大国，有四个敢于反对国君错误的大臣，这个国家就不会消弱；一个千乘小国，有三个敢于反对国君错误的大臣，这个国家的社稷就不会发生危险；一个百乘的领地，有两个敢于反对领主错误的管家，他的领地就会永远保留；有敢于反对父母错误的孩子，父母也不会做无礼的事；人有敢于反对自己错误的朋友，就不会做出违犯道义的事。故子从父，怎么可以认为是孝？臣民服从国君，怎么可以认为是忠贞？

4

看完这个记载，孔子哪里是反对"犯上作乱"？他怎么会认为冒犯个上级就是作乱？《论语·宪问》有弟子子路问怎样对待国君，孔子说："勿欺也，而犯之！"不能欺罔国君，但是可以冒犯，而且敢于冒犯，他是"犯上不是作乱"的提倡者！

历代错误的理解，强行把孔子的精神分裂，处于自我矛盾之中。

再看看孟子，他说：汤放桀，武王伐纣，都是下级侵犯上级，把君主流放，甚至把君主杀了，但这就不是犯上，更不是作乱。德不配位，就应该把小人从尊位上赶走，不管是流放还是杀掉。

所谓上下，不是指职位高低，而是人品高低！孔孟一家，孔子自己说的，加上孟子的话可是权威了吧？但就是这句被篡改的所谓孔子名言"犯上作乱"，却把孔子打入万劫不复之地。从此，另一个孔子，甚至封王封爵的孔子诞生了。

参考：

《论语集注》："鲜，少也。"

《论语新解》："务，专力也。本，犹根也。"

《申鉴·杂言下》："德比于上，欲比于下，德比于上故知耻；欲比于下故知足。"

《孟子》"贼仁者谓之贼，贼义者谓之残，残贼之人，谓之一夫。闻诛一夫纣矣，未闻弑君也。"

1.3 子曰："巧言令色，鲜矣仁。"

释义：孔子说："花言巧语看人脸色接人待物的人，这种人是很少有仁德之心的。"

比如生活中的马屁精，对上司卑躬屈膝，对下属横眉怒目，这种人大多唯利是图，自私自利，关键时候能出卖朋友，靠不住，属于世间势利小人的一种。

这一段不难理解，"巧言令色"已经是千古流传、广泛引用的成语、名言。主要需要注意的是孔子的用词：巧言的"巧"与令色的"令"。"巧"，是非常认真地、挖空心思地、深思熟虑地、精心选择对方所爱听的词汇，当然基本都是假话，就是要骗取对方的信任，从而达到个人的目的和取得自己想要的利益。满脸堆笑，或痛哭流涕，或悲愤难平，可以是发自内心，也可能是装的。

这里孔子强调的"令"就是"装"。有那么一种缺乏仁爱之心的人，他们脸上的表情是用神经控制法来表现的，是按照大脑的指令表演，而不是真实情绪的体现。阿谀奉承或有求于人的时候，即使心里再不舒服，但脸上却被命令"不许让人看出我的不高兴，快给个笑脸"，这就是"令色"。这种人，你能指望他有仁心吗？

参考：

《论语正义》："令色，善其颜色。"

1.4 曾子曰："吾日三省吾身：为人谋而不忠乎？与朋友交而不信乎？传不习乎？"

释义： 曾子说："我每天都多次反省自己：为他人着想是出于忠诚吗？与朋友相处是出于诚信吗？对学到的品德实践了吗？"

这一段需要强调的是什么呢？强调的是："传不习乎？"传什么不习就要反省？是老师教的文化知识？不对吧？文化知识需要反省吗？那叫复习，也叫做作业。在本书开始，就重点指出：《论语》不是普通文化知识课本，而是为培养国家行政管理人员的思想道德品质编写的教材，所以，此处的"传不习乎"展开来讲是说：对老师传授的高尚道德品质有没有按照要求去做？每日都要时时反省，自己做得好不好呀？

其次，对"为人谋而不忠乎？"因为这句话多被误解为：为别人办事是不是尽心尽力了呢？

尽心尽力不见得出发于"忠"，出于私心，有人也会尽心尽力。原意应为：在为人处世中是不是为自己考虑，没有忠实而全心全意为他人呢？要反省的是个人私心，不是对他人的忠心。如果"忠"不是对国而是对某个人，就是结党营私，是大逆不道，所以"忠"不能对私人。古人可以"尽忠报国"，没有也不可能报"王"或"皇"。

这里要注意的是："忠"在当时的社会里，也只能对国，不能对人，即便对国君，也不能以忠相对。奇怪吗？因为那时的社会观念，国君是职位，谁都有可能当，小人也可以，例如夏桀王、商纣王，对这些国君怎能以忠相对？但"君"这个字是尊称，是处于国家最高领导地位的君子，只有道德高尚的君主才能被称为"君",因为那是全国人民的道德楷模。以"忠"对这个"君",与对"国"是一致的。

参考：

《尔雅·释诂》："省,察也。"

《荀子·礼论注》："忠,诚也,诚,实义同。诚心以为人谋谓之忠。"

《吕氏春秋》："古之学者,说义必称师,说义不称师命之曰叛。"

1.5 子曰："道千乘之国,敬事而信,节用而爱人,使民以时。"

释义：孔子说："治理千乘的小国,要认真负责诚信地处理国家事务,行政人员的各项费用要节省,要仁爱自己管辖的人员,征劳役时要注意时节,不要影响百姓农事。"

这里需要注意的是：孔子用"千乘之国"做定语,为什么？千乘之国,有人说是强大的国家,有人说是小国,按照周朝规制,千乘之国应该是小国。周天子下辖军队为六千乘,诸侯大国为三千乘,中等国为两千乘,小国为一千乘。孔子特用一千乘,就是说连一个小国,都要勤俭勤政爱民,都要选择时机征用民役,何况大国呢？

参考：

《周礼注疏》："大曰邦,小曰国。"

《荀子·议兵篇》："凡百事之成者也,必在敬之,其败也,必在慢之。"

1.6 子曰："弟子入则孝,出则弟,谨而信,泛爱众而亲仁。行有余力,则以学文。"

释义：孔子说："你们这些门人弟子在家里要孝顺,在外面要谦恭,处世要谨言慎行而且诚信待人,把爱心施予大众,亲近仁德的人。这些你都做到了还有剩余精力,再学习其他文化吧。"

这段话很有意思,等于补充论语的中心点。前面都是让你遵守道德,你做到了这些之后,如果"行有余力,则以学文",有工夫有精力再学诗、书、礼、乐等其他文化吧。

孔子认为：有道德有文化,能为大家做更多的好事；没道德有文化,就是文化流氓，干坏事的能量更大。

另外需要说明的是，"出则弟"的"弟"字，还有"孝悌"的含义，但这里更好的解释是，告诉学生们出门在外处处要谦虚，到哪里都要把自己当成弟子、学生，而不是让人吹捧成什么导师、大师、专家、学者、文豪之类。

参考：

《论语集注》："谨者，行之有常也。信者，言之有实也。"

1.7 子夏曰："贤贤易色。事父母，能竭其力，事君，能致其身，与朋友交，言而有信。虽曰未学，吾必谓之学矣。"

释义：子夏说："贤德的人以德替换美色为贤，侍奉父母时竭尽全力，服务国家时投入自己的全部身心，与朋友交往时讲诚信。这样的人如果说他没有学习过道德文化，我必定要说他学过了。

"贤贤易色"，把爱色的迫切心情换成爱德。这样的人，才能竭尽全力孝敬父母，才能把全身心投入到为国家服务的事业中，才能与志同道合的朋友交往时言而有信。

"事君"，多解释为"服侍君主"。这是把官员当成了国君身边的服务员，又是把君王个体化了。孔子多次论述"天下为公"，君王只是替天行道的代表，不是社稷的主人。"天下是天下人的天下"，不是某个人的天下，"事君"，是当官为天下、为民众做事，不是为君王一人办事。

"事君"，为什么不直接解释为服侍国君呢？因为"君"这个称呼在孔子的时代是不能随便称的。只有国家领导人的道德水准足以作为全国人民的楷模，才有资格称"君"。"事"的这个"君"才是真正能代表国家的君，为这个君效力，就是为国家效力。

缺德的君主可以称其职位，称"王"称"侯"，像"夏桀王""商纣王"，这一类道德低下的统治者不能称"君"，而加贬义前缀"暴""昏""荒"等，叫"昏桀，暴纣"。

但是，"君"这个高尚的称呼，被那些当权者为粉饰自己而强加己身，也许是那些拍马屁的奴才和混口饭吃的所谓文人、御用学者，为阿谀奉承把缺德的国王和皇帝统统尊称为"国君"，即使认为他们缺德，荒淫残暴，骂也都骂成"昏君""暴君"。

昏庸、残暴与酷虐的国君还能称"君"吗？君子指的是道德高尚的人，荒淫暴虐的人可能是君子吗？不是笑话吗？但是，既然这个称呼流传下来，已经被人们接受，就明白"昏君、暴君"的君与君子无关，更与国家的楷模无关了。

参考：

《周礼注疏》："贤，有善行也。"

《毛诗正义》："无私恩，非孝子也；无公义，非忠臣也。"

《论语正义》：""贤贤'者，谓于人之贤者贤之。"。"

1.8 子曰："君子不重则不威，学则不固。主忠信，无友不如己者。过，则勿惮改。"

释义： 孔子说："君子行为举止浮躁还有什么威仪、威信和威望呢？这种心态之下学的道德品质还能牢固吗？主体精神是忠信，就不与比自己道德低下的人为友。有过错，就不怕批评改正。"

"不重则不威"，有的解释说君子不庄重就不威严，君子又不是警察或法官，要威严干什么？吓唬人，那还是君子吗？

"学则不固"，有的人说是学习使人不闭塞。错了，这个"学"指的是学道德，道德思想没有开放与闭塞之分，只有多与少、建立的牢固与不牢固。

"无友不如己者"，多解释为"不与比自己差的人做朋友""不与自己不同道的人做朋友"。

比自己差的人不能做朋友吗？差一点儿也不行吗？同一阶层的人也不可能都一样呀，孔子太苛刻了吧？与不同道的人，又怎么可能做朋友？孔子怎么这么爱说废话呢？错误的理解，才有了错误的孔子形象。

"友"，在这句话里不是特指与人交朋友，而是相伴、伴友的意思。

如果自己的思想中有低下道德，身边还有道德低下的朋友，是不是越学越坏？这个思想上的不如己的"友"，才是孔子没有意愿想要的伴"友"。孔子要求的友是"友直、友谅、友多闻"，即正直、宽容、好学，与具有这些优秀品质的人做朋友吧。

参考：

《礼记·玉藻》："足容重，手容恭，目容端，口容止，声容静，头容直，气容肃，立容德，色容庄。"

《左传》："民受天地之中以生，所谓命也，是以有动作礼义威仪之则，以定命也。"

1.9　曾子曰："慎终追远，民德归厚矣。"

释义： 曾子说："对待逝去的亲人要慎办丧事（不要把葬礼搞得惊天动地而且陪葬奢侈），只要在葬礼上尽情表达自己对逝者的哀思（追忆和纪念逝去的先人，不忘他们无私地为后代留下的那些丰富的精神与物质财富的丰功伟绩），这样民心民德才能淳厚呀。"

有人说孔子主张厚葬，根据是他提倡殡葬之礼。先别说孔子的葬礼是什么，孔子又对厚葬是什么态度，这段话孔子的学生曾子在说"慎终"，谨慎、小心去办，不是大办、厚葬，难道曾子不是孔子教出来的？

参考：

《说文》："慎，谨也。"

《礼记·檀弓上》："子路曰：吾闻诸夫子：'丧礼，与其哀不足而礼有余也，不若礼不足而哀有余也'。"

1.10　子禽问于子贡曰："夫子至于是邦也，必闻其政。求之与，抑与之与？"子贡曰："夫子温、良、恭、俭、让以得之。夫子之求之也，其诸异乎人之求之与？"

释义： 子禽问子贡："孔夫子到各国，必定能够听到那个国家的施政大事。这是夫子自己要求得来的，还是各国主动给他的特权呢？"子贡说："这是夫子用温、良、恭、俭、让的人格魅力取得的。夫子寻求获取的方法，不是很异于常人所用的吗？"

有的人爱打听个小道消息，不惜绞尽脑汁、千方百计去寻找来源和渠道，不是为了治国出谋划策，而是向周围的人显示自己的关系中权贵众多，并以此抬高其社会地位和身份。而孔子知道国家大事却毫不费力，想一想，怎么回事？

参考：

《诗·燕燕·郑笺》："温，谓颜色和也。"

《尔雅·释诂》："恭，敬也。"

《说文》："俭，约也。"

《左传》："君子曰：让者，礼之主也。"

1.11 子曰："父在，观其志，父没，观其行，三年无改于父之道，可谓孝矣。"

释义： 孔子说："父母在世，看孩子志向（是不是想成为一个道德高尚的人），父母去世了，看孩子的行为（是不是一个道德高尚的人）。观察多年发现孩子没有改变父母制定的行为准则，这才能说是孝顺呀！"

这段争议较大。父母什么道，需要子女多年不改？有人说就是父母给孩子们立的规矩不能改。如果这个规矩不符合道德规范呢？孔子也会赞许与纵容吗？那他还是什么道德高尚的教育家？

"无改父之道"，与子张篇里"不改父之政"是一个道理。好的道义与好的政策，就是不能改成坏的，这才是合格的接班人，尤其是国家政权的接班人。

"三年"是多年的意思，不仅仅就是三年。

参考：

《论语正义》："三年者，言其久也。何以不改也？为其为道也。若非其道，虽朝死而夕改可也。"

1.12 有子曰："礼之用，和为贵。先王之道，斯为美。小大由之，有所不行。知和而和，不以礼节之，亦不可行也。"

释义： 有子说："懂得礼节的作用，就知道和谐最为珍贵。先王符合天道的以和治国的理念，这个（社会）才是美好的呀。不管大事小事，破坏和谐的事不能做。知道怎样才能和谐就怎样去做，用礼来节制自己的行为。"

孔子讲礼，不是复辟什么上尊下卑、三拜九叩的虚礼，而是要求学生以礼作为人的道德修养之一。礼的作用，是"和"，是社会和谐。

《论语》：一以贯之的民族魂

参考：

《礼记·祭仪》："礼者，履此者也。"

《吕氏春秋》："贵，尚也。"

1.13 有子曰："信近于义，言可复也；恭近于礼，远耻辱也。因不失其亲，亦可宗也。"

释义：有子说："诚信符合道义，说过的话才能得到验证；恭敬符合礼仪，就会远离耻辱。就像'因'不能失去其含义中的'亲'，这就是（前面说的话的）依据。"

这段话理解前面不难，只是"因不失其亲，亦可宗也"很多人搞不明白，多解释为：依靠亲人，才能靠得住。这种解释，与前面的话没什么关系，不确切。

"因亲"，是一个词语，"因"是很古老的字，原指内衣，与人肌肤相亲，后引申为"亲"，就是说，从因到亲，意思就没什么区别，只不过是两个字而已，合在一起就是亲上加亲。提到因，就想到亲，去掉了亲，因的含义也不完整了。有子把"因不失其亲"拆开来说的意思是：信与义紧密相关，信义不能分开；恭与礼紧密相关，恭礼不能分开，就像因与亲不能分一样。

"因"亦可作"姻"的通假字，所以有的解释就是：娶亲之后，外戚也是亲，要与内戚一样亲。还有的说，娶了媳妇不忘娘，好色还要好德，那就没有忘记祖宗的道德教诲。这两种解释都是劝人向善，挺好，即使很牵强。

"信"，多解释为信用、信誉、诚信等，没有问题。

参考：

《论语集注》："复，践言也。"

《大戴礼记·曾子立事》："观其所爱亲，可以知其人矣。"

《仪礼·丧服》："继母之配父，与因母同。"

1.14 子曰："君子食无求饱，居无求安，敏于事而慎于言，就有道而正焉，可谓好学也已。"

释义：孔子说："君子吃饭不求美食饱腹，居住也不求多么奢华安逸，做事要干练迅速不拖沓，说话则不要着急，要慎重。对照道德规范要求端正自己的行为，那就可以说是极好的学生了。"

"就有道"，许多解释为接近有道德的人。不能说错，解释得通，但总觉得不准确。因为以人作标准，不要说缺德的人，即使是有德之人，其道德水平有高有低，参差不齐，影响人的行为也有差别。

而其最直接的意思是："就现有的道德规范之标准"来端正自己的行为，可能更合适一些。

有人说孔子是"食不厌精，脍不厌细"，是个贪图口腹之欲的人。而孔子自己说连饭都不求吃饱，还谈什么精细？说的那些美食佳肴，是祭神祭祖，为了敬重才提出的要求，与平常生活中吃什么没有关系。

参考：

《孟子·滕文公上》："人之有道也，饱食暖衣、逸居而无教，则近于禽兽。圣人有忧之，使契为司徒，教以人伦：父子有亲，君臣有义，夫妇有别，长幼有序，朋友有信。"

1.15　子贡曰："贫而无谄，富而无骄，何如？"子曰："可也。未若贫而乐，富而好礼者也。"子贡曰："《诗》云：'如切如磋，如琢如磨！'其斯之谓与？"子曰："赐也，始可与言《诗》已矣，告诸往而知来者。"

释义：子贡问孔子："作为一个穷人虽然穷但活得有骨气，绝不谄媚富贵之人，而作为富贵之人，也不因为身份高贵富有而骄横待人。这样做人怎么样？"孔子说："可以，挺好的。但是不如改成虽然贫穷却依然能安贫乐道，虽然富贵却能以礼待人。这样的为人更好一些。"子贡说：《诗经》里说，对待玉、石、牙、骨等工艺品，要一丝不苟地细致地切、磋、琢、磨之后才能做成精品。您对我的话的修正，不就像《诗经》说的一样吗？"孔子说："子贡呀，我可以开始与你谈论《诗经》了，你的思维和思想境界已经达到了别人告诉你前面的事，你就知道后面要表明的意思了。"

"贫而乐"，有的解释是：虽然贫穷却依然以完善自己的道德品质为乐。完善道德品质，即思想上追求，也必然以行为体现，这种解释也不错。

"无谄"，只是道德中一个方面，孔子认为子贡的认识有局限，改为"乐"，一字之差，境界大变。孔子是一字之师的先祖。

参考：

《尔雅》："骨，谓之切；象，谓之磋；玉，谓之琢；石，谓之磨。"

1.16　子曰："不患人之不己知，患不知人也。"

释义：孔子说："不怕别人不理解自己，就怕自己不了解别人。"

怕别人不知道自己什么呢？当然是怕别人不理解自己说话做事的出发点和目的，不知道自己的道德品质有多高，工作能力有多强。为什么怕？就是怕说了好话、做了好事别人还要误解，怕领导不提拔自己，说到底就是私心作怪。真正的君子是不会有这种顾虑的，君子怕的是不理解别人说话和做事的目的，不知道别人道德水平有多高，工作能力有多强，怕贤德的人不能被提拔使用，缺德的人却被当作挚友或占据高位而不被辞退。

这段话没有什么难点，但要是展开来谈，内容却很丰富。

参考：

《说文》："患，忧也。"

第二篇　为政

2.1　子曰："为政以德，譬如北辰，居其所，而众星共之。"

释义：孔子说："（君主）以高尚道德管理国家，就像北斗星一样，稳居其位，而其他星星都围绕着它。"

就是说，一个有高尚道德的国家领导人以德治国，就会让人民心所向往，紧紧地团结在自己身旁。

参考：

《说文》："譬，谕也。"

《尔雅》："北极谓之北辰。"

2.2　子曰："诗三百，一言以蔽之，曰：思无邪。"

释义：孔子说"诗经有三百多篇，但是用一句话来概括：就是思想纯正没有邪念。"

孔子这里所说的三百，是个大约数，就是三百多篇的意思，研读《诗经》三百多篇，只用三个字就让学生掌握了其中心实质，用现在的话说，就是鼓励学生要去做一个思想纯洁的清官，孔子治学有道呀。

参考：

《论语集注》："'思无邪'者，诚也。"

2.3　子曰："道之以政，齐之以刑，民免而无耻；道之以德，齐之以礼，有耻且格。"

释义：孔子说："国家仅仅以政令治国，用严刑酷法规范人们的行为，这样的结果呢，就是人们缺乏是非感，容易犯罪，犯了罪也要千方百计避免惩罚，并且不仅不为此感到羞耻还要洋洋得意；而国家以道德治国，用礼节礼法规范人们的行为，民众不仅认为犯罪可耻而且会明辨是非。"

"道"的本意是：天道世理。这段话孔子的意思是以什么道去施政。

把"道"直接解释为：以政治理、管理等也可。

另外，"免"字有的解释为避免犯罪，这就违背了孔子的原意，如果能避免犯罪，目的达到了，道德就没什么作用了。

所以这个"免"字，不是避免犯罪而是避免惩罚的意思。《广雅·释诂》："免，脱也。"谓民思脱避于罪也。就像无德的贪官污吏，贪污多少人民血汗都不觉得是犯罪是耻辱，还要想尽办法以各种手段掩盖犯罪事实逃避惩处，甚至把法律根本不当一回事。上行下效，老百姓都要学坏，社会风气就会被毒化，就会糜烂。

孔子认为无德的或者说缺德的国家仅有政令和刑法是没有用的，掌权的各级官员不可能执行，老百姓就更不当一回事了。如果说孔子认为没有道德制约的法律是有用的，就不会用"免而无耻"，用无耻来避免犯罪，说不通。

还是司马迁说到了根上："'法令滋章，盗贼多有'，信哉是言也！"

法律、法令、法规只是道德的底线。

参考：

《汉书·货殖传》："於是在民上者，道之以德，齐之以礼，故民有耻而且敬。"

《论语注疏》："齐，谓齐整，刑，谓刑罚。"

2.4 子曰："吾十有五而志于学，三十而立，四十而不惑，五十而知天命，六十而耳顺，七十而从心所欲不逾矩。"

释义： 孔子说："我十五岁励志研究何为高尚道德，三十岁能够学成立德之本；四十岁可以不因社会上的各种非道德的问题而困惑，五十岁知道什么是不可违背的上天赋予我们的道德使命，六十岁不管听到什么逆耳、苛刻、挖苦、讽刺的话都不放在心里，让它随风而去，七十岁已经达到心里想干什么就干什么，也不会做出越过道德规范的境界了。"

有的人把"吾十有五而立志于学"解释成孔子十五才立志学文化，这不对，在当时的社会，十五已经是青年人了，早就超过了启蒙年纪。一般孩童开始学文化，早的四五岁，晚的也不过七八岁，十五岁时，普通文化课已经结束了。

"三十而立"解释成三十岁能够生活上自立或在社会上立足，这也不对。当时的社会，一般老百姓要是三十才能自立，恐怕等不到那一天就饿死了，除非家里非富即贵。

这段话主要讲孔子自己的心路历程，是道德精神从初始到完善的过程。"四十不惑"，是指孔子认为自己四十岁时才完善了道德智慧，对社会有了清醒的认识。

参考：

《左传》："太上立德，其次立功，其次立言。"

《论语集注》："不惑，则无所疑矣。知天命，穷理尽性也。耳顺，所闻皆通也。"

2.5 孟懿子问孝。子曰："无违。"樊迟御，子告之曰："孟孙问孝于我，我对曰无违。"樊迟曰："何谓也？"子曰："生，事之以礼，死，葬之以礼，祭之以礼。"

释义： 孟懿子（仲孙何忌）问什么才是孝道，孔子说："不要做违反礼节的事。"樊迟给孔子驾车，孔子告诉他："孟孙问我什么是孝，我回答说：不要做违反礼节的事。"樊迟问："这是什么意思呀？"孔子说："父母活着的时候，对待他们要诚心诚意、毕恭毕敬。父母去世，在葬礼上也要诚心诚意、毕恭毕敬，祭奠他们也要诚心诚意、毕恭毕敬。"

"礼"，多解释为礼节或周礼，可是对父母不能只有表面之礼，而要有内涵，即真心实意。

孔子强调的礼，不是只按照所谓的礼节礼数，走一个过程，更不仅仅是什么周礼、虚礼，而是从心里要真正尊敬父母，挚爱父母，不管他们生前还是死后。这才是真正的"礼"，这个礼，用一个贴切的词语来表示，就是"敬心"。

参考：

《荀子》："礼者，谨于治生死者。"

2.6 孟武伯问孝。子曰："父母唯其疾之忧。"

释义： 孟武伯问孔子什么是"孝"，孔子说："父母最让人担心的是身体健康。"

对于孔子的话，有几种解释：

一、父母只担心他们的疾病会给孩子带来麻烦，孩子们不能怕麻烦，就是孝。

二、父母担心孩子得病，孩子自己要注意，别让老人操心，那就是孝。

三、让父母只须担忧子女的疾病（其他事不让父母操心），就是孝了。

参考：

《论语正义》："皆以人子忧父母疾为孝。"

2.7 子游问孝。子曰："今之孝者，是谓能养。至于犬马，皆能有养，不敬，何以别乎？"

释义： 子游问什么是孝，孔子说："当今社会呀，说孝就是赡养家里的父母长辈。但是人的家里还要养狗养马呢，如果不尊敬父母长辈，与养狗养马有什么区别呢？"

对比一下，当今社会上的一些人，能把父母放进猪圈或拒之门外，孝敬老人之心，比起两千年前人的道德品质，不可同日而语了。

参考：

《曾子立孝》："君子之孝也，忠爱以敬。"

《孝经》："孝子之事亲也，居，则至其敬；养，则至其乐。"

2.8 子夏问孝。子曰："色难。有事，弟子服其劳；有酒食，先生馔，曾是以为孝乎？"

释义： 子夏问孝，孔子说："服侍前辈时保持和颜悦色很难呀。前辈有事时，你们这些弟子可以不怕劳烦帮助去做，有美味佳肴，前辈先吃，以前你们就以为这就是孝道吧？"

这段话的"孝"，不仅指的是对父母，而且泛指对一切长辈，当然也包括父母，所以孔子用了"弟子"而不是"子女"，用"先生馔"而不是"父母馔"。

有人把"曾"解释为"难道"或"竟然"，都说得通，但是用"以前"来解释更能体现孔子原意，因为孔子未说这段话之前，弟子们的认识是错误的，但是说了之后，就不能再像以前那么想了。

参考：

《尔雅》："服，事也。"

《论语集注》:"色难,谓事亲之际,惟色为难也。"

2.9 子曰:"吾与回言终日,不违如愚。退而省其私,亦足以发。回也不愚。"

释义:孔子说:"我给颜回讲课,每日从白天讲到晚上,他从来都不对我传授的思想内容提个问题或反对意见,似乎是很笨吧。可是下课之后,我又仔细想一想,颜回课下与其他学生讨论学习的内容时,说出的话不但表现出他学习的基础扎实,还能在此之上发挥自己不俗的见解呢,颜回不笨呀。"

"省其私""足以发",孔子下课后想颜回私下的时候在同学中讨论时,不仅能够举一反三,还有更深更高的理解,充分表达和发挥了从孔子那里所学到的内容精髓,这才是真正的颜子。孔子不会轻易给一个人下结论,必然是在全面观察了解后才会给出中肯的评价。

参考:

《论语集注》:"不违者,意不相背。"

2.10 子曰:"视其所以,观其所由,察其所安,人焉廋哉?人焉廋哉?"

释义:孔子说:"(要想全面了解一个人)就要观察他说什么话和做什么事,还要看他出于什么目的说话和用什么方式做事,用什么心态来说话和做事。通过这样多方面的观察了解,什么人还能隐藏自己的本来面目?"

"察其所安",有的解释是:观察他的居所。这不对。"安"是安的什么心,在什么心态下做事的意思,指的不是居所。

参考:

《尔雅》:"察,审也。"

《方言》:"廋,隐也。"

2.11 子曰:"温故而知新,可以为师矣。"

释义:孔子说:"把古人建立的道德观研究透了,就知道我们现在这个社会需要建立什么样的道德规范,你们就可以为人师表了。"

《论语》是讲道德品质的专项教材,所以孔子在这段话里不涉及其他文化知识。"温故"就是指过去各个朝代建立的道德规范,"知新"就是在过去的基础上,现代社会已经建立或者还需要建立的道德规范。只有道德高尚的人才能为人做表率,即使是学富五车,但是为人自私低下,这样的人是什么人的榜样?怎么能教出来好的学生?

不可否认的是,这句话与"学而"一样,确实可以通用于学术界各个领域。但是,学《论语》就是学道德,其他学科都可借用。

参考:

《礼记》:"于是博物通人,知今温古,考前代之宪章,参当时之得失。"

《礼记·文王世子》:"师也者,教之以事而谕诸德者也。"

2.12 子曰:"君子不器。"

释义:孔子说:"君子(以德立身)不能像器皿一样(任人摆布和利用)。"

这句话虽短,但却有很多不同的理解。有人解释为:君子不能像某种器皿那样(只有一种用途)。有的人解释为:君子不能像器皿一样(是一个固定形象)固化。还有人解释:君子不以物质为重、君子不能成为做器皿的匠人……

为了搞通这句话的真实含义,我思索了很长时间,最准确的理解应该还是把器皿作为比喻君子处世为好,而孔子为什么用器皿来比喻而不用其他?器皿是什么?一实用,二观赏,三也是最主要的,是没有自主意识,是由人任意摆放和利用的物品。孔子认为君子是道德高尚的人,是以道德为基础。有自己主见的人,不应该是器皿,不能任人摆放和利用,这个只为谋私而不是为公所摆放和利用人的人,当然是小人,而君子不可能任意由小人、尤其是权势小人摆布和利用。

另外,器皿多用于收纳,是索取。而君子则重于付出,这是修德之本,知道修德之本,才能正心修身齐家治国平天下。

参考:

《说文》:"器,皿也。"

《论语集注》:"器者,各适其用,而不能相通。"

2.13 子贡问君子。子曰:"先行,其言而后,从之。"

释义:子贡问孔子什么是君子,孔子说:"(君子)应该先把事情做好,而说话却要在别人说完后再讲。"

孔子的比喻很形象，一个人在前面走，他说的话跟在身后。其意义或可解释为："君子做在人前，说在人后。"

只说不做非君子，说了不做是小人。诚信体现在做实事，不能空谈。

这句话要注意断句，不同的断句有不同的意味：

一、先行其言，而后从之。

二、先行，其言而后从之。

三、先行，其言而后，从之。

分析一下，三种断句，那种最符合孔子的意思？

参考：

《大戴礼·曾子制言篇》："君子先行后言。"

《大戴礼记》："君子微言而笃行之。"

2.14 子曰："君子周而不比，小人比而不周。"

释义：孔子说："君子讲忠信团结，而不是结党营私。小人是相互勾结而不是忠信团结。"

忠信团结是正大光明，是为国家共同奋斗，大力造福于人民。勾结，是阴暗卑鄙，是互相利用，是各自拼命为己谋私。

参考：

《鲁语》："忠信为周。"

《论语注疏》："忠信为周，阿党为比。"

2.15 子曰："学而不思则罔，思而不学则殆。"

释义：孔子说："学习了高尚品德但是不思考为什么是高尚的道理，就很糊涂。只是想着去做高尚的人，却又不去学习怎样做一个高尚的人，很难成为道德高尚的人。"

荀子说：小人学道德，只不过用耳朵听听，使嘴巴说说而已，根本不走心，怎么可能做到心灵美呢？

这句话人人皆知，但都是用作学习其他文化知识的方法论，这里孔子只是做学习道德的方法论。

参考：

《荀子》："小人之学也，入乎耳，出乎口，口耳之间则四寸也，曷足以美七尺之躯哉？"

2.16　子曰："攻乎异端，斯害也已。"

释义：孔子说："攻击异端邪说，危害消除。"

这里有几种解释：

一、攻击见解不同的异端，这就有危害了。

二、攻击异端邪说，祸害就可以消除了。

三、攻读那些异端邪说，了解祸害的所在。

三种解释都说得通，因为"也已"包含完成与完蛋两种意思。但是我更倾向后两种解释。孔子信奉的是中庸之道，对异端邪说不仅不会去学习，而且必须攻击，这个没有问题，但是说攻击异端邪说就是危害，不可能是孔子的本意，因为孔子在当大司寇时，就把专教学生异端邪说的少正卯杀了，何况攻击不符合道德的理论呢？

异端：指的是中庸的两端。

参考：

《说文》："攻，击也。"

《中庸》："执其两端，用其中于民。"

2.17　子曰："由，诲女知之乎！知之为知之，不知为不知，是知也。"

释义：孔子说："仲由，告诉你什么人才是智者！那就是智者之所以是智者，因为他承认不知道的就是不知道，（不会不懂装懂）这才是智者。

这里的第一个、第二个、第三个、第六个"知"是"智"的通假字，第四个、第五个"知"是懂的意思。

"不知为不知"，多解释为不知道就是不知道，字面上是通的，但是与孔子强调的有差距，什么是有智慧的人？不是知道就是有智慧，而是不懂就承认不懂，不要装懂才是聪明人。

子路心直口快，懂不懂都要先说上两句，以表现自己的足智多谋、见多识广，可是经常驴唇不对马嘴，贻笑大方，是谁教的呀？孔子受不了了，这个直言快语的莽撞小子不是丢老师的脸吗？说他两句吧！

参考：

《论语集注》："子路好勇，盖有强其所不知以为知者，故夫子告之曰。"

2.18　子张学干禄。子曰："多闻阙疑，慎言其余，则寡尤；多见阙殆，慎行其余，则寡悔。言寡尤，行寡悔，禄在其中矣。"

释义： 子张学习怎样做好官员，孔子说："多听听自己不懂的东西，慎重发表意见，就会少说错话。多看看别人做错了的，不要着急再去做，就是会做的事情也要小心去做，就会少干后悔的事情。少说错话，少办后悔的事，做一个好官的道理就在其中了。"

孔子说的"禄"，不是钱粮，是工作，是为国民服务，所以是"干禄"而不是"吃禄"。从这段话可以看出，孔子绝对不允许弟子们胡来，也不让其盲从上级指令，要对自己负责，要对自己的岗位负责。

孔子说："言必信，行必果，硁硁然小人哉！"如果谁对上级唯唯诺诺、唯命是从、俯首帖耳、不管对错，对下滥施权力，不问后果，那就是小人！就必须下台！

参考：

《论语注疏》："干，求也。禄，禄位也。"

《广韵》："尤，怨也。"

2.19　哀公问曰："何为则民服？"孔子对曰："举直错诸枉，则民服；举枉错诸直，则民不服。"

释义： 哀公问："怎么样才能让老百姓从心里服从自己的管理呢？"孔子答道："宣扬和扶植正直的人和事，揭露打击丑恶的人和事，老百姓就佩服你；宣扬和扶植丑恶的人和事，打压正直的人和事，老百姓就会反对你。"

"举直"可以说任用提拔，但这只是用人方面，而宣扬则是全面，提拔正直的人也是宣扬的一种方式。

参考：

《论语注疏》："错，置也。举正直之人用之，废置诸邪枉之人。"

2.20　季康子问："使民敬、忠以劝，如之何？"子曰："临之以庄，则敬；孝慈，则忠；举善而教不能，则劝。"

释义： 季康子问："如果要使民众都有敬心、忠心和进取心，怎么做？"孔子说："与人相处时态度要庄重，不要用轻薄的态度对待他们，对方就会有敬心；能对老人孝顺对幼者慈爱，民众必然会忠心；要弘扬道德高尚的人并且培训素质有待提高的人，大家就都会努力学习和工作了。"

这段话多解释为：

季康子问："如果让老百姓都能相互尊敬，以忠诚待人，努力工作应该怎样教育他们，怎么样？"孔子说："人们相处时都要态度庄重，不要轻浮；前辈对后代慈爱，而后代对前辈孝顺，为人就会忠诚；宣扬和提拔那些道德品质高尚、工作能力强的人，对素质较差的人加强培训，人民就都会努力学习和工作了。"

因为这段话缩略了主语，可以解释为：使民敬国君（不是季康子，季康子不是国君，不能用"临""忠"等特定词语），注意，敬的不是国君个人，敬的是国家，是对国家代表的敬心，有德之国君，也不会要求人民敬自己。

季康子是为自己而征求孔子意见，所以也可解释为民众之间相互尊敬，但两种解释都挺好，一个是以国君与人民，一个是人民与人民之间，什么样的相处才是符合道德规范的，孔子说相互尊重符合社会人与人之间的关系，官员与民众、民众与民众之间应该拥有的正确关系。

这段话因为有不同的断句和理解，还有许多不同的解释，就不一一列举了。

"忠以劝"中的"以"，意思是"和"，不是劝说使人忠诚。

"敬、忠、劝"都是季康子要达到的目的，最难理解的是"劝"，根据"举善而教不能，则劝"来说，就是大力弘扬善人善事，教育那些还不懂得上进的人去努力，就达到了教育的目的。

因此，"劝"，就是教育好了的意思，与前文的"则敬、则忠"才能相对应。

参考：

《四书释地》："以劝者，以，与也。"

《论语集注》:"庄,谓容貌端严也。"

2.21 或谓孔子曰:"子奚不为政?"子曰:"《书》云:'孝乎惟孝,友于兄弟。'施于有政,是亦为政,奚其为为政?"

释义:有人问孔子:"先生为什么不去做官执政?"孔子答道:"《尚书》说:'孝顺本来是指孝顺父母长辈,但是孝顺的人对兄弟姐妹也会友好相处。'我(现在教学生学习怎样做一个道德高尚的官员)做与从政相关的事,就是从政,为什么说我没有从政呢?"

有人解释,孔子把《尚书》上有关孝道的教诲用于从政,也是从政了。但是与孔子有什么关系呢?人家问的是执政,不是孝道呀。所以,这里要引申到孔子身上,是孔子认为自己虽然没有直接从政,但是所做的工作也是从政的一部分。这里"施于有政……"是另起一段,是孔子在说明前面的意思。

参考:
《后汉书》:"虽不从政,施之有政,是亦为政。"

2.22 子曰:"人而无信,不知其可也。大车无輗,小车无軏,其何以行之哉?"

释义:孔子说:"人没有诚信,就不知道他能够做什么了。大车没有輗相接,小车没有軏相连,怎么行走呀?"

人无诚信,耻闻千里,众人嗤之以鼻,避之不及,怎可行走于世?

参考:
《吕氏春秋》:"以言非信,则百事不满也。"

2.23 子张问:"十世可知也?"子曰:"殷因于夏礼,所损益,可知也;周因于殷礼,所损益,可知也。其或继周者,虽百世,可知也。"

释义:子张问:"老师,人能知道三百年之后社会道德规范是怎样的吗?"孔子说:"殷代继承的是夏代的道德观念和规范,是在夏代的基础上进行增减修改,这个大家都知道。周代继承的是殷代,是在殷代的基础上进行修改,这个大家也都知道。从周代以后各个朝代都是一代继承一代,并且根据自己当时的具体情况进行修改，沿着这个历史脉络推断，就是再过三千年，那时候的社会道德规范是个什么样，大家也会知道呀。"

"一世"是三十年。

参考：

《汉书·董仲舒传》："是以禹继舜，舜继尧，三圣相受而守一道，亡救敝之政也，故不言其所损益也。"

《荀子》："百王之无变，足以为道贯。"

《扬子法言》："或问其有继周者，虽百世可知也。"

2.24 子曰："非其鬼而祭之，谄也；见义不为，无勇也。"

释义： 孔子说："不是自己的祖先，却去祭奠，就是谄媚；有危难需要挺身而出却退缩不前，没胆子呀。"

私祭非公祭，二者不能混为一谈。小人往往为谋求私利，去为权贵人家哭丧祭祀，比哭自己的亲爹娘还痛心，就是谄媚。

参考：

《曲礼》："非其所祭而祭之，名曰淫祀。"

《祭义》："众生必死，死必归土，此之曰鬼。"

第三篇　八佾

3.1　孔子谓季氏："八佾舞于庭，是可忍也，孰不可忍也？"

释义： 孔子谈到季氏时说："把（国家等级）祭祀时的八列六十四人的舞蹈队用在自己的家庙里，这种事情大家都能容忍，那么社会上还有什么不能容忍呢？"

"八佾舞于庭"，有的解释是：用天子等级的舞蹈队在家里舞蹈，季氏连这个都能忍心做出来，那他还有什么事情不忍心做呢？

有人说这段话表示孔子对封建等级观念的支持和维护，不对，孔子观念里是人本无等级类别，只有君子与小人，级别上没有贵贱，不同等级的人只不过就是管理不同的事物和承担不同的责任而已。

他支持国家和个人祭奠先祖和天地，因为我们的一切都是天地和祖先给予的，祭奠他们是不要忘本。但是不主张过分祭奠，国家举行大典规模应该大，因为代表的是全国民众，但个人搞家庭祭祀搞得与国家一个级别，那就是奢侈、糜费讲排场。规模办成国家级，花费人民的血汗，祭奠自己的祖宗，那就会令国人愤恨，更不应该了。

参考：

《正韵》："佾，佐也，相也。"

《公羊传》："天子八佾，诸公六佾，诸侯四佾。"

《左传解谊》："天子八八，诸侯六八，大夫四八，士二八。"

3.2　三家者以《雍》彻。子曰："'相维辟公，天子穆穆，'奚取于三家之堂？"

释义：（孟孙氏、叔孙氏、季孙氏）三家在祭奠自己祖先的时候，用国家祭奠大礼撤祭时才唱的《雍》诗，孔子说："'各地诸侯都来参加助祭，就是天子也都表情肃穆，庄重而美好，'这种国家祭奠大礼时用的词曲，用于你们三个官员家庭祭祀时合适吗？"

　　孔子很风趣，你们搞个家庭祭祖，没有外人，可唱的是什么各位诸侯都来助祭，天子都得表情肃穆。你们搞家祭诸侯会来吗？天子会为你的家祭而肃穆吗？你们是想祭祖呀还是想逗人乐？

　　参考：

《论语注疏》："天子祭于宗庙，歌之以彻祭。"

《尔雅》："后，辟，公，侯，君也。天子诸侯通称辟。"

3.3　子曰："人而不仁，如礼何？人而不仁，如乐何？"

　　释义：孔子说："人如果没有仁德之心，还谈得上讲礼？人如果没有仁德之心，还说什么乐？"

　　对礼乐的认识角度和深度，体现一个人的素质。没有仁德之心的人，不可能正确认识礼和乐。

　　此文与上文是相关联的，家祭用《雍》词，不仅可笑而且可悲可气，自大狂妄毒害的是社会。

　　参考：

《汉书》："不仁之人，亡所施用；不仁而多材，国之患也。"

3.4　林放问礼之本。子曰："大哉问！礼，与其奢也，宁俭；丧，与其易也，宁戚。"

　　释义：林放问礼之本，孔子说："你问的这个问题意义重大呀！礼的本意，就是与其干什么都要弄得豪华奢侈，还不如节省简朴；办理丧事，与其把死者生前所用和贵重物品用于厚葬，还不如对逝者表达自己真心的哀痛。"

　　"与其易也"，多解释为：周全、周到、周备、完善等。

　　注意："与其易"的"易"，不是有的解释说的周全、周备，而是把死者生前用品和其他贵重物品换个地方也就是陪葬，要知道，那时候除了金银财宝之外，有的连死者乘坐过的车马这样贵重并且占地方的庞然大物都会陪葬，墓室也大得惊人。孔子最反对厚葬，与"奢"相对应，厚葬也是"奢"。孔子的礼仪，其实就是以礼处世、以礼待人，并不是像某些人理解的仅仅是祭祀或对上级的一种仪式或形式。

孔子几次说某些官员在生活和祭奠中搞超标准搞奢华，说是多"礼"，其实是非"礼"。这段话里，孔子的意思就很明了了。

参考：

《易·系辞下》："古之葬者，厚衣之以薪，葬之中野，不封不树，丧期无数。后世圣人易之以棺椁，盖取诸《大过》。"

《易·系辞下》："上古穴居而野处，后世圣人易之以宫室。"

3.5 子曰："夷狄之有君，不如诸夏之亡也。"

释义： 孔子说："蛮夷之地的君子，还不如中原国家没有君子的普通百姓呢。"

有的解释"夷狄之有君"的"君"是国君，意思是蛮夷之地那些国家，有国君还不如中原各国没有国君，什么意思？不懂，想表达什么呢？有点儿莫名其妙。

这段话中的"君"，不是国君，说的是君子，意思是中原各国有德之人就是再少，也比蛮荒之国的多，就是说，中原各国受到道德素质教育的君子，比没受过教育的蛮荒之人中的君子要多得多。道德水平的高低，是区分文明与野蛮的唯一标准。

"亡"，几乎没有，但还是有一点的意思。这段话体现了孔子讲课的风趣和幽默。

参考：

《尔雅》："九夷，八狄，七戎，六蛮，谓之四海。"

《郭璞注》："九夷在东，八狄在北，七戎在西，六蛮在南。"

3.6 季氏旅于泰山。子谓冉有曰："女弗能救与？"对曰："不能。"子曰："呜呼！曾谓泰山不如林放乎？"

释义： 季孙氏要拜祭泰山，孔子问冉有："你能阻止他吗？"冉有答："不能。"孔子说："哎呀！多次对你讲过泰山，你还是对泰山（庄严神圣及祭拜）的认识不如林放呀？"

有的人把"曾谓泰山不如林放乎"的"曾"解释为"难道"，连在一起是：难道泰山神还不如林放知礼？

这不是孔子原意。什么叫泰山神不如林放懂礼？孔子可能认为泰山神不如林放吗？泰山是被祭祀被崇拜的神，而且只能由代表国家的人才能祭拜，在孔子心里有无比高尚的地位，孔子怎么可能用神比人？怎么敢指责泰山？再说神与人比讲礼？说得通吗？

冉有是孔子的学生，系统地学过道德规范，应该比不是孔子学生的林放更懂泰山祭祀意义及规矩礼节。

所以"曾谓"的意思是"以前教育冉有（有关泰山祭奠的礼节与规矩）过的"。

季孙氏要按照天子的规格祭拜泰山神（在这里"旅"这个词只用于天子祭拜），那是国家级别的祭奠大礼，而一个官员竟然也用如此大礼去祭拜，那就是劳民伤财的滥用了。所以孔子让当时在季孙氏家当差的弟子冉有去阻止，冉有说阻止不了。孔子很生气，指责的是冉有不懂泰山的庄严神圣，不懂滥祭泰山的危害，是冉有不如林放，不是泰山神不如林放。

参考：

《书·禹贡》："蔡蒙旅平。传：祭山曰旅。"

《周礼·天官·掌次》："王，大旅上帝。"

3.7 子曰："君子无所争，必也射乎！揖让而升，下而饮，其争也君子。"

释义：孔子说："君子从来不会与人相争，要说君子也有相争的事情，也不过就是在射箭比赛上争个高低。君子上场前，先向对手作揖致敬，比赛结束，不管是输赢，都与对手共饮赛后酒。这样的争，才是君子之争。"

射箭为什么要相争？因为大射比赛争的是谁有可能参加祭祀大典。

参考：

《礼记·射义》："射者，仁之道也。射者，求正诸己，己正而后发。发而不中，则不怨胜己者，反求诸己而已矣。"

3.8 子夏问曰："'巧笑倩兮，美目盼兮，素以为绚兮。'何谓也？"子曰："绘事后素。"曰："礼后乎？"子曰："起予者商也，始可与言《诗》已矣。"

释义：子夏问："'笑起来如此靓丽，眼神又是那么顾盼美丽，就是素颜也是让人觉得绚丽。'什么意思呀？"孔子答："在洁白的纸上才能画出色彩艳丽的图画。"子夏又问："礼节是不是也是在后期产生的？"孔子说："启发了我的是你子夏呀，现在可以与你探讨《诗经》了。"

礼在什么后呢？当然是在没有礼之后产生的，就像画画，必须是先有没有着过笔墨的白纸，然后才能在其上画图画。

参考：

《卫风·硕人》："巧笑倩兮，美目盼兮。"

《释名》："又物不加饰，皆目谓之素，此色然也。"

3.9 子曰："夏礼吾能言之，杞不足徵也；殷礼吾能言之，宋不足徵也。文献不足故也。足，则吾能徵之也。"

释义：孔子说："夏代的礼节规制我能说出是什么样子。但是夏的后代杞人却不能证明我说得对；殷代的礼节规制我也能说出是什么样子，但是殷的后代宋人却不能证明我说得对不对，因为文献对夏代和殷代的礼义规制记载太少了，如果文献记载详细，我就可以证明自己对夏和商的礼仪规制理解得对不对了。"

参考：

《汉书·艺文志》："古之王者，世有史官……左史记言，右史记事。事为《春秋》，言为《尚书》，帝王靡不同之。"

3.10 子曰："禘自既灌而往者，吾不欲观之矣。"

释义：孔子说："祭奠大礼自敬酒之后，我就不忍再看了。"

有的人认为孔子敬酒之后不愿意再看下去，是鲁国的禘祭不合礼节，如果是这个原因的话，孔子能够参加不合礼节的活动吗？他肯定不会来呀，非礼勿视么，还要等到敬酒之后才不看祭祀了吗？所以，这个解释比较牵强。为什么来参加，但要等到敬酒之后才不忍心看下去？因为祭奠大礼敬酒之后为迎牲，然后宰杀，血腥场面孔子不忍再看。孔子连庖厨杀牲都不看，动物肉是可以吃的，但绝对不看动物被宰杀的场面。

参考：

《四书典故核》："即灌之后，则君出迎牲视杀，而荐腥于堂为朝践。"

3.11 或问禘之说。子曰："不知也。知其说者之于天下也，其如示诸斯乎。"指其掌。

释义：有人问孔子，禘是怎样的祭奠大礼。孔子说："不知道。知道这个祭奠大礼奥妙的人能够知道天地之事，就像看这儿一样明白。"孔子指一指摊开的手掌。

有人解释说是孔子对鲁国的禘祭不满才故意说不知道，如果不知道，鲁国怎么举行的禘祭？那么多人都观看或参加了禘祭，大家都知道，这种普通人都知道的事，犯得上找孔子问吗？孔子说了自己不知道，那后面的话又是什么意思呢？解释什么呢？

孔子的意思是：禘祭里包含的奥秘他不知道！祭祀，本身就意味着人通过这种形式与天、地及世界万物相通，即使是祭奠自己家的先人，也是认为自己的祖先能和自己相通，所以许多祭词内容都有让祖先保佑，后代子孙可以在祖先的荫庇下人丁旺盛，生活美满，等等。而禘祭是如何达到天、地、人相通的，孔子确实不知道，而他认为知道禘的奥秘的人，看天下万物都像看自己的手掌那样一清二楚。

参考：

《中庸》："郊社之礼，所以事上帝也；宗庙之礼，所以祀乎其先也。"

3.12 祭如在，祭神如神在。子曰："吾不与，祭如不祭。"

释义：祭奠谁心里就有谁在，祭奠神，神就在心里。孔子说："我如果不敬心来祭奠，祭奠还不如不祭。"

注意这段的标点，多断为"吾不与祭"，这句话成了：我不参加祭祀，就像没有祭祀一样。

琢磨琢磨，你不参加别人的祭祀，别人就没有祭祀了？自己祭祀，自己不参加，还祭什么祀？

"与"是给予，给予什么？给予自己的诚心，不仅人要到，心更要到，是参与的引申。

参考：

《礼记·祭义》："文王之祭也，事死者如事生，思死者如不欲生，忌日必哀，称讳如见亲。"

3.13　王孙贾问曰："'与其媚于奥，宁媚于灶。'何谓也？"子曰："不然，获罪于天，无所祷也。"

释义： 王孙贾问："'与其献媚于奥神，不如献媚于灶神。'为什么这么说呢？"孔子答："这个说法不对，如果得罪了天皇，你没有神仙可求（帮忙）了。"

灶神管饭，奥神居屋子的西南角，是家神，为了实用，大家当然都捧对自己实惠的灶台神了。但是孔子知道，哪一个神仙都不能得罪，是个神就都是天上派来的，得罪了一个神就是得罪天神，有事还能求谁呀？其实，孔子的话用以神比人非常贴切，现实中，哪个官员能得罪得起？直接管你的不能得罪，即使没有直接管你，得罪了，官官相护，也没有好果子吃。

参考：

《尔雅·释宫》："西南隅谓之奥。"

《释名·释宫室》："室中西南隅曰奥。"

《春秋繁露》："天者，百神之大君也。事天不备，虽百神犹无益也。"

3.14　子曰："周监于二代，郁郁乎文哉！吾从周。"

释义： 孔子说："周代的道德观念及制度，借鉴了夏代和商代，并且留下了那么多丰富的文字记录，我的道德观念沿袭的是周代。"

"吾从周"，当然从的是西周。孔子又是提倡复辟吗？如果真的有人这样理解，那就看看孔子自己是怎么说的：殷因于夏礼，所损益，可知也；周因于殷礼，所损益，可知也。

什么意思？孔子认为道德观念及制度，尤其是礼制，都是后代沿袭前代，只

《论语》：一以贯之的民族魂

不过要根据社会的发展，减少某些过时的，而增加现实需要的。这就是抛弃糟粕、继承与发展历史悠久的道德文明，周礼比夏、殷之礼更进步、完善，与所谓的复辟倒退，有关系吗？而实际上，自春秋之后，社会反而越发展越自私，国家的规章制度越完备就越倾向和有利于少数权贵和统治者。

参考：

《说文》："监，视也。"

《汉书·礼乐志》："王者必因前王之礼，顺时施宜，有所损益，即民之心，稍稍制作，至太平而大备。"

《中庸》："吾学周礼，今用之，吾从周。"

3.15 子入太庙，每事问。或曰："孰谓鄹人之子知礼乎？入太庙，每事问。"子闻之，曰："是礼也。"

释义： 孔子到太庙祭奠，每做一个行动前都问主持人怎样做才对。有的人就奇怪了，说："谁说鄹（大夫叔梁纥）的这个儿子懂礼数呢？到太庙祭奠，每做一步都要问对不对。"孔子听后，说："这是礼呀。"

太庙是纪念鲁国开国君主周公旦的庙（注：周公，名旦，亦称叔旦，周文王四子，是西周开国元勋，杰出的政治家、军事家、思想家、教育家，封于曲阜，留朝执政）。祭祀有很多规矩和礼仪，以表达对祭祀的天地或祖先的敬重。孔子是讲究礼仪礼节的君子，即使对祭奠的各种规矩和礼仪都很清楚，但为了保证不出错，不能非礼，所以在太庙里的每一个行为是否符合规范，他都要问庙里的主持人，这样做，一是没有漠视主持的存在，事事问主持，是对主持尊重，这是礼貌；二是对祖先的尊重，这也是礼貌，表现了孔子谨慎对待礼节的虔诚态度。

参考：

《公羊传》："周公称太庙，鲁公称世室，群公称宫。"

3.16 子曰："射不主皮，为力不同科。古之道也。"

释义： 孔子说："射箭比赛或练习时，不讲究射穿皮革的靶心，是因为体能和技术标准不同，自古以来都是这个规矩。"

射箭在古代是一项很重要的活动，人们经常练习和比赛。射箭的靶子分皮质和布制，又分大射、宾射、燕射、乡射等。每种级别也根据体能分为上中下几等，有的射主皮，而且力大者射多层皮，有的射不主皮，就是连一层皮也射不进去。孔子以射箭这个活动，比喻人们的思想差异和工作能力，要按思想和工作能力干不同的事，这是从古代的历史经验中得出的结论。

参考：

《说文》："皮，剥取兽革者谓之皮。""科，程也。"

3.17 子贡欲去告朔之饩羊。子曰："赐也，尔爱其羊，我爱其礼。"

释义：子贡想把每月初一祭祖的羊去掉。孔子说："子贡呀，你爱惜羊，我爱惜以羊敬祖先的礼。"

祭奠祖先，贡献羊是表达对祖先敬意的一种方式，而且在祭奠之后要把羊肉分给众人，能够改善一下生活，以免浪费。孔子担心人若爱羊胜过爱祖先、爱民众，问题就大了。

参考：

《朱子集注》："饩，牲生也。"

《礼记·曲礼下》："天子以牺牛，诸侯以肥牛，大夫以索牛，士以羊豕。"

《荆楚岁时记》："先祭神，然后飨其胙。"

3.18 子曰："事君尽礼，人以为谄也。"

释义：孔子说："对他人处处以礼相待，有的人就觉得是谄媚。"

"事君"，有的解释为：侍奉君主或为君主服务。有的解释是：用周礼侍奉国君。

"事君"不能只局限为国君、君主，侍奉君主有专人，孔子说的不仅仅是这些人，应该是所有与"君"有接触的人，包括孔子本人。

"事"，这句话里的意思是相处、相待，包括服侍、做事。

"君"，也包括对其他人的尊称，如：赵君、钱君、诸君、使君、夫君等，都可简称"君"。"请君入瓮"不是请国君入瓮，"送君千里"也不是送国君千里。

孔子敬重的不是人的职位，而是人品。有德之平民，孔子称"君"，无德之王，也只称小人或直呼其名加暴、虐、淫等不敬之定语，如子贡说：纣之不善……

所以，这句话里的"事君"，可以指侍奉国君，也可以泛指对待一切有德之人。

"人以为谄也"，多解释为：他人以为是谄媚。

很费解，对人以礼相待，别人就会认为是谄媚？以礼相待不是人与人之间最正常的态度吗？难道对别人应该蛮横无理才不是谄媚？对国君以礼相待都被认为是谄媚，那对谁以礼相待才不是谄媚呢？阿谀奉承、奴颜婢膝、曲意逢迎等表现才是谄媚吧？

有的为此再加解释说，当时礼崩乐坏，大家都对国君不用周礼相待了。别人都以现代礼节相待，而有人却用周礼相待，就像现在别人握手他打千儿，能被认为是谄媚吗？可笑对吧？

不以周礼相待，也不能无礼对国君吧？为什么只有用周礼相待就是谄媚？人家孔子说的是：事君以礼，看来，对国君应该无礼相待才不是谄媚？呵呵，就是对一个平民百姓无礼，会是什么回应？

参考：

《康熙字典》："君子，成德之称""君者，群也，群下归心也""君，至尊也""夫人亦称君……子称父母曰君……子孙称先世皆曰君……兄称弟曰君……（妾）妇称夫曰君……夫称妇曰细君……上称下亦曰君……封号曰君……彼此通称亦曰君……隐士就聘者曰徵君……持节出使者曰君……"

《礼记·曲礼》："今人而无礼，虽能言，不亦禽兽乎？……是故圣人作，为礼以教人，使人以有礼，知自别于禽兽。"

3.19 定公问："君使臣，臣事君，如之何？"孔子对曰："君使臣以礼，臣事君以忠。"

释义： 定公问："国君差使臣属，臣属为国君办事，应该怎样相处呢？"孔子答道："国君对臣属要以礼相待，臣属为国服务要忠诚。"

不管是"使"还是"事"，其实只是一个意思，就是如何在生活和工作中相处，与上文"事君尽礼"一样，仔细琢磨一下，对不对？

国君是什么？是执政位置最高的君子，代表的是国家，为君就是为国，为国就要尽忠。所以，可以尽忠报国，即使君代表国也不能说尽忠报君，到底还是有个人与国家的区别。无德之君是昏君是暴君，昏君、暴君代表的是个人，为个人不能忠，就是忠也是愚忠，是助纣为虐。

参考：

《焦氏笔乘》："晏子曰：惟礼可以为国。"

《荀子·礼论》："礼有三本：天地者，生之本也；先祖者，类之本也；君师者，治之本也……故礼，上事天、下事地、尊先祖而隆君师。是礼之三本也。"

3.20 子曰："《关雎》，乐而不淫，哀而不伤。"

释义： 孔子说："《关雎》这首诗，欢乐而不淫荡，哀怨而不伤感。"

《关雎》是描绘男女爱情的诗，孔子夸这首诗写得好，就是既表达了男女之间的爱情，又不把两性关系流于淫荡。即使不能两情相悦，表达的也是凄美却不令人伤感，这就是孔子所要求道德的中庸之道，不偏不倚，过之则邪。

参考：

《毛诗序》："是以《关雎》乐得淑女，以配君子，忧在进贤，不淫其色。"

3.21 哀公问社于宰我。宰我对曰："夏后氏以松，殷人以柏，周人以栗，曰：使民战栗。"子闻之，曰："成事不说，遂事不谏，既往不咎。"

释义： 哀公问宰我社稷坛种什么树。宰我答道："夏代用松树，殷代用柏树，周代用栗树，意思是：让老百姓战栗害怕。"孔子听说后，说："做成的事你还不懂就不要说了，已经完成的事你不懂也不要再劝谏了，过去的事你不懂也不要妄加指责了。"

"成事不说，遂事不谏，既往不咎"多直接解释为：做成的事不说，快要做成的事不要劝谏，已经过去的事不要追究。

这种解释没有主语，不知道孔子在说谁。"遂事"，还是理解为办成的事为好，因为"既往不咎"，说的都是完成或做过事，快要做成就是还没成，如果是错事，还是要劝谏停止或改正，不要造成更大的损失。

孔子的本意是说，建立社祭坛需要根据本土栽种合适的树木，夏后氏河东建都，当地气候土壤适于栽种松树，殷代在亳建都，适于栽种柏树，周代在沣镐建都，适于栽种栗树。这些都是因地制宜，符合生态环境的做法，栗子树更是一种经济树种，能给人民带来实惠和利益，栗子谁都爱吃，与什么使民战栗没有一点儿关系。宰我不明其意，妄加评论，既不负责，又歪曲事实，受到孔子的严厉批评。

孔子一贯要求学生不要乱说话，要谨言慎行。因为"一言以为知（智），一言以为不知（愚）"，让民众把乱说话的人当傻子，也就是丢个人，不可怕，如果人们真的相信了错误观点并且照着去做，就可怕了，更可怕的是：一言可以兴国，一言亦可以灭国！

还有的解释说：所谓祭祀坛所用的树，是指祭坛上摆放的牌位用的木料，夏代用松、殷代用柏、周代用栗树木做的。这个说法可以参考，不能确定。

参考：

《白虎通》："王者所以有社稷何？为天下求福报功。"

《礼记·祭法》："王为群姓立社曰大社，王自立为社曰王社，诸侯为百姓立社曰国社，诸侯自立为社曰侯社。"

《白虎通》："社稷所以有树何？尊而识之，使民望见即敬之，又所以表功也。"

《周礼·大司徒》："设其社稷之壝，而树之田主，各以其野之所宜木，遂以名其社与其野。"

3.22　子曰："管仲之器小哉。"或曰："管仲俭乎？"曰："管氏有三归，官事不摄，焉得俭？""然则管仲知礼乎？"曰："邦君树塞门，管氏亦树塞门，邦君为两君之好，有反坫，管氏亦有反坫。管氏而知礼，孰不知礼？"

释义： 孔子说："管仲气度小得很呀。"有人问："管仲节俭吗？"孔子答道："管仲有多处房屋妻室，每个妻室的人员都只做自己的专职，人手富裕的都不用兼职，怎么能说简朴呀？"又问："那么管仲懂得礼节吗？"孔子答："国君宫殿大门外建有照壁，管仲家大门外也要建一个照壁，国君为国家邦交友谊，招待别的国君时宫殿里设有放置空酒杯的台子（喝干酒后把爵倒扣于坫上，以示尊重，称为反坫），管仲家也要设置放空酒杯的台子。管仲要是懂得礼节，那还有谁不懂呢？"

普通人非要按照国家规模和样式摆谱，既奢侈又自大，想什么呢？图什么呢？

有人把"三归"解释为三处藏金之处，就是把财产分为多处。

参考：

《法言义疏》："或曰：齐得夷吾而伯，仲尼曰小器，请问大器，曰：大器其犹规矩准绳乎？先自治而后治人之谓大器。"

《列子·杨朱篇》："管仲之相齐也，君淫亦淫，君奢亦奢。"

《韩非子·外储说》："管仲父出，朱盖青衣，置鼓而归，庭有陈鼎，家有三归。"

《左传·隐公元年》："不书即位，摄也。"

3.23　子语鲁大师乐。曰："乐其可知也：始作，翕如也；从之，纯如也，皦如也，绎如也，以成。"

释义： 孔子与鲁国乐官谈乐理。说："乐理呀其实是有迹可循的：乐起，钟鼓齐鸣，琴瑟相和，五音齐奏；接着是主题，合声乐起，音色划一，音节明晰，首尾相接，这个乐段就完成了。"

乐理规律形同其他社会规律，研究乐理规律不是孔子目的，"礼""乐"相通，利用乐理规律来研究道德发展规律，以美乐陶冶人们的情操，才是孔子的目的。

参考：

《孟子》："乐则生矣，生则恶可已也。"

3.24　仪封人请见，曰："君子之至于斯也，吾未尝不得见也。"从者见之。出曰："二三子何患于丧乎？天下之无道也久矣，天将以夫子为木铎。"

释义： 仪的地方长官请求见孔子，说："只要是贤人君子来此地，我没有不求见的。"孔子随行人员带他去见孔子。他出来后说："你们几个弟子不要忧虑道德在社会上已经丧失了，天下缺德的时间很久了，天将用孔夫子做（惊醒人们心灵的）警钟！"

"吾未尝不得见也"，有的就理解错了，说是一个地方长官，居然宣称想见什么君子就没有不能见的，如此霸道，是见君子之礼吗？愿意见君子，必然本人也是君子，君子不可能如此无理。把"丧"解释为孔子或其学生无官可做，不对，求孔子的学生当官的多了，只有不愿意做官，而没有学生害怕自己当不上官。

这段话里的"丧"，指的是道德沦丧。

参考：

《尔雅·释诂》："请，谒告也。"

3.25　子谓《韶》："尽美矣，又尽善也。"谓《武》："尽美矣，未尽善也。"

释义：孔子评论《韶》乐："旋律美极了，内容也平和极了。"论《武》乐："旋律美极了，内容却没有那么平和了。"

《韶》乐，内容讲的是尧以德平和传位，《武》乐讲的是无德之纣王被周武王用武力赶下台。孔子感叹不要再有商纣王这样的小人占据高位，祸害天下引起天下大乱，后果到处是惊心动魄的刀戈相拼的刺耳声，遍地是令人惊恐的战火硝烟。

3.26　子曰："居上不宽、为礼不敬、临丧不哀，吾何以观之哉？"

释义：孔子说："位居上位而不能宽以待人，典仪、礼节作为人之修养之本却不敬重，面对逝去的人不表露哀思之情。这样的人我怎么看得下去呢？"

"居上"多解释为：位居上层的统治者或执政者。

很好。只是根据下文中"为礼不敬、临丧不哀"这种场面来看，就不仅仅特指官员，而是指位居上层的人，包括家庭中的人。

有的把"吾何以观之哉"解释为：这种事我怎么看得下去呢？

两种解释只有一个区别，即这样的"事"与这样的"人"，孔子是看不下去事还是人呢？孔子确实看不上缺德事，这个解释没错，但事是人做的，最终看不下去的当然是人了。

参考：

《毛诗正义》："宽仁所以止苛刻也。"

第四篇　里仁

4.1　子曰："里仁为美。择不处仁，焉得知？"

释义：孔子说："居处与仁者相邻为美。不选择与仁者相处，明智吗？"

看到这句话，就会立刻联想到孟母三迁，对吗？与恶邻相伴，不仅苦不堪言而且是害呀。

参考：

《尔雅·释言》："里，邑也。"

《说文》："里，居也。"

《荀子·劝学篇》："故君子居必择乡，游必就士，所以防邪僻而近中正也。"

4.2　子曰："不仁者不可以久处约，不可以长处乐。仁者安仁，知者利仁。"

释义：孔子说："没有仁义之心的人，不甘心长期过贫困生活，也不可能永远过那种奢华淫乐的生活。仁者安心行仁道，智者利于行仁道。"

统治者奢华淫乐的生活过久了，老百姓就造反了。

参考：

《礼记·坊记注》："约，犹穷也。"

《大戴礼·曾子立事》："仁者乐道，智者利道。"

4.3　子曰："唯仁者能好人，能恶人。"

释义：孔子说："只有仁者才能使好人得到好报，才会使坏人受到惩罚。"

有的解释是：孔子说："只有仁者才会喜欢好人，厌恶坏人。"很不错！

孔子就是敢爱敢恨。

参考：

《荀子·非十二子》："贵贤，仁也；贱不肖，亦仁也。"

4.4 子曰:"苟志于仁矣,无恶也。"

释义:孔子说:"如果立志做一个仁者,他不会想着去做坏事。"

不管是崇尚还是立志作为仁者,主要是想不想做,有的时候是好心做了坏事,但不是恶意而为,这个与没有仁德的人想去做坏事是有本质区别的。

参考:

《论语义疏》:"人若诚能志于仁,则是为行之胜者,故其余所行皆善,无恶行也。"

《盐铁论·刑德》:"故春秋之治狱,论心定罪,志善而违于法者免,志恶而合于法者诛。"

4.5 子曰:"富与贵,是人之所欲也,不以其道得之,不处也。贫与贱,是人之所恶也,不以其道得之,不去也。君子去仁,恶乎成名?君子无终食之间违仁,造次必于是,颠沛必于是。"

释义:孔子说:"富与贵,是人们都想得到的,但是不能用正当的手段得到,就不要非要去得到。贫与贱,是人人都厌恶的,但是不能用正当的手段脱离,那就不要非去摆脱不可。要是没有了仁德,君子不是成了一个罪恶的代名词?君子哪怕连吃顿饭的工夫都不会违背仁德,危急的时候必然是这样,颠沛流离的时候必然也是这样。"

"造次",意思是匆忙、仓促、鲁莽等含义,引申为"危急"更贴切。

参考:

《荀子·性恶篇》:"仁之所在无贫穷,仁之所亡无富贵。"

4.6 子曰:"我未见好仁者恶不仁者。好仁者,无以尚之恶不仁者,其为仁矣,不使不仁者加乎其身。有能一日用其力于仁矣乎?我未见力不足者,盖有之矣,我未之见也。"

释义:孔子说:"我从来没有见过喜好仁德的人恶语相向不讲仁德的人。喜好仁德的人,不会恶语相向不讲仁德的人,这就是仁德,不能把不仁德的名声加在自己身上。有谁在一天内全力用于行仁德?我还没有见过用于仁德而力量不足的人，就算有吧，我可没见过。"

这一段比较长，有的人标点分段不一样，"我未见好仁者，恶不仁者。"把这段话解释成："我从未见过喜爱仁的人，也未见过讨厌不仁的人……"

喜好仁德的人和讨厌没有仁德的人，孔子能未见过吗？理解偏了。

还有，把"好仁者，无以尚之恶不仁者，其为仁矣，"断开，成了"好仁者，无以尚之；恶不仁者，其为仁矣，"理解成：好仁的人，没有什么能胜过仁；厌恶不仁的人，就是为了不使不仁加在自己身上。

意思也挺好，只是太简单啦。厌恶不仁的人，就可以不使不仁加在自己身上？

"有能一日用其力于仁矣乎？我未见力不足者"，仁德是思想，是精神，要提高需要努力，不是力气，难道力量小的人就没有仁德？可谁又能把力量用到思想上？孔子幽默，只是开个玩笑。

参考：

《正韵》："恶，憎也。"

《通论》："有心而恶谓之恶，无心而恶谓之过。"

4.7 子曰："人之过也，各于其党。观过，斯知仁矣。"

释义：孔子说："人的过错，可分为不同类型。通过反省各类过错，才知道什么是仁德。"

这个"党"不是指结党、党派，是类别的意思。"观过"可以是观自己的过，也可以是通过观察别人的过，知道什么才是仁德。

参考：

《论语集注》："党，类也。"

4.8 子曰："朝闻道，夕死可矣。"

释义：孔子说："要是早上明白了真理与道义，即使晚上就死都心甘情愿而无所遗憾了。"

这句话极短，但意义极其深刻。人如果不知道为什么活着，活的时间再长，不过就是一个行尸走肉。而人一旦知道生活的真、善、美，即使生命再短，也毫无遗憾。孔子对真理与道义的追求、渴望和重视都充分表现在这句话里。其他诸如权势、金钱与美女等世俗的追求，在孔子眼里只不过是浮云或者说是粪土。

参考：

《尔雅·释诂》："朝，早也。"

《说文》："朝，旦也。"

《论语解·里仁》："程子曰：人不可以不知'道'，苟得闻'道'，虽死可也。"

4.9　子曰："士志于道，而耻恶衣恶食者，未足与议也。"

释义：孔子说："士立志追求道德真理，而以清贫为耻辱的人，那就无法跟他谈论什么道德了。"

"士志于道，而耻恶衣恶食者"，多解释为：读书人或学者立志于真理，以自己衣食粗劣为耻辱。

这个理解没错，但是片面了。以自己贫穷为耻的人，也会认为别人的贫穷是耻辱，就是俗话说的看不起穷人，也不管他们为什么贫穷。志于道德高尚的"士"，自己不会以生活困苦为耻辱，反之，以自己生活困苦为耻辱的人，也不可能是志于道德的士，那些自私自利的小人才会因生活困苦感到耻辱。"士"是不屑与他们交谈，而不是他人不与"士"交谈。

立志要做一个道德高尚的人，又耻于清贫，要追求小人所向往而不择手段获取的锦衣美食，连是非观都没有，还是什么志于道的士呢？

所以，这段话可以从两个方面理解，一是主观方面，即自己不能追求享乐，否则正人君子不会搭理自己；二是客观方面，即他人，也就是一味追求享受的小人，好人也不会去搭理他。

参考：

《白虎通·爵篇》："士者，事也，任事之称也。"

《广雅·释诂》："议，言也，谋也。"

4.10　子曰："君子之于天下也，无适也，无莫也，义之与比。"

释义：孔子说："君子处世，没有什么可以不可以，只要是做符合道义之事。"

这句话有许多不同意见，多解释为：君子对天下的事情，没有不变的主张与反对，怎样合理就怎样去做。

"无适也，无莫也"，是说君子不会盲从他人尤其是上级的意志做事，可以改变即灵活处置。

"义之与比"，这个不能变。

参考：

《尔雅》："适，往也。"

《书·多士》："惟我事不贰适。"

《韵会》："无也，勿也，不可也。"

4.11 子曰："君子怀德，小人怀土；君子怀刑，小人怀惠。"

释义： 孔子说："君子胸怀高尚道德，小人怀揣朽木粪土；君子想的是服从法制，小人想的是能够得到的实惠。"

"小人怀土"，往往被解释成：小人思念乡土，或小人安于土地等，并由此判断孔子看不起劳动人民。

如此解释，是没有看明白孔子说的是什么。"怀土"与"怀德"相对，也就是说，"土"，土地的"土"，无法与"德"相关联，而思想上肮脏的粪"土"，才为孔子所不耻。

与"小人"相对应的是"君子"，不是社会地位低下的人，不是劳动人民，他们只要道德高尚就是君子。小人是道德低下、追求势利的人，是为了私利什么都敢干的人。

参考：

《说文》："怀，思念也。"

《管子·心术上》："化育万物谓之德。"

4.12 子曰："放于利而行，多怨。"

释义： 孔子说："从私利出发的行为，招众人怨恨。"

这句话可以是指个人行为，但是小集体小集团为自己的利益而行，同样也会在社会上招来怨恨。

参考：

《荀子·大略篇》："故，义胜利者为治世，利克义者为乱世。"

4.13 子曰："能以礼让为国乎？何有？不能以礼让为国，如礼何？"

释义：孔子说："能以礼让治国，国家还会有（难以处理的）事吗？不能以礼让治国，还谈什么礼？"

"如礼何"，有的解释是：空谈礼有什么用？

也说得通。只是不用礼让治国，怕是连谈都不让谈了。因为统治者多是恶律至上者，只讲怎样用严刑酷法维护统治，不会对民众讲道义、礼让。

参考：

《管子·五辅篇》："夫人必知礼然后恭敬，恭敬然后尊让……故乱不生而患不作，故曰：礼不可不谨也。"

《左传》："君子曰：让，礼之主也。"

4.14 子曰："不患无位，患所以立。不患莫己知，求为可知也。"

释义：孔子说："不怕没有自己的位置，只怕自己没有立身之本。不怕自己不为人知，要追求德才兼备达到世人皆知的程度呀。"

"求为可知也"，多解释为：追求能使别人知道自己的本领。

好像意思差不多，追求本领与追求德才兼备，都可以，但是加上定语"能使别人知道"，与"世人皆知"，是不是目的有点儿大不一样？

参考：

《周礼》："四曰禄位，以驭其士。"

4.15 子曰："参乎，吾道一以贯之。"曾子曰："唯。"子出，门人问曰："何谓也？"曾子曰："夫子之道，忠恕而已矣。"

释义：孔子说："曾参啊，我的道德体系是以一个中心贯穿的。"曾子答："对。"孔子出门后，门人问："孔夫子讲的是什么意思呀？"曾子说："夫子讲的道德体系，其中心内容就是为人要忠恕罢了。"

"吾道一以贯之"，又可解释为：我的道是一个基本思想或学说贯通的。

基本是一个意思，只不过就是用哪个词汇更贴切一些罢了。

参考：

《广雅·释诂》："贯，行也。"

《大戴礼记·小辨》："知忠必知中，知中必知恕，知恕必知外，知外必知德。"

4.16　子曰："君子喻于义，小人喻于利。"

释义：孔子说："君子可以用道义来说明事理，小人只能用私利来打动。"

还有的解释是：孔子说："君子懂得大义，小人只知道自私自利。"

"喻"，有知晓、懂得、比喻等意义，所以哪种解释都说得通，意思都很好，但是说只有君子才懂得大义并不准确，小人也懂什么是大义，只不过大义对他们来说，绝对不能作为处世的原则。

这句话清楚地表明了孔子对人的分类标准，不是以什么官位、权势、财富等庸俗眼光看人品，他的标准只有两个：君子和小人。只要以德义处世，就是君子，不管是贱民、要饭的还是有权势的人；只要事事都以自己能不能得利来考虑，那就是小人。

参考：

《荀子·王制篇》："古者，虽王公卿士大夫之子孙，不能属于礼义，则归之庶人；虽庶人之子孙，积文学，正身行，能属于礼义，则归之卿士大夫。"

4.17　子曰："见贤思齐焉，见不贤而内自省也。"

释义：孔子说："看见贤德的人要向他看齐，看见不贤德的人也要反省自己有没有这种人的毛病。"

见贤思齐还是见利思齐？这是君子与小人的最大区别。

参考：

《荀子·修身篇》："见善，修然必以自存也；见不善，愀然必以自省也。"

4.18　子曰："事父母，几谏，见志不从，又敬不违，劳而不怨。"

释义：孔子说："子女对父母的错误，（看见父母做了或想做不合适的事）要和颜悦色地劝谏，如果父母不愿意接受，也要尊敬父母，即使是违背了自己的意见。子女只能有忧劳之心而不能有怨恨之心。"

"事父母"的"事"有的解释是：服侍。

也对，但不见得只有在服侍父母的时候才能看到问题。

"事"，在这句话里是相处、相待在一起的时间，包括服侍。

"几"，轻微或心所希望的意思，不要理解为"几次"，虽然可能会有几次。这句话里"几"只强调委婉，即态度要温和。

"劳"这里不仅仅指劳体，还有劳心。

"事父母"与"事国君"一个道理，不管是家庭尊长还是国家尊长，孔子不认为给他们提意见就是犯上，他们接不接受是他们的事，但是提不提是一个对他人负责任的君子与自顾自的小人的区别。

参考：

《说文》："几，微也。"

《礼记·祭义》："父母有过，谏而不逆。"

4.19 子曰："父母在，不远游。游必有方。"

释义：孔子说："父母在世的时候，孩子们不要漂泊在外，就是不得已必须离开父母，也要让父母知道自己在什么地方。"

离开父母也要去那些经常去的地方，以便与父母能够随时保持联系。"孝"，是人品的最基本表现，无论在家里还是在外面，都要想着父母，最起码不要让父母操心、牵挂，父母有事可以尽快回到身边。

参考：

《礼记·曲礼》："所游必有常。"

4.20 子曰："三年无改于父之道，可谓孝矣。"

释义：孔子说："多年不改变父辈的处世之道，可以说是孝顺。"

"父之道"，多解释为父母生前的行为准则和家规。这个准则、家规不是指所有的准则、家规，只有符合道义的准则、家规才能遵守，只有执行符合道义的准则、家规才是孝道。

这段话在第一篇就有，在这里只取用了后一句，这说明孔子具有强烈的针对性。

从当时的世袭制度来看，这句话更像是对那些执政者接班人的教诲。因为春秋之前的社会公有制尚未完全解体，那时候的制度比私有制更有利于国民，也更能使社会安定。孔子看到了社会在向私有制转化，私有制的政策逐渐替代了公有制，人的思想也越来越自私，他不希望好的体制被恶的体制所替代。

参考：

《春秋繁露·祭义篇》："孔子曰：书之重，辞之复！"

4.21 子曰："父母之年，不可不知也，一则以喜，一则以惧。"

释义：孔子说："父母的年龄孩子们不可以不知道，一是为他们的长寿而高兴，二是因为高龄会使父母体虚得病和去世而恐惧。"

参考：

《说文》："惧，恐也。"

4.22 子曰："古者，言之不出，耻躬之不逮也。"

释义：孔子说："古人不会轻易出言，他们耻于空言而无法做到。"

"古者，言之不出"，多解释为：古人不轻易许诺。

古人不仅不会轻易许诺，也不会轻易说错话，他们会为此产生的不良影响无可挽回感到丢人，尤其是那些真正的儒家学者。

大言不惭、信口开河的所谓达人，肯定没有学过孔子的这段话。

参考：

《说文》："躬，身也。"

《说文》："逮，及也。"

4.23 子曰："以约失之者鲜矣。"

释义：孔子说："对自己以礼约束的人很少有过失。"

孔子这里省略了约之前的"礼"。以德为本，约之以礼。

"约"还有"俭"的意思，所以，这一句也可以解释成："节俭的人可免忧患。"

参考：

《易·否卦》："天地不交否，君子以俭德辟难，不可荣以禄。"

4.24　子曰："君子欲，讷于言而敏于行。"

释义：孔子说："君子有所欲念时，说话时不着急，而做事时要迅速敏捷。"

注意"欲"和断句，这个欲，很多人都没有解释，但是很重要。因为不加欲，就是要求做到，但是有时一着急可能就忘了。加上欲，就是要求自己想要去做，追求去做，时刻想着的事，就不会忘了怎么做了。一个字就体现着一个人的水平，孔子就是大师呀！分句之后，欲字的含义就明白了。

参考：

《集韵》："欲，情所好也。"

《文子·微明篇》："心欲小，志欲大。"

4.25　子曰："德不孤，必有邻。"

释义：孔子说："有德之人不会孤单，必然有同类相伴。"

人以类聚，有德之人，必有有德之人为友，良朋为邻。

参考：

《欧阳修·朋党论》："君子与君子以同道为朋。"

4.26　子游曰："事君数，斯辱矣；朋友数，斯疏矣。"

释义：子游说："投靠君主多了，这就是耻辱；交的朋友太多，就没有真正亲近的。"

这段话有几个解释：

一、"数"是多次的意思，多次向君主劝谏，会招致耻辱。多次向朋友劝谏，朋友会疏远。

这个解释是说给国君提意见要适可而止，劝说朋友不能多说，不听就算了。但是忠臣君子不会因为君主不听就停止劝谏，那是见风使舵看脸色行事的小人。而且除非是昏王、暴君，才会给劝谏的人以羞辱，真正的朋友也不会因为自己的劝谏不被采纳而不再坚持自己的主张，也不会因此疏远对方，这个解释不符合孔子思想。

二、把"数"通假为"速",即频繁地向君主劝谏,会招致耻辱。不停地向朋友提意见,朋友会疏远。

有点儿意思,如果真的这么做,也确实挺烦人。但是如果动机与内容都有利于君主和朋友,又是需要急切解决的事,人家也会理解而不会羞辱和疏远。孔子教学严谨,不会同意这种是非不清漏洞百出的言论。

三、把"数"解释为"烦琐",对君主烦琐,会受到羞辱,对朋友烦琐,会彼此疏远。

这个意思很牵强。

"数"就是数个,多的意思。孔子曾经说晏婴服侍过几个国君是为人有问题,不是一心,不忠诚。后来孔子了解了晏子的为人,解除这个误会。但是对为了满足私心而服侍多个国君的小人,孔子就认为是卖身投靠,是耻辱!

参考:

《群经音辩》:"计之有多少曰数。"

《晏子春秋》:"仲尼游齐,见景公。景公曰:先生奚不见寡人宰乎?仲尼对曰:臣闻晏子事三君而得顺焉,是有三心,所以不见也。"

第五篇　公冶长

5.1　子谓公冶长："可妻也，虽在缧绁之中，非其罪也。"以其子妻之。

释义：孔子谈论公冶长，说："有女可以嫁给他，他现在虽然身陷囹圄，但他没有罪。"孔子把女儿嫁给了公冶长。

有的貌似公允的人说，法律是准绳。可孔子说：恶法祸国殃民。就是善法，也看是谁执法，无德之人什么时候把法律当过准绳？

参考：

《仪礼·表服经》："子，女也。"

5.2　子谓南容："邦有道不废，邦无道免于刑戮。"以其兄之子妻之。

释义：孔子论南容："国家政治清明时他必然会被启用，国家政治黑暗时他也会免于刑狱被杀戮。"孔子把自己的侄女嫁给了南容。

一个行为端正的君子，本来就不可能触及道德底线的刑罚，可孔子为什么要说这句话呢？因为当"邦无道"时，法律就不是道德底线了，而是小人用于压迫君子的手段，这个时期的法律，往往都是恶法，能够在这样暗黑的环境中免于牢狱之灾，可见南容超人的聪明。

参考：

《尔雅·释诂》："废，舍也。"

5.3　子谓子贱："君子哉若人！鲁无君子者，斯焉取斯？"

释义：孔子论子贱："君子啊就像这个人！鲁国如果没有君子教导子贱，子贱如何受到道德教育？"

有的人说，子贱是孔子的学生，孔子的这句话是自夸，可是孔子还真没有把培养了好学生这个奖牌挂在了自己身上，他说的是如果"鲁无君子者"教育，子贱怎么会修养成高尚君子？而不是说"如果吾不是君子……"，就是认为子贱是国家培养出来的，这个荣誉应该归功于国家，孔子岂是那沽名钓誉之徒？子贱的成功，只能说是名师出高徒，信哉！

参考：

《韩诗外传》："子贱治单父，其民附。孔子曰：告丘之所以治之者。对曰：……，所父事者三人，所兄事者五人，所友者十有二人，所师者一人。孔子曰：所父事者三人，足以教孝矣；所兄事者五人，足以教弟矣；所友者十有二人，足以去壅蔽矣；所师者一人，足以虑无失策，举无败功矣。"

5.4 子贡问曰："赐也何如？"子曰："女，器也。"曰："何器也？"曰："瑚琏也。"

释义： 子贡问："我怎么样？"孔子说："你呀，像一个器具。"问："什么器具呀？"孔子答："瑚琏呀。"

瑚琏是什么？祭祀用来装黍稷粮食的器具，竹子编成，上部用玉镶嵌，华美而高贵。用瑚琏比喻似乎是夸赞子贡，但是与孔子说的：'君子不器'又相悖。

为什么这么评价子贡？那就是说，子贡的道德修养已经很好，但还未达到高尚君子的境界，肚子里装了不少好东西，人品也很好，但是尚不能自立，还可能会被权势者摆布，作为他们的花瓶以粉饰自己，可以说，就是为权贵充门面。所以，还要通过学习，成为只按道德处世的君子，不为权势所动。

参考：

《史记·孔子世家》："今尔不修尔道而求为容，赐，而志不远矣！"

5.5 或曰："雍也仁而不佞。"子曰："焉用佞？御人以口给，屡憎于人。不知其仁，焉用佞？"

释义： 有人说："冉雍仁德但是口才不好。"孔子说："为什么用佞这个词来形容雍也呢？与人交往逞口舌之利，会屡屡遭人恨。说这话的人不知道冉雍有多么仁厚，怎么能用佞这个词呢？"

"焉用佞？"表达了孔子的愤怒。"佞"的一种意思，就是口才好，或者说是能言善辩，是能通过语言正确地表达自己的思想和观点。如果从公心出发，认为自己所说的事情有利于国家和人民，用观点明确、论据充分的口才，以达到维护大众利益的目的，应该说是一个褒义词，最起码也可以算是中性词。但是孔子为什么对这个字用在冉雍身上就非常不满意，甚至是深恶痛绝呢？

就是因为佞这个字的另一个含义就是狡辩，等同于搬弄是非、文过饰非、挑拨离间、吹牛拍马、阿谀奉承等贬义词，能狡辩的人，心里没有大是大非观，都是不顾国家和他人利益、只要是为了自己，什么缺德话都能说出口的自私自利的小人，就像历史或者现实中不断在君主或上级耳边进谗言的佞臣。冉雍是一个具有高尚道德的仁厚之人，俗称就是厚道的人，是孔子的得意门生，是十大哲人之一，孔门三贤之一，甚至被人评论其道德涵养可以与孔子并列。这样的人，孔子怎么能容忍用"佞"这个用来形容小人的词来评价冉雍呢？

参考：

《荀子》："通则一天下，穷则独立贵名，天不能死，地不能埋，桀、跖之世不能污，非大儒莫能立，仲尼、子弓是也。"

《说文》："佞，巧谄高材也。"

5.6 子使漆雕开仕。对曰："吾斯之未能信。"子说。

释义：孔子让漆雕开去做官，漆雕开说："我（德才还不够高）对能否当好这个官不能确信。"孔子听了很高兴。

另可解释为：孔子让漆雕开去做官，漆雕开说："（老师，您说的要我当官这个话不当真吧？）我不可能相信。"孔子听后乐了。

两个解释意思相反，但把第二句当作开玩笑的话，意思却又一致：不为权，不为利，只要德才配位。其后仕与不仕，史传并无记载。韩非子列漆雕开为儒家八派之一。

参考：

《史记·仲尼弟子列传》："漆雕开，字子开。"

5.7 子曰："道不行，乘桴浮于海，从我者其由与？"子路闻之喜。子曰："由也好勇过我，无所取材。"

释义：孔子说："如果本土执政者不实行德政，那我就乘木筏到海外去，和我同行的也就是仲由吧。"子路听了很高兴。孔子接着说道："仲由呀，你的勇气超过我，但是找不到做木筏的材料呢。"

有人解释"由也好勇过我，无所取材"，意思是除了勇气超过我，其他是没有什么才能可取了，所以"无所取材"的材是通假才能的"才"，是孔子说子路没有其他才能。但通假字一般都是笔画少的通假笔画多的字，而且关键是这不应该是孔子对子路的评价，因为子路虽然勇猛过人，而聪慧与极少数同门相比略显不足，但他是孔门三千弟子中的十哲之一，是七十二贤人之一，道德和才能都是很高的学生，孔子怎么能那样说子路呢？

孔子讲课，生动活泼和风趣幽默，也是他的学生众多的原因之一。这段话有意思，孔子本来只是一个开玩笑的假设，但耿直的子路就信以为真了，如果真的有那么一天，很高兴老师就认定除了自己就没有其他同学陪同去海外。坐着个小筏子乘风破浪到无边无际的大海上冒险，那不就是等于说：老师，咱两个慷慨赴死去吧。孔子说别死了，没处找做筏子的材料，没法出海。暗含的意思是，哪里去找子路这块愣头青的料啊。就是拿子路逗了个乐，活跃活跃课堂气氛。

参考：
《论语义疏》："桴者，编竹木也，大曰筏，小曰桴。"

5.8 孟武伯问："子路仁乎？"子曰："不知也。"又问。子曰："由也，千乘之国，可使治其赋也，不知其仁也。""求也何如？"子曰："求也，千室之邑、百乘之家，可使为之宰也，不知其仁也。""赤也何如？"子曰："赤也，束带立于朝，可使与宾客言也，不知其仁也。"

释义： 孟武伯问："子路的仁心有多厚？"孔子说："不知道。"孟武伯又问了一遍，孔子说："仲由呀，他有能力掌管一个小国的军事，至于仁心有多厚，我不知道。""冉求怎么样？"孔子说："冉求呀，可以在一个千户规模的大邑或者兵车百乘的大夫封地做总管，至于他的仁心有多厚我不知道。""公西赤怎么样？"孔子说："公西赤吗？穿上系着腰带的礼服站在朝廷之上，专门接待宾客陪着聊天，至于仁心有多厚我不知道。"

有的书本解释"仁"在不同的人身上有不同的体现，这个解释不准确，"仁"

的内涵就一个，就是孔子说的"爱人"，就是爱亲人、爱同事、爱朋友、爱社会上一切需要得到关心和爱护的人。

"不知其仁"，不是不知道有没有"仁"，而是不知道他们的仁，能否正确地与其工作相互结合，能够多大程度地与其工作相结合。其实，这几个学生都是孔子的高才生，都受到过很严格的道德教育和具有很高的道德素养，孔子对他们都很了解，但是至于他们能否在工作岗位上以德敬业，有多深厚的爱心敬业，没有通过实践检验，没有通过具体事务的表现，孔子也不会贸然回答。

参考：

《论语正义》："赋，兵赋。"

《礼记·中庸》："仁者，人也，亲亲为大。"

5.9　子谓子贡曰："女与回也孰愈？"对曰："赐也何敢望回？回也闻一以知十，赐也闻一知二。"子曰："弗如也，吾与女弗如也。"

释义：孔子问子贡："你和颜回谁的智慧更强？"子贡说："我怎么敢与颜回比呀？颜回可以做到举一反十，我能举一反二就不错了。"孔子安慰子贡说："不如颜回呀，我和你一样也不如颜回呀。"

人有五德，缺一不可，没有智慧，也就是缺少慧心，那么好心也可能办成坏事，甚至干成比缺德之人干的还坏的事。这不仅仅是评论哪个学生更聪明，而是孔子赞扬颜回有大慧之德，也希望其他学生通过学习变得更理智更聪明，更好更有效地服务社会。

参考：

《广雅·释言》："愈，贤也。"

5.10　宰予昼寝。子曰："朽木不可雕也，粪土之墙不可杇也，于予与何诛？"子曰："始吾于人也，听其言而信其行；今吾于人也，听其言而观其行。于予与改是。"

释义：宰予白天睡觉。孔子责怪他："朽木不可用来雕刻了，粪土之墙怎么涂抹也是那么臭！对于宰予（这种行为来说）还能用什么更重的词汇对他谴责？"孔子又说："开始我对人是听其言而信其行，现在我对人是听其言而观其行,是宰予改变了我的观点。"

"于予与何诛",多解释为:还有什么可责备的或责备还有什么用呢?

意思都不错,只是没有把孔子认为宰予日寝的行为比大粪还要臭,可是已经找不到可以形容的言辞这种意思表达出来。

勤劳的人为了努力学习、工作,都是起五更睡半夜,哪里能在大白天睡觉?只有好逸恶劳、昏天黑地的社会蛀虫,才如此懒惰。孔子教育学生的目的是做一个勤勤恳恳、不辞辛劳、道德高尚的官员。宰予慵懒的表现,让他感到可气而又愤怒。

孔子最怕的是"饱食终日,无所用心",如果这样的人成为官员,必然是"尸位素餐,无所作为"。孔子身体力行就是:"发奋忘食,乐以忘忧。""尝终日不食,终夜不寝以思,无益,不如学也。"勤奋到不分昼夜。

宰予是孔子的得意门生,是孔门十哲之一,但是本身的一些小毛病又让孔子头痛不已,许多人认为孔子不喜欢他,才狠狠地骂他,其实最疼爱的学生才被骂得最狠,是怕他真的成了烂铁打不成好钢。

被孔子痛责之后,宰予发奋图强、努力进取,在语言、文学、政治、德行等各方面都有不凡的成就,没有辜负孔子特殊的教诲。

参考:

《说文》:"杇,所以涂也。秦谓之杇,关东谓之槾。"

《白虎通》:"诛以驭其过。"

《韩非子·五蠹》:"诛严不为戾。"

5.11 子曰:"吾未见刚者。"或对曰:"申枨。"子曰:"枨也欲,焉得刚?"

释义: 孔子说:"我没有见过刚正的人。"有人说:"申枨应该算一个。"孔子说:"申枨有很多的私欲,算什么刚正?"

无欲而刚。其实人都有欲望,难道饿了想要吃饭,冷了想要穿衣等不是欲望吗?想要社会公平公正公开不是欲望吗?但这些欲望都不会损人利己,甚至是有利于社会和民众的欲望。孔子理想的没有欲望是指人不谋求私利,在利益面前、个人得失面前不被诱惑、毫不动摇、刚正不阿、公正处世,这才是刚直刚正的人。这个刚,是刚直刚正的刚。有的解释"刚者"是刚强刚毅的人,不错,但是不准确。

参考：

《孟子》："养心莫善于寡欲。"

5.12 子贡曰："我不欲人之加诸我也，吾亦欲无加诸人。"子曰："赐也，非尔所及也。"

释义： 子贡说："我不想别人强加于我，我也不想强加于人。"孔子说："子贡呀，这可不是你能够做到的呀。"

孔子的意思很明白，不仅仅是说你子贡，你可以不强加别人，控制自己能够做到，但是能不能百分之百做到不强加于人也难说，更难办的是，你能制止别人强加于你吗？比如说某些苛捐杂税就是当权者对人民的强取豪夺，你能制止吗？强征劳役你能制止吗？这是公权强加给你的，你阻止不了。那么某些小人为了自己的利益，强加于他人的私人行为，你也阻止不了的。孔子看问题透彻呀。

参考：

《争臣论》："吾闻君子不欲加诸人，而恶讦以为直者。"

5.13 子贡曰："夫子之文章，可得而闻也；夫子之言性与天道，不可得而闻也。"

释义： 子贡说："孔夫子的文章，可以在别处得到和学习；但是孔夫子言论里关于人性的内涵和包含的天理，（除了在孔子亲自授课的课堂里）从别处是得不到也学不到的。"

有的解释是说孔子论述的人性与天道很难学到，指的是理论深度。别的老师对人性与天道的认识和理解没有孔子的学说深刻，有的甚至反其道而行之，教授学生怎样去为自己谋利。

这个解释有道理，但这里更强调的是地点。文章当时可以通过写书四处传播，但是在没有留声机、没有电台、电视台的时代，言论当时不可能传播，所以在没有孔子的地方，没有孔子亲自讲解他的文章里有关人性与天道的论点和论据，那当然是听不到也学不到的。如果说当面都听到了孔子的解释，学生仍然不懂什么是人性，什么是天道，那他们学到了什么呢？

参考：

《汉书注》："谓孔子不言性命及天道，而学者误读，谓孔子之言，自然与天道合，非惟失于文句，实乃大乖意旨。"

《礼记·哀公问》："敢问君子何贵乎天道也？孔子对曰：贵其不已，如日月东西相从而不已也，是天道也，不闭其久，是天道也。"

5.14　子路有闻，未之能行，唯恐有闻。

释义：子路听到需要自己做的事情之后，还没有来得及执行（或正在执行中），就怕听到又有需要自己做的事情了。

有人解释是子路学会了一个道理，没来得及践行，就怕又听到了一个道理，这个解释不对。

两事不能并行，一个人做不了两个人的事情。这个跟听道理没关系，跟听到两个三个和更多的道理也没有关系，道德理论学得越多越好，理论可以指导实践。那么跟什么有关系呢？跟子路的性格与行事风格有关系。子路是个急脾气，一件事没干好，没干完，来不及做另一件事，对子路来说是很痛苦的事。古人有个解释："子路好勇，闻斯行之，其未及行，又恐别有所闻，致前所闻不能并行。"非常贴切。

参考：

《史记·仲尼弟子列传》："子路性鄙，好勇力，志亢直。"

5.15　子贡问曰："孔文子何以谓之文也？"子曰："敏而好学，不耻下问，是以谓之文也。"

释义：子贡问："孔文子凭什么可以得到'文'这个谥号呢？"孔子说："他聪明敏锐而且勤学好问，向比他文化水平低甚至地位低的人请教自己不会的东西而不觉得是耻辱，所以能得到'文'的谥号呀。"

据说孔圉私生活比较腐化，追求锦衣玉食和娇妻美女。有这么多缺点的人死了得到的谥号却很荣耀，子贡不服，认为应该给孔圉一个差的谥号才对，但是孔圉求学心切，在学习上还是比较优秀的，而且能够放下身段"不耻下问"，向不如自己的人虚心请教，能做到这一点的人不多，对学生来说这就很重要了，只是要学好不要学坏。

参考：

《逸周书·谥法解》："勤学好问曰文。"

5.16 子谓子产有君子之道四焉："其行己也恭；其事上也敬；其养民也惠；其使民也义。"

释义：孔子说子产有君子之道体现在四个方面："他待人处世态度恭敬；他为国服务敬业尽力；他能让所管辖的民众生活得到实惠；他役使民众只是出于大义。"

子产是孔子为学生培养道德、为将来执政所推荐的时代榜样。一个国家行政管理人员，只有达到子产做到的这四个方面，才能符合岗位要求。

参考：

《左传》："子产使都鄙有章，上下有服，田有封洫，庐井有伍。大人之忠俭者，从而与之；泰侈者，因而毙之。"

5.17 子曰："晏平仲善与人交，久而敬之。"

释义：孔子说："晏平仲善于与人交往，无论相处时间多长都恭敬待人。"

有的解释是说晏平仲善于与人交往，相处久了，别人仍然敬重他。

还有的解释是：晏平仲善于与人交往，相处久了，别人就敬重他了。

这几种解释都没有问题，"久而敬之"可以是"善与人交"的表现，也可以说是善与人交的结果。但是善与人交，不见得都能久而让人家尊重，因为人家尊重不尊重你，并不以你善不善于交往，而是看你值不值得尊重。但是，久而敬之肯定可以善与人交，并且在交往的过程中一直保持对对方的敬重，谁不喜欢尊敬自己的人呢？所以说第一种解释更合理。

参考：

《礼记·檀弓》："曾子说：晏子可谓知礼也已，恭敬之有焉。"

5.18 子曰："臧文仲居蔡，山节藻棁，何如其知也？"

释义：孔子说："臧文仲给大龟盖的房子，雕梁画栋，用了天子庙饰，与他的智德相称吗?"

臧文仲当时被称为"智者",曾经是鲁国的四朝大臣,三代为鲁国掌龟占卜之大夫,但是他做的这件事(以天子规格给龟盖房,以媚鬼神),就不是智者所为了。

"山节藻棁",指的是臧文仲给大龟的房子用了天子庙饰。那就过分啦,孔子责怪他头脑发昏更合理。

参考:

《论语集注》:"蔡,大龟也。"

《论语讲要》:"占卜之龟有六种,周礼谓之六龟,各藏一屋,使龟人掌管之。臧孙三代为鲁国掌龟之大夫,故曰居蔡。"

《礼记·明堂位》:"山节藻棁,复庙重檐,天子之庙饰也。"

5.19　子张问曰:"令尹子文三仕为令尹,无喜色,三已之无愠色,旧令尹之政必以告新令尹,何如?"子曰:"忠矣。"曰:"仁矣乎?"曰:"未知,焉得仁?"

"崔子弑齐君,陈文子有马十乘,弃而违之。至于他邦,则曰:'犹吾大夫崔子也。'违之。之一邦,则又曰:'犹吾大夫崔子也。'违之。何如?"子曰:"清矣。"曰:"仁矣乎?"曰:"未知,焉得仁?"

释义: 子张问:"令尹子文三次被任命为令尹,没见他高兴过,三次被罢免,也没见他有怨恨的样子,而且交接班的时候还把以前所有的情况都交代给新的令尹,这种人应该怎样评价他呢?"孔子说:"是个忠厚的人。"子张又问:"那他是个仁德之人吗?"孔子答:"不知道,你说的都是有关他的忠厚之事,怎么知道他仁德不仁德呢?"

"崔子把齐国国君给杀了,陈文子即使家里有十乘马车那么富有,却毫不犹豫弃他而离开了齐国。到了另外一个国家,(了解了当地情况)说:'这个国家的大臣跟齐国的大夫崔子是一样的人呀。'离开了。又到了一个国家,说:'这个国家的大臣跟齐国的崔子还是一样的人呀。'又走了。这样的人应该怎样评价他呢?"孔子说:"是一个清白的人。"子张问:"他能算是仁德的人吗?"孔子说:

"不知道，你说的都是有关他清白的事，怎么知道他仁德不仁德呢？"

参考：

《广韵·止韵》："已，止也。"

5.20　季文子三思而后行。子闻之曰："再，斯可矣。"

释义： 季文子每做一件事前都要多次的、反复的考虑后才开始行动。孔子听到后说："考虑两次就可以行动了。"

谨慎过头的人，遇事经常犹豫不决，不敢轻易处理，就会贻误大事。

参考：

《说文》："再，一举而二也。"

《左传》："君子之行，思其终也，思其复也。"

5.21　子曰："宁武子，邦有道则知，邦无道则愚。其知可及也，其愚不可及也。"

释义： 孔子说："宁武子，国家昌明时他才华横溢（用于国家），国家腐败时他也变得愚不可及（毫无作为）。他的智慧别人能达到，但他的傻劲谁也装不了。"

国家昌明，努力贡献自己的才智，国家腐败，装作什么也不懂，什么也不会，什么也不做。为什么？为腐败做得越多，害人就越厉害。

参考：

《论语集注》："宁武子，卫大夫，名俞。"

《论语注疏》："此章美卫大夫宁武子之德也。遇邦国有道，则显其知谋；若遇无道，则韬藏其知而佯愚。"

5.22　子在陈，曰："归与归与，吾党之小子狂简，斐然成章，不知，所以裁之。"

释义： 孔子在陈国说："回去吧，回去吧，家乡的学生们志向远大而粗疏，文章发奋狂放，不明智呀，要剪修呀。"

常见的解释是：孔子在陈国说："回去吧，回去吧，家乡的学生志向远大有进取心，但是行为粗率简单，文才出众而又不知如何节制。"

如果改成问号"不知所以裁之？"是不是可以理解为"文采华丽，他们是怎样剪裁文章的呢"？

"不知所以裁之"，没有断句，理解有难度。有的解释为"我都不知道如何去做他们的总裁"，还有解释是"学生们像布，不知怎样剪裁"，还有的是"我拿什么教育他们呢"？

"不知所以裁之"，指的是学生，不是孔子。孔子回去的意思，就是要教育自己狂简的学生，不然开头说"归与"干什么？孔子是教学大师，极为睿智，难道连个狂简的学生都不知道怎么教育了吗？

如果把"斐然成章，不知所以，裁之"这样断句，意思就是：文采华丽，但思路较乱，需要剪裁梳理。这种解释应该符合孔子回国教育学生的出发点和目的。

还可以这样断句"斐然成章，不知，所以裁之"，发愤狂放的文章，不明智，所以要教育他们裁剪适度。

"斐然"，有文采的意思，也有穿凿妄作、发愤狂放的意思，把"斐然成章"解释成"穿凿妄作以成文章"，给予孔子回去修理他们的理由，比较符合逻辑。

参考：

《朱子集注》："吾党小子，指门人之在鲁者。狂简，志大而略于事也。"

《论语集注》："裁，割正也。"

5.23 子曰："伯夷叔齐不念旧恶，怨是用希。"

释义： 孔子说："伯夷和叔齐不计较过去的宿怨，所以他们也几乎没有仇人。"

孔子的一以贯之就是"忠、恕"。"不念旧恶"首先就要有宽恕之心。不涉及民族大义的个人恩怨，就别总是耿耿于怀，非得回去报复才心安理得。说白了，那样做就是小心眼，与小人的境界不远。

参考：

《大戴礼·卫将军文子篇》："孔子曰：'不克不忌，不念旧恶，盖伯夷叔齐之行也。'"

《论语义疏》："希，同稀，少。"

5.24　子曰:"孰谓微生高直？或乞醯焉，乞诸其邻而与之。"

　　释义：孔子说："谁说微生高这个人正直呀？有人向他要点儿醋，他没有，跑到邻居家要了醋给人。"

　　人家不会自己去邻居家要醋？本来应该邻居的人情，让他给占了，人不正呀。图虚荣的好事，不做也罢。

　　参考：

　　《说文》："醯，酸也。"

5.25　子曰:"巧言、令色、足恭，左丘明耻之，丘亦耻之。匿怨而友其人，左丘明耻之。丘亦耻之。"

　　释义：孔子说："面带笑容花言巧语，过度谦卑表现出对别人的谄媚之状，左丘明觉得这种做法令人不齿，我也觉得令人不齿。把心里的怨恨藏起来而装出友善的面目对待仇人，左丘明认为可耻，我也认为可耻。"

　　"足恭"许多人解释是过分恭敬，也有说"足"这里说的就是脚，是低三下四的意思，与巧言令色相接，都是表达人的肢体语言。

　　别人对他是站直了抱拳作揖，他非要伸出一只脚弯着腰作揖，为什么把自己处于低下的不平等地位？除非是要达到自己有求于人的目的罢了。

　　参考：

　　《论语讲要》："足恭之义，欲前不进也。"

5.26　颜渊、季路侍。子曰:"盍各言尔志？"子路曰:"愿车马衣轻裘与朋友共，敝之而无憾。"颜渊曰:"愿无伐善，无施劳。"子路曰:"愿闻子之志。"子曰:"老者安之，朋友信之，少者怀之。"

　　释义：颜渊、子路陪侍孔子，孔子说："你们何不说说自己的志向呢？"子路说："我愿意做一个把自己的车马、衣服、裘皮皮袍都与朋友共同享用，即使用坏了也不觉得遗憾的人。"颜渊说："我愿意做一个不宣扬自己的功劳，也不把劳烦之事施予他人的人。"子路说："想听听先生的志向。"孔子说："我的志向是让所有的老人安度晚年；能得到所有朋友对我人品的信任；能让所有的青少年得到关怀。"

子路的理想看起来不那么远大，可是仔细琢磨一下，其实内质不就是带头均贫富、舍弃小我为大家吗？

参考：

《白虎通·三纲六纪》："朋友之交，货则通而不计，共忧患而相救。"

《淮南·诠言训》："功盖天下，不施其美。"

《礼记·表记》："君子不自大其事，不自尚其功，以求处情。"

5.27　子曰："已矣乎！吾未见能见其过而内自讼者也。"

释义：孔子说："算了吧！我还没有见过哪个人知道自己犯了错误而在内心自觉谴责自己的人。"

做错了事，在心里骂自己一通是可以做到的，但在自己的灵魂深处建个审判庭，看看是不是私心作怪，不是一件容易的事。

参考：

《广雅·释诂》："讼，责也。"

5.28　子曰："十室之邑，必有忠信如丘者，焉不如丘之好学也。"

释义：孔子说："即使就是在十来户人家的小地方，也必然有像我这样的忠心诚信的人，但不见得有比我那样努力学习德行的人。"

"好学"，特指学"德行"，因为"忠信"也是德行的范畴。从上下文联系来看，孔子的好学，不仅仅只限于忠信，包括更深层更广义的道德，还包括其他仁义礼智等道德品质方面。

参考：

《韩诗外传》："剑虽利，不厉不断；材虽美，不学不高。"

第六篇 雍也

6.1 子曰:"雍也可使南面。"

释义:孔子说:"冉雍的能力和人品可以到朝廷任职了。"

"南面",多解释为:面朝南。

面朝南的是国君,朝臣位于朝廷南面。

如果还有人说孔子是官迷,看看孔子极力推荐的是谁?是学生,不是自己。

参考:

《大戴礼》:"君子南面临官。"

《盐铁论·殊路篇》:"七十子皆诸侯卿相之才,可南面者数人。"

6.2 仲弓问子桑伯子。子曰:"可也,简。"仲弓曰:"居敬而行简,以临其民,不亦可乎?居简而行简,无乃大简乎?"子曰:"雍之言然。"

释义:仲弓问孔子子桑伯子这个人怎么样,孔子说:"为人处世可以肯定,处理事务简要明了。"仲弓说:"存敬重事业与他人之心而办事简单明了,以此来处理民众事务,不是可以的吗?存轻视事业及他人之心办事简单而不负责任,不是太粗率了吗?"孔子说:"冉雍你说到点子上了。"

孔子为什么推举冉雍出仕当官?看看冉雍怎样理解孔子"可也,简",这三个字,就能正确说出孔子话中的思想内涵和精神实质。如此睿智,人才难得,孔子的推荐没有错呀。

参考:

《左传》:"子桑之忠也,其知人也,能举善也。"

6.3 哀公问:"弟子孰为好学?"孔子对曰:"有颜回者好学,不迁怒,不贰过,不幸短命死矣。今也则亡,未闻好学者也。"

释义:哀公问:"你的弟子谁最好学?"孔子答道:"有一个叫颜回的好学,

他不把自己的怒气发泄到别人身上，不重复自己犯过的过错，不幸的是他短命死了。现在没这种人了，没听说有好学者了。"

"不迁怒、不贰过"，就是好学生？通常认为读书好、学富五车能够引经据典的才是好学生，不迁怒、不贰过与读书有什么关系？关系大了。

"学而优则仕"，学成有道德的人才能出仕。不迁怒、不贰过说的容易，但是没有极高的道德修养，还真做不到。历史上的奸臣，哪个不迁怒、不贰过？

出了问题，不找找自己的原因，而是"迁怒、贰过"，是什么人？小人！这样的人做了行政官员，怎么可能会公正？

参考：

《易·系辞传》："子曰：颜氏之子，其殆庶几乎！有不善未尝不知，知之未尝复行也。"

6.4 子华使于齐。冉子为其母请粟。子曰："与之釜。"请益，子曰："与之庾。"冉子与之粟五秉。子曰："赤之适齐也，乘肥马，衣轻裘。吾闻之也，君子周急不继富。"

释义：子华出使到齐国。冉子为子华母亲请领养米。孔子说："给他一釜吧（六斗四升曰釜）。"冉子请求再加多一些，孔子说："再加一庾。（十六斗曰庾）"冉子给了子华母亲五秉米（十六斛曰秉）。孔子埋怨他说："子华去齐国出差，乘坐的是膘肥壮马，穿的是轻暖裘服。我听说过这么一句话：君子救穷人急需而不济富人更富。"

看了这一段对话，了解了孔子是为富人"锦上添花"，还是为穷人"雪中送炭"？

参考：

《后汉书·王丹传·注》："周急，谓周济困急也。"

6.5 原思为之宰，与之粟九百，辞。子曰："毋，以与尔邻里乡党乎。"

释义：原思为孔子当管家，给工钱粟米九百斗，原思不要。孔子说："不要拒绝，拿去给你的邻居乡亲吧。"

《论语》：一以贯之的民族魂

这一段与上一段比较，想多要的不给，不想要的硬塞。慷国家之慨给富人不行，均个人贫富给穷人可以。这样的孔子，谁恨谁爱？

参考：

《论语集注》："原思，孔子弟子，名宪。孔子为鲁司寇时，以思为宰。粟，宰之禄也。"

《周官·大司徒》："令五家为比，使之相保，五比为闾，使之相受；五闾为族，使之相葬，五族为党，使之相救。"

6.6 子谓仲弓曰："犁牛之子骍且角，虽欲勿用，山川其舍诸？"

释义：孔子告诉仲弓："耕地用的牛生的小牛，浑身红毛、角长得端正，虽然有资格做祭祀用牛但是不能用，可是山川之神会舍弃它吗？"

祭祀用牛必须是红毛，角必须端正，是特别饲养的牛，耕牛不能代替。但是如果耕牛真的生出了可以用于祭祀的牛，为什么不用呢？孔子以此喻人，认为出生在哪个阶层不由人决定，更不能由阶层决定人的命运。

参考：

《论语集注》："或问：犁，杂文。骍，赤色。周人尚赤，牲用骍。角，角周正，中牺牲也。用，用以祭也。山川，山川之神也。"

6.7 子曰："回也，其心三月不违仁，其余则日，月至焉而已矣。"

释义：孔子说："颜回呀，他的身心不会背离仁义，以时间比喻，他可以以三（许多）个月计算，其他人也就只能以日计算，个把月到头了吧。"

孔子讲课非常生动，他把人的一生按一年划分，颜回在童年和少年时期学习，等他到青年时代学成的道德已经完善，并且能够持之以恒地遵守一直到死，所以，颜回的几个月，其实是他的一生。而孔子批评其他的学生遵守仁德只能按日计，当然这个"日"在一生中也是很长时间，但是与颜回相比可就差远了。

参考：

《论语义疏》："既不违，则应终身而止。"

6.8 季康子问："仲由可使从政也与？"子曰："由也果，于从政乎何有？"曰："赐也可使从政也与？"曰："赐也达，于从政乎何有？"曰："求也可使从政也与？"曰："求也艺，于从政乎何有？"

释义：季康子问："仲由可以用来从政吗？"孔子说："仲由做事决绝果断，对于从政有什么问题呢？"问："端木赐可以用来从政吗？"答："端木赐做事通情达理，对于从政没有问题吧？"问："冉求可以用来从政吗？"答："冉求身怀多种技艺，对从政是不是很有益处呢？"

孔子对每个学生都了如指掌，推荐他们出仕时特意指出他们不同的特长，期盼这些学生能够安排到可以发挥各自优势的岗位。

参考：

《论语集注》："果，有决断。"

《论语集注》："达，通事理。"

6.9 季氏使闵子骞为费宰。闵子骞曰："善为我辞焉。如有复我者，则吾必在汶上矣。"

释义：季氏派人去任命闵子骞为费地总管。闵子骞说："好好跟季氏说说，给我把这个职位辞了吧，如果还要再叫我去干，那我就到齐国去了。"

汶上，汶水河之上，上北下南，汶河之北，在齐国。当官是为民服务，让百姓过好日子。如果是执政者为了找帮凶作恶，对不起，不伺候。

参考：

《史记·仲尼弟子列传》："不仕大夫，不食污君之禄。"

6.10 伯牛有疾，子问之，自牖执其手，曰："亡之，命矣夫。斯人也而有斯疾也，斯人也而有斯疾也。"

释义：伯牛得了重病，孔子去看望他，从窗外握住伯牛的手说："几乎没有得这种病的人，这就是命呀，伯牛这样的人也得这种病？伯牛这样的人怎么也会得这种病？"

冉耕有恶疾，不愿意见人，可能是传染病，所以孔子在墙外从窗户握其手问候。

"亡之，命矣夫"，许多解释成：孔子说：死亡，是命运的安排。

不对！"亡"，不仅仅有死亡的意思，还有"少"的意思，在这段话里是"少之又少"的意思。孔子不可能当着病重的伯牛的面还握着他的手说：你要死了，是命运的安排。不管伯牛是不是真的会死，最起码当着病人的面说的都是鼓励的话，都是好好养病，你会好的之类让病人舒服的话。凡是贤德的人都盼着人好，怎么能当着病人的面说那些让人难以接受的话呢？只有小人对自己怨恨的人盼他早死，才会说出：你该死了，认命吧。

孔子的意思是这么少见的病都让伯牛赶上了，太令人惊讶了，怎么会得上的呢？

参考：

《论语集解》："亡，丧也，疾甚，故持其手曰丧之。"

6.11　子曰："贤者回也，一箪食，一瓢饮，在陋巷。人不堪其忧，回也不改其乐。贤哉，回也。"

释义：孔子说："贤良的颜回呀，吃，就是一小竹筐没菜的白饭，喝，就是一瓢凉水，住在贫民窟里。谁都受不了那种困苦忧虑的生活，颜回却没有改变乐观的生活态度。颜回真是贤人哪。"

"回也不改其乐"的"乐"，有的解释就是好学之乐，这种解释略嫌狭义。君子之乐，除了乐学，还包括其他各方面的"乐"，如乐乐（音乐）、乐山、乐水、乐善好施、乐助人为乐、乐见朋友，等等。所以，比对上文的生活之苦，以乐观的生活态度来对待，应该更恰当一些。

参考：

《汉律令》："箪，小筐也。"

《孟子》："当乱世安陋巷者，不用于世，穷而乐道也。"

6.12　冉求曰："非不说子之道，力不足也。"子曰："力不足者，中道而废，今女画。"

释义：冉求说："不是我不喜欢先生的学说，是我的能力不够。"孔子说："能力不够,也得走到半路没有劲了才停下,你是先给自己画一条停止前进的杠杠。"

君子学道德,只学一天,可能记不住,学不会,但连续学一个月、连续学一年呢?永远学下去呢?未学之前,就说学不会,先给自己画了个停止线,其实就是不思进取。

参考:

《说文》:"画,界也。"

6.13 子谓子夏曰:"女为君子儒,无为小人儒。"

释义: 孔子对子夏说:"你要成为君子儒者,不要成为小人儒者。"

这里的关键词是:"为",是成为、修为的意思。"儒",指的是儒学。

这一段的解释很多,意思各有不同。

"小人",有的解释是小人物,不对,不是小人物,小人物只是人轻言微之人,许多道德高尚的君子也是小人物。而小人,是指自私自利的宵小之人,当中有许多位高权重的大人物。

我们学习《论语》,就是要把自己修养为大公无私的君子,鄙视、蔑视自私自利的小人,所以用现代的语言来解释这句话也很好。

例如:孔子对子夏说:"你要为君子施教,不要为小人施教。"

或:"你要把学生教育成君子,不要把学生教育成小人。"

这个"为"意思是为谁去做,"儒"是教育。

再有,还可解释为:你对待君子要儒雅,对待小人就不必了。

为什么?孔子说:以德报德,以直报怨。君子行大义,以德恩施天下,人们当然要以德回报,小人为私利结怨他人,受到的当然是正义的处罚。

这个解释中的"为",是对待,"儒"是礼节。

哪种意思都不错,其内涵都可接受。

参考:

《礼记·儒行》:"儒之言优也和也,言能安人能服人也。"

6.14 子游为武城宰。子曰:"女得人焉尔乎?"曰:"有澹台灭明者,行不由径,非公事,未尝至于偃之室也。"

释义:子游做了武城长官。孔子问:"你在这里得到人才了吗?"子游答:"有个叫澹台灭明的人,不走歪门邪道,没有公事从来不到我的屋子里来。"

"行不由径",有的解释说是不走小路、不走直径、捷径,是人才。能够走通小路,走直径、捷径的人不是人才吗?蠢人才只会走大路,走弯路,不知道多、快、好、省地办好一件事,所以这个解释是不对的。

"径"有路的意思,但本义是"小路"。这里所说的"径"而不说"道"与"路",就是说道德的高下,道德高尚的人只走"路"而不行"径",这个"径"意味着没有道德的低下行为。

参考:

《论语集注》:"径,路之小而捷者。"

《史记·仲尼弟子列传》:"言偃,吴人,字子游。少孔子四十五岁。"

6.15 子曰:"孟之反不伐,奔而殿。将入门,策其马,曰:'非敢后也,马不进也。'"

释义:孔子说:"孟之反不自我吹嘘,打了败仗,别人都飞快地逃跑了,他在最后面抵挡追兵,快进入自家城门了,才鞭打着马说:'不是我敢于断后,而是我的马跑不快呀。'"

打仗败了,不怕牺牲,勇于殿后,不仅没有五十笑百步,还羞于表功,是君子。

参考:

《朱子集注》:"伐,夸功也。奔,败走也。军后曰殿。"

6.16 子曰:"不有祝鮀之佞,而有宋朝之美,难乎免于今世矣。"

释义:孔子说:"没有祝鮀那样的为国雄辩的口才,只有宋国公子朝那样勾搭人的美貌,难于免除当今之祸了。"

有的解释"不有祝鮀之佞,而有宋朝之美"是"如果没有祝鮀的口才,也没有宋朝的美"，祸不可免。

这样的解释容易误解为，只要有了祝鮀的口才和公子朝的美貌，就可免祸。公子朝是行为极其不检点、祸国乱政的人物，有他的美貌不是好事，孔子不会认为他有美貌就可以避祸。

还有的解释"佞"，是能说会道或能言善辩等，但没有强调用于何处。

这里的"佞"，虽然意思有滔滔不绝、信口开河、谈天说地、指东画西、言不由衷等的那种诡辩口才，但不是孔子所欣赏的才华。

孔子这里所说的"佞"，是胸怀大略、学富五车、出口成章的外在表现而已，而且是积极为国家大计施展才华的表现。

《左传·定公四年》以大段篇幅记载，本来出国谈判不是祝鮀的本职工作，但是卫灵公非要他一道去晋国，参加一次多个诸侯国讨伐楚国的歃盟大会（史称"召陵大会"）。祝鮀虽不情愿，还是服从命令跟着去了。在会上，按辈分长幼规则，卫国被安排在各国都看不起的蔡国之后歃血，这对卫国来说是不可接受的耻辱。为了卫国的名誉，祝鮀发挥了口若悬河、滔滔不绝、引经据典、旁征博引、谈古论今的雄辩家本领，以诸多道理说服了王室大夫苌弘，把卫国排在了蔡国前面，祝鮀的"佞"为卫国解脱耻辱立了大功。

但是由于对孔子的这句话理解不同，自古以来就有对祝鮀认识的错误。如《晋书·王沉传》就这样写道："达幽隐之贤，去祝鮀之佞。"明代太仆寺丞归有光的《士立朝以正直忠厚为本》："孔子生于周末，褒史鱼之直，恶祝鮀之佞……"。

祝鮀在孔子心目中是肱骨之臣、国之栋梁。有人问孔子卫灵公腐化糜烂，这样的国君就应该下台，卫国就应该亡国，但是卫国为什么不垮？孔子说，就是有祝鮀这样的众多贤臣在鼎力支撑。

参考：

《论语集解》："佞，口才也；祝鮀，卫大夫子鱼也，时世贵之。宋朝，宋之美人而善淫。"

6.17　子曰："谁能出不由户？何莫由斯道也？"

释义：孔子说："谁能不从门口走到门外？为什么不走正道呢？"

或："为什么不行仁道呢？"

正道不走，正门不进，非要穿墙入户，是什么人呢？

参考：

《六书精蕴》："凡室之口曰户，堂之口曰门。内曰户，外曰门，一扉曰户，两扉曰门。"

6.18 子曰："质胜文则野，文胜质则史。文质彬彬，然后君子。"

释义：孔子说："人的质朴超过道德文化修养就是粗野之人，人的道德文化修养缺少质朴只能是个浮夸之人。道德文化修养与质朴结合得恰到好处，才能成为君子。"

"文"，不仅仅是指的文采，更是指道德。文采再辉煌，没有道德修养，也不是君子。

参考：

《论语正义》："礼，有质有文。质者，本也。礼无本不立，无文不行。"

《礼记》："敬而不中礼谓之野。"

《韩非子·难言》："捷敏辩给，繁于文采，则见以为史。"

6.19 子曰："人之生也，直；罔之生也，幸而免。"

释义：孔子说："人的生存呀，靠的是正直；那些内心不正的人，活在世上能够避免惩罚是侥幸。"

"幸而免"，不是说好人靠正直就可以正常生活，坏人靠幸运勉强活着。靠不择手段获得了不当利益，小人当然要庆幸，还要庆幸没有被人发现。小人就要干坏事，只想损人利己，贪小便宜，甚至敢做谋财害命、夺人妻女、阴谋陷害等恶行，做了恶事、坏事，如果没有运气逃脱，避免不了的后果只能是刑罚。

参考：

《论语集注》："生理本直，罔，不直也，而亦生者，幸而免尔。"

6.20 子曰："知之者不如好之者，好之者不如乐之者。"

释义：孔子说："懂道德的人不如爱好道德的人，爱好道德的人不如以坚守道德为快乐的人。"

"之",可以代不同的事物和不同的学术。这里的"之"特指道德,《论语》就是孔子有关道德的论述,所以没有标明的一些地方,都应该以道德代之。

参考:

《云笈七签》:"使人乐善好施,恭孝以修仁,则心和而神全也。"

《孟子》:"仁义忠信,乐善不倦。"

6.21 子曰:"中人以上,可以语上也,中人以下,不可以语上也。"

释义:孔子说:"德、智为中等以上的人,可以与之交流更高的道德思想境界与规范制度,德、智为中等以下的人,不可以交流更高的道德思想境界和规范制度。"

"语上"及"不可以语上也",有的解释为:可以谈论高深的学问。没有错,学问里包括道德学,而且特指道德文化。

有德为上,无德为下,聪慧为上,愚昧为下。

参考:

《过秦论》:"才能不及中人。"

6.22 樊迟问知。子曰:"务民之义,敬鬼神而远之,可谓知矣。"问仁,曰:"仁者先难而后获,可谓仁矣。"

释义:樊迟问什么是智者,孔子说:"服务民众的道义,对鬼神这样虚幻的事敬而远之,可以说就是智者了。"问什么是仁,答:"仁者先于民众经历艰难困苦,而在他人之后才得到收获,可以说就是仁者了。"

聪明的行政管理人员,把做实事放在首位,与百姓生活无关紧要的敬鬼神之事先搁在一边,视百姓为真正活着的神,服务他们才是大义。

"先难"的"难",有的解释是"困难",是仁者有难在先,收获在后,不错,但解释得太简单,容易误解是仁者自己的困难,而不是仁者先于百姓历经苦难。

从个人来说,勤奋苦干才能获得成果,比如农民,一年到头都要必须克服旱、涝、冰、霜、雨、雪、酷暑、严寒造成的困难,要费心、费力、费时去耕作、播种、浇水、排水,要上肥、间苗、除草,要起早贪黑辛勤劳作一年,才能获得丰收,很难,但是这种"难"远不是公职人员的"难"。

公职人员则必须公字在先,主动去寻找和经历难以忍受的的苦,受尽别人没有经历过的难,甚至是最痛苦的家破人亡、妻离子散、受酷刑、抛头颅、洒热血的炼狱之难。

吃过万般苦难,还要让人民大众收获幸福在前,自己获得幸福在后。对常人来说,付出了那么多,甚至做出了丰功伟绩还不能先得到收获,对精神真是无比的磨难。可只有这样不计个人得失、心胸广阔的君子,才能称之为有仁德的国家管理人员。

范仲淹的"先天下之忧而忧,后天下之乐而乐",就是道德高尚的公职人员的座右铭。

参考:

《左传》:"夫民,神之主也。"

《论语集解》:"先难后获,先劳苦而后得功,此所以为仁。"

6.23 子曰:"智者乐水,仁者乐山,智者动,仁者静,智者乐,仁者寿。"

释义: 孔子说:"智者之乐如水,(智慧、才华似水横溢而广施予天下),仁者之乐如山,(山虽不动而仁爱使万物生于己身)。智者施展的才华似大水一样阻挡不住、四处游动,仁者之仁爱之心永远不变如似泰山那样厚重稳固,智者为社会施展了才华而快乐,仁者的爱心长存而长寿。"

有的解释是:聪明的人喜欢水,有仁德的人喜爱山,聪明人活动,仁德者沉静,聪明人快乐,有仁德的人长寿。

对吗?智者没有爱山的人吗?当然有,肯定有乐山的人,仁者也有的是喜欢水的,山水都喜欢的更是大有人在,所以把智者乐水解释成只有智者才爱水,仁者才爱山是不对的,不能望文生义呀。后文亦是,智者也有爱安静的,仁者也有爱活动的,智者也有长寿的,仁者也有快乐的,这么简单而且现实的情况,不应该解释错误。

但是这样说的原因只有一个,只是人云亦云,做表面文章,没有认真去深入探讨、学习和理解。

参考：

《韩诗外传》："夫水者，缘理而行，不遗小间，似有智者。"

《大戴礼记》："夫水者，君子比德焉，遍予之而无私，似德。"

6.24 子曰："齐一变至于鲁，鲁一变至于道。"

释义：孔子说："齐国风气一变像鲁国了，鲁国风气一变就回到了道德规范的正道上了。"

"鲁一变至于道"，有的解释是鲁国一变就回到先王之道了。

这个解释只要正确理解是回到尧、舜、禹那时的公有制之王道，确实不错，可是容易误解孔子，不知道他希望回到先王那一条道，如果是被曲解的"道"，不如还有的解释是：鲁国一变就繁荣昌盛了。

以德治国，国必昌盛，先王之道，贵在大公。

参考：

《汉书·地理志》："初，太公治齐，修道术、尊贤智、赏有功。"

《说苑·政理篇》："周公曰：鲁之泽及十世。"

6.25 子曰："觚不觚，觚哉，觚哉！"

释义：孔子说："觚不像觚，觚呀，觚呀！"

这句话，有的解释是形容当时君臣关系颠倒、错乱。

爵、觚、觯、角、散，都是饮酒器具或用于祭祀，大小形状各不同，把觚做成其他器具形状或与其他器具一样大小，还是觚吗？

孔子以觚比喻社会，各种酒器的不同用途似社会道德的各项规范，缺一不可，觚不像觚，还有觚吗？无道德的社会还是正常社会吗？

孔子用觚比喻的是道德文化，不是其他文化，更不是针对什么"君不君，臣不臣"等封建官僚体系的等级制度的混乱。这些混乱只是现象，而造成这些混乱状况的，是道德的败坏！

参考：

《说文》："觚，乡饮酒之爵也。"

6.26 宰我问曰："仁者，虽告之曰，井有仁焉，其从之也？"子曰："何为其然也？君子可逝也，不可陷也；可欺也，不可罔也。"

释义：宰我问："仁德之人，有人告诉他，井里有个仁德的人掉下去了，仁德之人会不会跟着跳下去救他呢？"孔子答："为什么要这么做呢？君子可以视情处理，但绝不可以把自己也陷入其中；别人可以欺骗他，但他自己绝对不能糊涂。"

井中掉下去一位仁人，但为了救他非得一块跳下去吗？那样做是去救人，还是直接把掉在井里的人砸死了？即使人没有被砸死，可是怎么上来？

最关键的是你自己没看见，是有人告诉你，一个好人掉到井里了。那么，是不是应该先想一想，看一看，真的有人掉到井里了吗？掉到井里的人真是仁者吗？

有没有人需要救，该不该救，什么是救人最好的方法，必须事先考虑清楚。有德之人不能缺了慧心，没有慧德，好心也会办坏事。

参考：

《孟子》："君子可欺以其方，难罔以非其道。"

6.27 子曰："君子博学于文，约之以礼，亦可以弗畔矣夫。"

释义：孔子说："君子学识渊博，再以礼节约束自己，就可以不做违背道德的事了。"

"亦可以弗畔矣夫"，多解释为：就可以不离经叛道了。

很不错，只是现代有多种经，许多人已经不知道哪个才是真正的经。

参考：

《论语义疏》："畔，背叛也。"

6.28 子见南子，子路不说。夫子矢之曰："予所否者，天厌之，天厌之。"

释义：孔子会见了南子，子路很不高兴。孔夫子指天发誓："我要是干了不光彩的事，老天爷厌弃我，老天爷厌弃我。"

南子名声不好，但身为国家领导夫人，能够并且愿意与孔子这样的圣贤交往，还是想听听什么是以德治国的道理，想任用好人。只是子路耿直，觉得不应该见，更不应该为腐败王室工作，丢人！把自己的老师孔子委屈得不得了，人家见南子只不过就是为了礼节而已，不是去观赏美人去了。

参考：

《广韵》："矢，陈也，誓也。"

《论语集注》："南子，卫灵公之夫人，有淫行。"

6.29 子曰："中庸之为德也，其至矣乎！民鲜久矣。"

释义： 孔子说："中庸作为执政之道德，是最高尚的！民众没有在中庸之德政下生活已经很久了。"

"其至矣乎！"有的解释是："德"该是最高的了。"民鲜久矣"，解释是：民众不具备这种道德已经很久了。

有的解释"其至矣乎？"用的是问号，也不错，意思是：按照中庸这个道德标准，达到了吗？

"其"是指代"中庸"，不是"德"，"中庸"只是"德"的一个部分。"德"的范畴更广、更大，如：忠、恕、孝、节、仁、义、礼、智、信等多个方面。这个"中庸"，是特指执政者的最高岗位道德，不指其他，内涵就是公平、公正。

"民鲜久矣"，是对应前一句话，民众所处的状态和反应，就是执政者应该以"中庸"这个最高的道德理念执政，民众却很久没有在这样高尚的执政者主持施行的德政下生活了，不是民众不具备这种道德。

试想一下，能够做到最高境界，只能是圣人，圣人不常有，民鲜久矣是正常的，但是，孔子认为不正常，就是说普通执政者也能做到以中庸之德施政，只不过是做到的程度有高低差别而已，怕就怕不想去做，不愿意去做。

这句话虽然特指官员，但是有的人坚持说这句话就是针对老百姓讲的，那么意义也不错，从各行各业的民众及民众之间的交往来说，也要遵循各自的中庸之道。

处世与处事，要尽量做到不说错话、不做错事、不走错路，待人要和气，要不偏不倚、公平公正、不过激或过缓，不做与中正仁和相违背的人和事，是每个社会成员都遵守的规则、标准。老百姓日常不就是这样想、这样做的吗？孔子怎

《论语》：一以贯之的民族魂

么会说民众的中庸之德"鲜久矣"？

《论语》中许多句子都没有主语，如果考虑《论语》是为学生出仕为政所用的教材，那么主语首先要考虑的就是"执政者"。

而"中庸之道"，就是执政者最基本的岗位道德素质，这一点必须要明确。

参考：

《尔雅·释诂》："庸，常也。"

《荀子·不苟篇》："庸言必信之，庸行必慎之。"

《论语集注》："中者，无过不及之名也。庸，平常也。至，极也。鲜，少也。"

6.30 子贡曰："如有博施于民而能济众，何如？可谓仁乎？"子曰："何事于仁？必也圣乎！尧舜其犹病诸。夫仁者，己欲立而立人，己欲达而达人。能近取譬，可谓仁之方也已。"

释义： 子贡说："如果能够把好处遍施予民众而且能够救济民众，怎么样？可不可以说是仁呢？"孔子说："能做这种事的岂止是仁人？必然是圣人呀！尧舜也做不到这个呀。作为仁者，自己想在社会上立身，就要先把别人立起来，自己想要达到的目的，也要别人先达到。能够推己及人，可以说是仁者实行的方法了。"

"尧舜其犹病诸"不是尧舜担忧"博施于民而能济众"，担忧就去做了。是尧舜也做不到，不去做，是他们道德的缺陷。

"博施于民而能济众"，其实就是古人的共产主义思想，《礼运》讲大同之治就是：选贤与能，讲信修睦，故人不独亲其亲，不独子其子。使老有所终、壮有所用、幼有所长、矜寡孤独废疾者皆有所养。

参考：

《论语新解》："济，救助义。"

《广雅·释诂》："病，难也。"

第七篇　述而

7.1　子曰:"述而不作,信而好古,窃比于我老彭。"

释义:孔子说:"讲述过去的道德文化而不篡改,信服和喜好自古流传的道德文化,私下里把自己比作老子和彭祖(有的解释:老彭:老彭祖,殷贤大夫)。"

"述而不作"有的解释是只叙述过去的文化,不能在本时代创新创作,暗含不在其位、不谋其政的意思。这个理解不对,孔子不是只叙述古文化而不创新文化,哪个时代没有创新文化呢?夏、商、周各个朝代的道德文化千篇一律吗?孔子说:"殷因以夏礼,所损益,可知也,周因以殷礼,所损益,可知也。"

道德观是继承和发展的关系,我们现代的道德文化与古代的道德文化相差有多大呢?孔子是说对古道德文化要尊重,要严肃,要还原历史,不篡改原意,但是没有说本朝代道德文化不需要创新。孔子有没有创作?当然有,而且是根据当时的社会背景在创作,他周游列国宣扬的执政理念、道德观念都是他的新创作,只不过是在深厚的古道德文化基础上的创作。

其实,很多人学习过《论语》,但并没有仔细研究清楚《论语》的实质,只是对自古以来有名望的学者的解说盲目崇信、全盘接受、囫囵吞枣、不管对错,即使有疑问也不敢说,不敢论证,不管孔子的原意、孔子的形象被歪曲成什么样子了。

参考:

《论语集注》:"述,传旧而已;作,则创始也。"

《论语正义》:"老,是老聃,彭,是彭祖。"

7.2　子曰:"默而识之,学而不厌,诲人不倦,何有于我哉?"

释义:孔子说:"踏下心来甘心寂寞去认识道德品质的实质,学习起来不觉得厌烦,教育学生也不觉得疲倦,对我来说有什么难的吗?"

"默而识之"多解释为:默默记在心里。

这种解释的不足之处是把"默"解释得过于简单，把"识"的内涵理解片面了。"记"只是学习的一个方面，而缺乏理解、分析、判断这个"识"，就会只知其事，不解其意，只知其然，不知其所以然。

参考：

《广韵》："默，又静也，幽也，不语也。"

7.3 子曰："德之不修，学之不讲，闻义不能徙，不善不能改，是吾忧也。"

释义： 孔子说："对自己的品德不注意修养，学习了道德文化也不去实践发扬，听到看到义不容辞的事情必须要做却纹丝不动，错误的事情不去改正，这些都是我所忧虑的事情呀。"

"学之不讲"有的解释是：学问不精却喜欢勤于讲习。有解释是：学问不去讲求。

这些解释是把"讲"这个字仅仅理解成"讲学"，而孔子的意思是要学以致用。

"学之不讲"的"讲"字，本来的含义就有注重某个方面，并设法把它实现的意思，就是实践与宣扬光大。

"闻义不能徙"，君子见善则迁，有过则改，否则习不为善，怎样会成为一个有高尚道德的人呢？

对这句话中表露的问题，孔子说是他忧虑的，其实是他对学生最严厉的警告。一个学做当官的学生，如果有孔子指出的问题，将来当了官，怎么可能是一个好官？

参考：

《说文》："修者，治也。"

《广雅·释诂》："'讲'，论也。"

《左传·襄五年》："诗曰'讲事不令，集人来定'。"

7.4 子之燕居，申申如也，夭夭如也。

释义： 孔子退朝回到家里，神定情闲，举止舒缓而自如。

退朝回家曰燕居，避人在家为闲居。

君子坦荡荡，居家表现亦如此。

参考：

《集韵》："燕，与宴通。安也。"

《论语注疏》："申申，夭夭，和舒之貌。"

7.5 子曰："甚矣吾衰也，久矣吾不复梦见周公。"

释义： 孔子说："我也衰老得太厉害了，很久都没有再梦到周公了。"

孔子为什么想梦见周公？因为周公文、武之才具备，道德思想高尚，孔子是希望能得到周公之亲传。

参考：

《论语集注》："孔子盛时，志欲行周公之道，故梦寐之间，如或见之，至其老而不能行也，则无复是心，而亦无复是梦矣，故因此而自叹其衰之甚也。"

7.6 子曰："志于道，据于德，依于仁，游于艺。"

释义： 孔子说："立志做一个懂得天下事物运行规律的人，根据道德规范的要求为人处事，依靠仁义博施爱心，这是做人之本，必须依靠，而六艺只是一般知识，游猎于其间足矣。"

"志""据""依"，都是静态动词，只有"游"是动态动词。孔子想说明什么？说明前三项是不可动摇的，能变动的只有"艺"。

参考：

《礼记·少仪》："士依于德。"

《论语集解》："游于艺，艺，六艺也，不足据依，故曰游。"

7.7 子曰："自行束脩以上，吾未尝无诲焉。"

释义： 孔子说："自己愿意修为上德之人，我没有不教的。"

"束脩"可以解释为：十条干肉。意思是自己送上十条干肉。

收一次性薄礼而不收学费就教书育人，这个解释不错，孔子开了近乎于义务教育、免费教育的先河。

这个解释也十分普遍，但不见得十分正确。也有人对"束脩"的解释还有："年十五以上为束脩"，是以束脩表年。

如果解释成："孔子说，只要年龄够大了来求学的，我没有不教的。"这个解释也能符合孔子的人品。

而更好的解释是："如果自己愿意修行以成为高尚品德的人，我没有不愿意教的。"

这里"束脩"的意思是"修为"。

《后汉书·皇后纪》：故能束脩，不触罗网；《郑均传》：束脩安贫，恭俭节整；《冯衍传》：圭洁其行，束脩其心……。

以上例句"束脩"的意思都是"修为"。

所以这句话的"束脩"，不一定是特指肉或干肉条。

参考：

《少仪·疏》："束修，十脡脯也。"

《论语集注》："古者相见，必执贽以为礼，束修其至薄者。"

7.8　子曰："不愤不启，不悱不发，举一隅不以三隅反，则不复也。"

释义：孔子说："不到学生实在搞不通的时候不要启发他，不到学生想说却说不出来的时候不要开导他，如果告诉他一个领域的道德原理，他却不能以此在其他领域得出相同的道理，就不要再反复说了。"

孔子与学生谈论道理，必须等学生说的"心愤愤，口悱悱"的时候，而后才启发学生弄懂其中的道理，这样才能使学生学会思考、认识深刻。

参考：

《论语集注》："愤者，心求通而未得之意也，悱者，口欲言而未能之貌。启谓开其意，发谓达其辞。"

《说文》："启，教也。"

7.9　子食于有丧者之侧，未尝饱也。

释义：孔子进餐时若是有丧事的人在身边，从来就吃不下饭去。

有的解释是说有丧事的人在身边，孔子没有吃饱过。这样的解释会引起误会,会不会这样想,别人正在吃饭,旁边有个居丧的人哭丧个脸,还时不时哭泣几声,烦得别人吃不下饭?吃不饱与吃不下,含义不同。吃不饱是想吃但是没有吃饱,而吃不下的意思是根本不想吃。这段话的意思是孔子与治丧者同样悲哀,难过得吃不下。

参考:

《何晏集解》:"丧者哀戚,饱食于其侧,是无恻隐之心也。"

7.10 子于是日哭,则不歌。

释义:孔子在办丧事这一天哭泣,不再唱歌。

这句话应该与上一句相连,否则不知道孔子为什么要哭。

参考:

《曲礼》:"哭日不歌。"

《檀弓》:"吊于人,是日不乐。"

7.11 子谓颜渊曰:"用之则行,舍之则藏,惟我与尔有是夫。"子路曰:"子行三军,则谁与?"子曰:"暴虎冯河,死而无悔者,吾不与也。必也临事而惧,好谋而成者也。"

释义:孔子对颜渊说:"国家用人就去施道于世,国家不用时就独善其身,只有我和你能做到这一点。"子路问:"老师,你和三军去打仗,愿意和谁在一起呢?"孔子说:"赤手空拳与老虎搏斗,徒步涉水过黄河,这样到死都不能悔悟的人,我是不能共事的。他必须是处事小心谨慎、喜欢动脑筋用计谋来打胜仗的人。"

"用之则行,舍之则藏",有的解释是:让干就干,不让干就藏起来。

太笼统了,"行",不仅仅只是做一些具体的事,而是行道义。"藏"也不仅仅就是回家待着,而是精神上的收藏,学习与修养,完善自己的道德观念。

孔子认为慧心是道德品质所包含的五个方面之一,没有或缺少智慧的人,其他各方面都好,但是才智不足,往往好心办坏事,对社会产生的是危害。

参考:

《孟子》:"穷则独善其身,达则兼善天下。"

《诗经·小雅》:"不敢暴虎,不敢冯河。"
《尔雅·释训》:"冯河,徒涉也。"

7.12 子曰:"富而可求也,虽执鞭之士,吾亦为之。如不可求,从吾所好。"

释义:孔子说:"财富可以正道而得的话,就是做一个开道与守门人的事,我也可以干。如果不能从正当途径得到财富,还是做自己喜欢的事情去吧。"

执鞭甩响为重要人开道或守卫大门,都是普通人的工作。孔子并不认为做的工作种类不同而人有高低贵贱之分,所以,过去许多评论说孔子是等级观念的拥护者,从这段话中就知道这个观点是错误的,"执鞭之士"都可以得到富贵,还有什么地位之分呢?

参考:

《论语集注》:"执鞭,贱者之事。"

7.13 子之所慎:齐、战、疾。

释义:孔子最慎重对待的事是:斋戒、战争和疾患。

"疾",多直接解释为疾病。

这种解释不对,身体上的疾病,最慎重对待的是医生,孔子没有必要对这个费心。

"疾",不仅仅是指身体的疾病,更主要的是指人与社会的思想缺陷。例如齐宣王就说过:"寡人有疾,寡人好货,寡人有疾,寡人好色。"

贪财好色就是一种"疾",这个"疾",就是特指人的道德缺陷。

参考:

《正韵》:"斋,古单作齐。"
《礼记·祭统》:"及时将祭,君子乃齐。"
《说文》:"斋,戒洁也。"

7.14 子在齐闻《韶》,三月不知肉味,曰:"不图为乐之至于斯也。"

释义:孔子在齐国听《韶》乐,迷恋其中竟然好几个月都尝不出肉是多么醇香味美了,说:"想不到音乐(《韶》)居然能够达到如此美妙的境界呀。"

孔子重视音乐及其他艺术，就是深深懂得艺术对人的精神、思想影响极大，所以他在道德范畴里把"乐"与"礼"一样放在同等地位。他对腐化人们心灵的靡靡之音痛恨欲绝，非常厌恶，对下流的郑国音乐的态度是："恶郑声之乱雅乐也。"大声疾呼："放郑声，远佞人。郑声淫，佞人殆。"

参考：

《四书解义》："昔帝舜之作乐也，名曰《韶》。"

《论语集解》："孔子在齐，闻习《韶》乐之盛美，故忽忘于肉味。"

7.15 冉有曰："夫子为卫君乎？"子贡曰："诺，吾将问之。"入曰："伯夷、叔齐何人也？"曰：："古之贤人也。"曰："怨乎？"曰："求仁而得仁，又何怨？"出曰："夫子不为也。"

释义： 冉有问："孔老师能帮助卫国国君吗？"子贡说："好的，我去问问。"到了孔子屋子里问："伯夷、叔齐是什么人呢？"孔子答："古代的贤人呀。"又问："他们做了礼让，事后心里有怨气吗？"孔子说："为了追求仁德而做到了仁德，有什么怨气呢？"子贡出来说："老师不会帮助卫国国君的。"

卫国的国君与父亲争夺王位，而伯夷、叔齐礼让王位，道德高下立判。孔子绝对不会帮助争权夺利的国君，也绝对不会为此丧失一个高官的机会而后悔。

参考：

《史记·伯夷列传》："父欲立叔齐，及父卒，叔齐让伯夷。伯夷曰：父命也。遂逃去。叔齐亦不肯立而逃之。国人立其中子。"

7.16 子曰："饭疏食饮水，曲肱而枕之，乐在其中矣。不义而富且贵，于我如浮云。"

释义： 孔子说："以粗粮充饥饮清水，弯起臂膀当枕头，苦中有乐。不以正道取得的富贵，对我来说就当是浮云罢了。"

苦中的乐是什么？道德的坚守！

不义富贵是浮云，轻飘飘。什么才是贵重？人品！

参考：

《论语新解》："疏食，粗饭义。曲肱而枕之：肱，臂也。曲臂当枕小卧。"

《吕氏春秋》:"古之得道者,穷亦乐,达亦乐。"

7.17 子曰:"加我数年,五十以学《易》,可以无大过矣。"

释义:孔子说:"再过几年,我到了五十岁时学习《易经》,就可以不犯大的错误了。"

看来孔子说这句话的时候是四十多岁,已经是不惑之年,为什么要到五十才学习《易经》呢?五十而知天命,《易经》是阐述天地之间世界万物运行与变化规律的奇书,不到五十,没有几十年来对事物内在规律的基本认识和经验,根本读不懂《易经》的内涵,不知道《易经》在说什么。

参考:

《史记·田敬仲完世家》:"《易》之为术,幽明远矣,非通人达才孰能注意焉。"

7.18 子所雅言,《诗》、《书》、执礼,皆雅言也。

释义:孔子有时讲官方语言,读《诗》、念《书》、执行典礼时,都说官方话。

孔子是鲁国人,平时说鲁国方言,当时的官方语言是陕西丰镐(西安)口音(东周是洛阳),也就是当时标准的普通话。但是为什么孔子在读《诗》《书》和执礼时必须要讲官方语言呢?因为这是他对《诗》《书》、执礼时的重视态度。各地的方言不同的发音,很可能会引起歧义,从而会对《诗》《书》产生错误的理解与执礼的错误。

以首都语言作为官方语言,无可厚非,所以《诗》中分《风》《雅》,列国口音不同,所以以《风》为名,王都口音最正,以《雅》为名。

参考:

《尔雅》:"雅,正也。"

《论语新解》:"古西周人语称雅,故雅言又称正言,犹今称国语。"

7.19 叶公问孔子于子路，子路不对。子曰："女奚不曰'其为人也，发愤忘食，乐以忘忧，不知老之将至云尔。'"

释义：叶公问子路孔子是什么样的人，子路不知如何回答。孔子说："你为什么不这样说呢'他的为人呀，就是发愤用功起来，连吃饭都忘了；得到了道义的真谛，乐的就不知道什么是忧愁；都不知自己已经老了，等等。'"

有的解释说"子路不对"是子路遵守"师道尊严"，对自己的老师不妄加评论，其实这个解释真的不对。在春秋时期，还没有什么师道尊严这个概念，尊师重教可以，但不是不能评论老师，甚至批评老师都成。就像孔子见南子，子路觉得老师很丢人，逼得孔子连连发誓说"天厌之、天厌之"，就是如果他有邪念，就让上天惩罚他。

子路很可爱，不知道怎么回答就是不知道，不知道怎么形容老师是什么人，那就回去问老师。孔子为人谦虚，他本人是伟大的思想家、教育家、政治家、文学家、艺术家，等等，但是他教子路回答别人的时候，仅仅称自己是个发愤用功、以得到真理为最大乐趣的忘年之普通人。

参考：

《广韵》："奚，何也。"

7.20 子曰："我非生而知之者，好古，敏以求之者也。"

释义：孔子说："我不是生来就什么都知道的人，而是喜好古代道德文化，用勤奋聪敏的努力去追求道德真谛的人呀。"

有的解释"好古"就是博学，这个解释的错误在于，模糊了道德的概念，把其他学科说得比什么都重要，这不是孔子所要表达的意思。"好古"不是什么都喜好，只对孔子对道德追求的好，当然包括可以陶冶情操的文学、诗歌、音乐、艺术等。

但"好古"主要是为今，古为今用，可以以史为鉴，与时更新，可以在古人的道德基础上，搭建更高的楼台。

"生而知之者"，是天才。孔子不承认自己是天才，但肯定是人才，是肯下苦功，从史料中寻找和学习古人的经验，在现实社会中建立新的道德体系的大师学者。

参考：

《说文》："捷，疾也。"

《中庸》："博学之，审问之，慎思之，明辨之，笃行之。"

7.21 子不语怪、力、乱、神。

释义：孔子从来不讲什么怪异、超能力、乱礼法和神鬼等扰乱人的思想等事情。

"怪、力、神"，不能讲，"乱"，更不能讲。

"乱"，有的解释是"叛乱"。

这个"乱"，不是指社会的叛乱、动乱。这个方面，孔子不但要讲，而且从乱的起源到乱的结果，讲得很透彻。比如"桀、纣、幽、厉"之乱、"乱邦、乱国、乱臣"等，不要说在《礼》《春秋》《孔子家语》等其他著作中，孔子说过多少"乱"的问题，查一查《论语》就提到过多少次"乱"字？孔子不仅作为反面教材给学生讲"乱"，甚至给多国国君宣讲。

这段话的"乱"，就是特指社会上存在的道德观念的混乱，把缺德的事当成光荣而且美好的事物赞颂，比如那些不择手段的逐利、不顾廉耻的卖官鬻爵等，那些小人津津乐道的丑陋恶行，颠倒黑白的厚黑学问，是孔子深恶痛绝而绝对不张口谈论的。

把违反道德的思想观念当作正确的思想观念大肆宣扬，败坏了政风，亦败坏了民风，腐化了整个社会。在只要能够获得利益不管干什么都行的思想指导下，各种化公为私、损公肥私的强取豪夺，损人利己、祸害社会民众的缺德事件屡屡发生。

比如以经济手段执法，像周代的"罚锾""罚甲兵"制，本是对错误的一种制止、惩罚和教育，目的是纯洁社会。但在某些小人的观念中，这只是一种创收手段。事实就是有些人只要有钱，什么违法乱纪的事都敢做，什么严重的后果都置之不顾，因为只要有钱，就可以摆平一切而不用承担任何法律责任。

这就是孔子最为反感的"乱"！他当然不会宣传更不会提倡这种"乱"，更不可能去教授这个乱中取利的"乱"！

有权不讲公德，乱的根源！

参考：

《鬼谷子》："天下分错，上无明主，公侯无道德，则小人谗贼；贤人不用，圣人窜匿，贪利诈伪者作；君臣相惑，土崩瓦解而相伐射；父子离散，乖乱反目。"

《四书章句集注》："怪异、勇力、悖乱之事，非理之正，固圣人所不语。鬼神造化之迹，虽非不正，然非穷理之至。"

《论语集解义疏》："或通云：怪力是一事，乱神是一事，都不言此二事也。"

7.22 子曰："三人行，必有我师焉。择其善者而从之，其不善者而改之。"

释义： 孔子说："几个人共行，里面必定有可以做我老师的人，选择好的去追随学习，对不好的要改正。"

这个"行"，不仅仅是行路，而是共同做某一件事，包括学习、研究、实践、工作等。

"择其善者而从之，其不善者而改之。"还可以从另一个角度来说：别人看我是善人，我则从之，别人看我是恶人，我还是躲远一点儿吧。

参考：

《左传·襄公三十一年》："其所善者，吾则行之；其所恶者，吾则改之。"

7.23 子曰："天生德于予，桓魋其如予何？"

释义： 孔子说："上天赋予了我道德，桓魋能够把我怎么样呢？"

桓魋，宋司马，与孔子政见不和，恐怕孔子的主张和执政理念会威胁其地位，放出风来说欲杀孔子。一天孔子与弟子正在宋国一棵大树下习礼，桓魋拔其树示威驱赶（有的记载说是孔子及弟子走后桓魋生气才伐的树，这个解释有点牵强），孔子慢走，弟子促，孔子不慌不忙，知道桓魋不是真的想杀他，砍他的头比砍一棵大树容易多了，故说了上述的话，幽桓魋一默。

参考：

《史记·孔子世家》："孔子去曹适宋，与弟子习礼大树下。宋司马桓魋欲杀孔子，拔其树。孔子去。弟子曰：可以速矣。"

7.24 子曰:"二三子,以我为隐乎？吾无隐乎尔,吾无行而不与二三子者,是丘也。"

释义：孔子说："学生们,你们认为我会隐瞒什么吗？我没有丝毫事情可隐瞒的,我做的任何事情没有什么不可以对你们公开的,这就是我孔丘的为人。"

孔子说这句话,是表明自己的光明磊落,行为正直,以及孔子知无不言、言无不尽的教学方式和态度,不会隐瞒自己的学问和观点。

注意"吾无行而不与二三子者",这句话中的"行"。言传身教,这一段话强调的是身教,意思是说我怎么教你们做一个有道德的人,我自己就是怎么做的,不会当面说一套,背后做的是另一套。

参考：

《论语集注》："诸弟子以夫子之道高深不可几及,故疑其有隐。"

《雪公讲要》："二三子,谓诸弟子。"

7.25 子以四教：文、行、忠、信。

释义：孔子在四个方面教育学生：道德文化、行为规范、忠诚为人、信誉至上。

"文",有的解释非常好,就是德行,美与善。强调一下,不是看书识字,是道德文章、文献经典。

"行有余力,则以学文",这个"文",才是文化知识的"文"。

参考：

《论语注疏》："文谓先王之遗文。"

《论语注疏》："行谓德行,在心为德,施之为行。"

《论语集注考证》："文行忠信,此夫子教人先后深浅之序也。"

7.26 子曰："圣人吾不得而见矣,得见君子者,斯可矣。"子曰："善人吾不得而见之矣,得见有恒者,斯可矣。亡而为有,虚而为盈,约而为泰,难乎有恒矣。"

释义：孔子说："圣人我是见不到了,能看到君子,这个也可以了。"孔子说："品德极好的人我是看不到了,但是能看见常年保持操守的人,这个也可以了。自己没有的东西非要说有，自己不足的东西非要说都漫出来了，生活很窘困，却非要追求奢侈消费，这种人要保持操守就太难了。"

孔子所谓的圣人，必然是大公无私的人。孔子所处的社会，已经是公有制社会向私有制转变的时期，大公无私的人难找了。不过，大公无私的圣人难找，先公后私的君子还是常见。

参考：

《大戴礼记·五义篇》："所谓圣人者，知通乎大道，应变而不穷，能测万物之情性者也。"

《礼·坊记》："'约'犹'穷'也。"

《论语注疏》："以无为有，将虚作盈，内实穷约，而外为奢泰。"

7.27　子钓而不纲，弋不射宿。

释义：孔子钓鱼而不用网（或用拴着许多鱼钩的大绳）打鱼，射猎而不射回巢穴歇宿的鸟兽。

爱惜大自然，保护环境与生态，孔子做了表率。

参考：

《论语集注》："纲，以大绳属网，绝流而渔者也。弋，以生丝系矢而射也。宿，宿鸟。"

7.28　子曰："盖有不知而作之者，我无是也。多闻，择其善者而从之、多见而识之，知之次也。"

释义：孔子说："大概有一种不懂装懂做学问的人，我不是。多听听各种学说，选择其中好的来学习、多观察就可以认识真理，这样得来的知识仅次于生而知之吧。"

"知之次也"，多直接解释为：次一等的智慧。

参考：

《春秋繁露·楚庄王篇》："《春秋》分十二世，以为三等：有见，有闻，有传闻。"

《论语正义》："生而知之者，上也，学而知之者，次也。"

7.29　互乡难与言，童子见，门人惑。子曰："与其进也，不与其退也，唯何甚？人洁己以进，与其洁也，不保其往也。"

　　释义：互乡这个地方的人很难交往，有个互乡的孩子想见并见了孔子，学生们觉得很不理解。孔子说："我只与他交流高尚的道德思想，不和他交流低俗的东西，这不过分吧？人的思想纯净就可以进步，我给他纯洁思想，不管他过去是什么样子。"

　　"互乡难与言"，多解释为：互乡这个地方的人难与交谈。

　　按照字义没有问题，难与交谈，不是不能交谈，只不过话多话少而已，学生们有什么疑惑的呢？疑惑是"童子见"！

　　难与交谈是人家不搭理，话不投机半句多。难与交往，是互不往来，而互乡的童子却上门求见，孔子也不拒绝见，居然有了来往，学生门人奇怪的是这个。

　　参考：

　　《论语集解》："互乡，乡名也。"

　　《论语正义》："童子来见是求进，故宜与之。"

　　《论语集解》："孔子则只注重其人当前求进之诚心，故许其洁己以进也。"

7.30　子曰："仁远乎哉？我欲仁，斯仁至矣。"

　　释义：孔子说："仁德远吗？我想做一个仁德的人，仁就会来了。"

　　想做什么样的人，都在自己。有德与无德之间，就看自己追求什么，想什么就会来什么，离自己都不远，不是上天堂就是下地狱，想错了就会走错了。

　　参考：

　　《孟子·尽心》："求则得之，舍则失之，是求有益于得也，求在我者也。"

7.31　陈司败问："昭公知礼乎？"孔子曰："知礼。"孔子退，揖巫马期而进之，曰："吾闻君子不党，君子亦党乎？君取于吴，为同姓，谓之吴孟子。君而知礼，孰不知礼？"巫马期以告。子曰："丘也幸，苟有过，人必知之。"

　　释义：陈司败（陈大夫）问："昭公（鲁昭公）懂得礼节吗？"孔子说："懂

啊。"孔子退出去后，陈司败作揖请巫马期进来后对他说："我听说君子不偏不袒，君子也能偏袒吗？昭公娶了一个吴国女子，是一个姓氏的，叫吴孟子。如果昭公知礼，还有谁不知礼呢？"孔子说："我很幸运，如果有过错，别人必然知道。"

一个国君哪个方面都好，都遵守道德规范，都以礼处世待人，但就是因为一点没做到，只是娶了一个外国的同姓的老婆，又不是近亲，就被指责是无礼之君。比现实要求高多了，高的太多了。有的解释说这是孔子为尊者隐，不对，因为孔子对什么是"礼"，什么是"俗"分得很清楚，鲁昭公娶了吴国的女子，仅仅就是同姓而已，不是近亲，可以通婚，只是按照周礼，鲁国（周公之后）的风俗不赞成同姓结婚，与个人知不知礼没有关系。所以孔子不认为鲁公是无礼之君。但最后孔子的话是什么意思？有的解释是说孔子知错就改，这个解释还是不对，孔子是说连我不是错的事大家都知道，如果真错了，更是天下皆知了。

参考：

《论语集注》："陈，国名，司败，官名。"

《论语正义》："鲁、吴俱姬姓，礼同姓不昏。"

7.32 子与人歌而善，必使反之，而后和之。

释义：孔子与别人一起唱歌，听到有人唱得好，必然要他再唱，然后与他一起合唱。

孔子爱歌唱，也爱听歌，向唱歌好的人学习，他们怎样用歌唱技巧阐述歌曲内容，怎样表达自己的感情，然后自己也要跟着唱，实践自己所学的内容。因为好的音乐就是一种道德宣传形式，能感染人，能够陶冶人的情操，能够使人向善。

参考：

《论语集注》："必使复歌者，欲得其详而取其善也。而后和之者，喜得其详而与其善也。"

7.33 子曰："文，莫吾犹人也？躬行君子，则吾未之有得。"

释义：孔子说："舞文弄墨，也许我和别人差不多吧？做一个身体力行的君子，那么我还没有做到。"

"文莫"二字连起来,燕国、齐国方言为"勉强"的意思。此句亦可以解释为:"勉勉强强的说我跟别人也差不多吧?但要说是一个能够身体力行的君子,那么我还没有做到。"意思不错,也通。

更通顺的表达是:思想境界我和别人应该差不多吧?

孔子道德高尚,并在生活中身体力行,还不辞劳苦甚至忍饥挨饿,冒着杀头的危险奔走各国,向各国国君灌输道德观念,期盼他们德要配位,以德治国,不要自私自利,要造福大众百姓。这些规劝统治者的苦口良言谁想听、又有谁敢当面说?孔子不仅仅已经是"躬行君子",而且已经达到了善人、圣人的境界,但是他还是说自己:"吾未之有得"。什么是谦虚?什么是胸怀?学习孔子吧!

参考:

《论语·驳》:"燕、齐谓勉强为文莫。"

《论证或问》:"莫是疑辞,犹今人云'莫是如此否?'言文则吾与人一般。"

7.34 子曰:"若圣与仁,则吾岂敢?抑为之不厌,诲人不倦,则可谓云尔已矣。"公西华曰:"正唯弟子不能学也。"

释义: 孔子说:"若称我是圣人或是仁人,我怎么敢当?只不过我为之奋斗从不厌烦,而且教育学生也从不觉得疲倦,这个评价还是可以的。"公西华说:"这个正是弟子们没有学到的。"

一个人一辈子做一两件好事并不难,难的是一辈子都在做好事。想做一个高尚的人容易,想一辈子做一个高尚的人,难!贵在持之以恒。

参考:

《孟子·公孙丑篇》:"昔者子贡问于孔子曰:夫子圣矣乎?孔子曰:圣则吾不能。我学不厌而教不倦也。"

7.35 子疾病,子路请祷。子曰:"有诸?"子路对曰:"有之,《诔》曰:'祷尔于上下神祇。'"子曰:"丘之祷久矣。"

释义: 孔子得了重病,子路请求祷告。孔子说:"病了还有要祷告这个事?"子路回答:"有这个事呀,《诔》文上说:'为你向天地神灵祈祷。"孔子说:"我早就祷告过了。"

孔子对鬼神的态度就是避而远之，根本不相信什么鬼神能够保佑人，他也不可能为自己的病去祷告，之所以告诉子路他早就祷告过了云云，其实就是开玩笑，第一句就说明了："有诸？"有这种事？连这种事都不知道，还祷告？

参考：

《论语正义》："此章记孔子不谄求于鬼神也。"

《论语注疏》："《诔》，祷篇名。"

7.36 子曰："奢则不孙俭则固，与其不孙也，宁固。"

释义：孔子说："过于奢华就是不敬，过于简朴则显得寒酸，与其不敬无礼，不如宁可寒酸。"

这里的"奢"可以用于生活上的奢侈，但生活上奢侈的人，不见得都傲慢无礼。而贫穷的人也不都是有礼之人，有没有礼还要看本人的道德修养。

所以很多解释都是说，这一句的意思是劝人生活不要奢华，有道理，但是不对，这句话只对祭祀，不对生活。

奢侈的标准不同，有钱人穿的绫罗绸缎衣服再朴素无华，即使没有珠宝刺绣装饰，在粗布麻衣的穷人眼里就是奢华，穷人穿的粗布麻衣就是绣上鲜花，谁也不会认为是奢侈。但孔子不可能认为富人都该穿粗布麻衣，更不想穷人永远穿粗布麻衣。

可是对待祭祀，孔子提倡节俭，节俭只是显得寒酸，但是心在；不要铺张，铺张是显耀，心里想的是其他，心不在，就是不敬。

参考：

《广韵》："固，又鄙陋也。"

《集韵》："孙，音巽，与逊同。"

7.37 子曰："君子坦荡荡，小人常戚戚。"

释义：孔子说："君子胸怀坦荡，小人则经常忧惧。"

君子胸怀国民而无私心可隐，小人则不择手段只想去获取利益，计较得失，心里就经常纠结忧惧。

参考：

《论语注疏》："此章言君子小人心貌不同也。坦荡荡，宽广貌；长戚戚，多忧惧也。君子内省不疚，故心貌坦荡荡宽广也，小人好为咎过，故多忧惧。"

7.38　子温而厉，威而不猛，恭而安。

释义：孔子温和而又严肃，威严而不刚暴，谦恭而又安详。

这一段应该是学生对孔子外在与内涵的印象，是长期相处才能获得的感觉。"温而厉"的"厉"，不能理解为厉害的厉，是孔子教育学生严格的意思。《前汉·儒林传》有："以厉贤才焉"。注：厉，劝勉之也。

参考：

《论语集注》："厉，严肃也。"

《论语注疏》："言孔子体貌温和而能严正，俨然人望而畏之而无刚暴，虽为恭孙而能安泰。"

第八篇　泰伯

8.1　子曰："泰伯，其可谓至德也已矣。三以天下让，民无得而称焉。"

释义：孔子说："泰伯，他可以说是品德最高尚的人了。多次把天下让给季历，民众找不到合适的语言来称颂他。"

但是纵观历史，各朝各代争权夺势，恶性使然，主动让位与贤，自周之后，天下少有。

参考：

《论语集注》："泰伯，周大王之长子。至德，谓德之至极，无以复加者也。三让，谓固逊也。无得而称，其逊隐微，无迹可见也。"

8.2　子曰："恭而无礼则劳；慎而无礼则葸；勇而无礼则乱；直而无礼则绞。君子笃于亲，则民兴于仁，故旧不遗，则民不偷。"

释义：孔子说："（处理人际关系）只一味恭维而不遵循礼法则徒劳；谨慎处世而不遵循礼法则遇事只能畏缩拘谨；勇敢而不遵循礼法则会引起社会动乱；率直而不遵循礼法就会出口伤人。君子注重亲情，则民众仁德风气兴盛，故旧不被遗忘，则民众感情不会淡薄。"

"恭、慎、勇、直"，都是人的好品质，但是前提必须与"礼"并存并用，否则适得其反。

"偷"，这里不做偷盗、偷闲等讲，是浅薄、不厚道的意思。

参考：

《曲礼》："道德仁义，非礼不成。"

《曲礼》："人有礼则安，无礼则危，故曰：礼者，不可不学也。"

《论语集注》："葸，畏惧貌，绞，急切也。无礼则无节文，故有四者之弊。"

《广韵》："笃，厚也。"

8.3 曾子有疾，召门弟子曰："启予足，启予手。《诗》云：'战战兢兢，如临深渊，如履薄冰。'而今而后，吾知免夫，小子！"

释义：曾子有病，召唤弟子说："看看我的腿脚，再看看我的手臂，还都全乎吧？《诗》说：'战战兢兢，如临深渊，如履薄冰。'就要用这样的态度爱护自己的身体。从今天到今后，我知道怎样避免身体受伤害了，学生们！"

曾子认为身体发肤受于父母，可以孝敬父母、报效国家，不敢毁伤。病了，让弟子看看自己的手足，有没有受到伤害。

"启予足，启予手"，有的解释是让弟子把手脚掰开，人死的时候手脚会抽搐，不知道曾子当时是不是病重要死？

参考：

《论语注疏》："小子，弟子也。"

《四书反身录》："孝以保身为本，曾子启手足以免于毁伤为幸。"

8.4 曾子有疾，孟敬子问之。曾子言曰："鸟之将死，其鸣也哀；人之将死，其言也善。君子所贵乎道者三：动容貌，斯远暴慢矣；正颜色，斯近信矣；出辞气，斯远鄙倍矣。笾豆之事，则有司存。"

释义：曾子得了病，孟敬子去问候。曾子说："鸟快要死的时候，它的鸣叫声听起来非常悲哀；人快要死的时候，说的都是中肯的话。君子有三样道行要珍重：一是要笑脸待人（不要老板着个脸），这样可以远离粗暴与怠慢；二是要容貌端庄（不要嬉皮笑脸），这种神态表现近乎诚信；三是说话讲究用词（语言的修养），这样就会远离粗鄙。至于诸如祭祀需要的祭品器皿等其他琐事，会有主管的人去做。"

这里有两种解释，三种道行的影响一是对己，二是对对方，都说得通。

关键是接人待物时的顺序，一是脸色要温和，二是端庄，三是说话语气、用词，不要颠倒。

参考：

《论语集注》："孟敬子，鲁大夫仲孙氏，名捷。问之者，问其疾也。"

《礼记·冠义》："礼义之始，在于正容体、齐颜色、顺辞令。"

《论语新解》:"倍,同背,违悖义……笾豆,礼器,笾,竹为之。豆,木为之。有司,管事者。"

8.5 曾子曰:"以能问于不能;以多问于寡;有若无;实若虚;犯而不校。昔者吾友尝从事于斯矣。"

释义:曾子说:"自己能力强但虚心向能力不如自己的人请教(自己不懂的东西);自己学问多但不耻向学问不如自己的人请教(自己没学过的学问);知识很丰富但总觉得不足,思想很充实却虚怀若谷;被人侵犯却不去睚眦必报。过去我的朋友常常就是这样做的。"

"吾友",有的直接解释是"颜子"。没有错,颜子确实是有这样的谦恭品德,但是曾子的朋友,应该不止是颜回一个,都具有同样的品德。

参考:

《论语新解》:"犯者,人以非礼犯我。校,计较义。"

《论语正义》:"曾子言时,颜子已卒,故称'昔者'"。

8.6 曾子曰:"可以托六尺之孤,可以寄百里之命,临大节而不可夺也,君子人与?君子人也。"

释义:曾子说:"可以把幼小孤儿托付给他,可以把国家大事交付给他,面临荣华富贵的诱惑与生命威胁而气节不变,这种人是君子吗?当然是君子呀。"

"寄百里之命"有的解释是国君的命令,对,也不对。如果国君德能配位,可以代表国民,可"寄百里之命"。但德不配位,百里之命不仅不可托付,而且会惨遭涂炭。

参考:

《论语新解》:"寄百里之命,此是摄国政。百里,大国也。"

8.7 曾子曰:"士不可以不弘毅,任重而道远。仁以为己任,不亦重乎?死而后已,不亦远乎?"

释义:曾子说:"有德之人不可以不发扬刚毅顽强的精神,他的任务重大而完成任务需要很长时间。把实现仁德作为自己的任务,难道不重要吗?为此需要奋斗终生，难道不长远吗？"

"士"，多解释为读书人。可读书人不见得都有德，无德的有学问的人也不少。

这里的"士"，还可以解释为做官的士，即有德之官。

"士"，也是有德之人的美称。

参考：

《三国志·邴原传注》："孔融曰：仁为己任，援手援溺，振民于难。"

《论语注疏》："弘，大也，毅，强而能断也。士弘毅，然后能负重任，致远路。"

8.8　子曰："兴于诗，立于礼，成于乐。"

释义：孔子说："对道德的研究开始于《诗经》，对道德的观念树立在于对礼仪的理解，对道德的完善在于对乐的学成。"

学诗以修身，礼仪以立身，雅乐以善身。

参考：

《论语注疏》："人修身，当先起于《诗》也。立身必须学礼，成性在于学乐。"

8.9　子曰："民可使，由之；不可使，知之。"

释义：孔子说："国家法规法令民众能服从，就执行；民众不服从的法规法令，就要了解问题所在。"

这句话，往往这样断句："民可使由之，不可使知之"被解释成是："对于老百姓，只能按照我们的指令去做，不能使他们懂得为什么要这样做。"

搞愚民政策，孔子是这样的人吗？这是严重歪曲孔子人格的解释！其实他们所理解的孔子，与历史上真正的孔子一点儿关系也没有。

知道什么是"己所不欲，勿施于人"吗？当政者自己不想做的事，怎么可以愚弄民众去做？知道什么是"为政以德"吗？知道什么是"人而无信，不知其可也"吗？

看看孔子讲的话，再去说他愚民的解释，通吗？最让人难以理解的是，孔子办学是为了愚民，还是为了培养蠢材？与"学而知之、困而学之"不是矛盾吗？

孟子说：桀、纣之所以丢掉了天下，就是因为他们失去民心。得天下，就是得民心。统治者怎样失去民心的？就是去做愚民之蠢事。

对这段话的解释，从古至今大约有几十种，断句不同、词义不同、语法不同、结论不同，只是赞同愚民的多，符合短浅眼光统治者的观念。但"高贵者最愚蠢，卑贱者最聪明"，才是历史所证明的真理。

参考：

《孟子》："民为贵，社稷次之，君为轻。"

《论语会笺》："若曰圣人不使民知，则是后世朝四暮三之术也，岂圣人之心乎？"

8.10 子曰："好勇疾贫，乱也。人而不仁，疾之已甚，乱也。"

释义：孔子说："崇尚勇武、厌恶穷苦，就会去做乱德之事。小人如果不讲仁德，被人痛恨到无法容忍的地步，就会引起社会动乱。"

"好勇疾贫，乱也"，有的解释这句话是对穷人说的，是孔子让穷人安于贫困，不要造反。"人而不仁"，指的是富人，不要让富人为富不仁。意义不错，只是对象错了，孔子这两句话都是对执政者及其弟子的规劝。

有的人把"人而不仁，疾之已甚"解释成对不仁德的人痛恨太深，也是一种引起小人动乱的祸害。奇怪，对不仁德的人的痛恨还不能太深？还有的解释成对不仁德的小人逼迫太厉害，也会引起祸端。对那些祸国殃民的缺德小人还不能逼迫得太厉害？也就是说不道德的小人要动乱、要起祸端是被有德之人逼迫的，这些解释对吗？是不是倒打一耙、本末倒置了？

小人活在世上的目的就是不择手段地获取，而这些能够影响社会的小人，往往就是搞剥削压迫的统治者，比如桀、纣，其行为方式就是巧取豪夺以供自己生活的糜烂，这才是社会动乱的根源！百姓中也有小人，但这些人翻不起大浪。"乱也"不是指他们，不是被君子所迫，更不是说君子！

参考：

《论语正义》："此章说小人之行也。"

《孟子》："尧舜之道，不以仁政不能平治天下。"

8.11 子曰："如有周公之才之美，使骄且吝，其余不足观也已。"

释义：孔子说："如果一个人有周公那样完美的才能，但是却为人骄横无礼而且小气吝啬，那他在其他方面再好也没法看了。"

一个骄横无礼、小气吝啬的人，怎么可能会有周公之才之美？本质不同，心胸就不一样。

参考：

《大学》："君子有大道，必忠信以得之，骄泰以失之。"

《论语注疏》："此章戒人骄吝也。周公，周公旦也，大圣之人也，才美兼备。设人有周公之才美，使为骄矜，且鄙吝，其余虽有善行，不足观也。"

8.12 子曰："三年学，不至于谷，不易得也。"

释义：孔子说："学习了多年的文化和道德知识，还是觉得不够而不去做官，这种人很难得呀。"

"谷"是俸禄的意思。有的解释是：学习了三年，还不愿做官的人，是不易找到的。对吗？学习了三年，不愿意做官的很少，做不了官的，很容易找到，有的是。只不过春秋时期没有考试制度，当官主要靠推荐。

参考：

《尔雅》："谷，禄也。"

《周礼·地官》："三年则大比，考其德行道艺，而兴贤者能者。"

8.13 子曰："笃信好学，守死善道，危邦不入，乱邦不居。天下有道则见，无道则隐。邦有道，贫且贱焉，耻也；邦无道，富且贵焉，耻也。"

释义：孔子说："坚定地崇信要好好学习（道德文化），以死相守高尚道德，处于道德危机的国家不要进入，处于道德混乱的国家不要留居。天下以德治国时要献身事业，天下以无德统治时就退隐而不掺和。国家按道德规范行事，自己贫与贱，是可耻的。国家没有道德，（利用权势及欺盗等下三滥的手段取得）能够富与贵的人，可耻呀！"

"危邦不入，乱邦不居"，多解释为孔子自己危乱之国游学不去，更不会居留，这样理解就狭隘了，别人又有谁敢去危邦或乱邦居住？又有哪个危邦、乱邦国家的百姓不想逃出去？

而实际上这句话是孔子对学生和所有人的忠告。

参考：

《尔雅·释诂》："笃，固也。"

《孟子》："天下有道，以道殉身，天下无道，以身殉道。"

《大戴礼·盛德》："是故官属不理、分职不明、法政不一、百事失纪，曰乱也；乱则饬冢宰。地宜不殖、财物不蕃、万民饥寒、教训失道、风俗淫僻、百姓流亡、人民散败，曰危也。"

8.14 子曰："不在其位，不谋其政。"

释义：孔子说："不在那个岗位上，就不要插手干涉人家的工作。"

自己有自己的岗位，自己应该安心本职工作。自己的干得好不好另说，老是看着别人干得不好，不如自己在那个岗位上干得好，老想插手别人的事物，是不是把责任搞混乱了？你能比主管对本职工作了解得更清楚？你能比主管对自己的业务更熟悉？你能比主管制定更科学的工作程序？你能比主管有更多解决矛盾和问题的方法？如果你都能，那你就去竞争，取代了主管而自己当了主管之后，直接做那个工作不就行了？

作为领导，可以监督、指导，也不能干涉、干扰部下的工作，更不能越俎代庖，搞一言堂。

参考：

《礼记·中庸》："君子素其位而行，不愿乎其外。"

《论语注疏》："言不在此位，则不得谋此位之政。"

《论语集注》："程子曰：不在其位，则不任其事也。若君大夫问而告者则有矣。"

8.15 子曰："师挚之始，《关雎》之乱，洋洋乎盈耳哉。"

释义：孔子说："从太师挚开始演奏，到《关雎》合奏结尾，乐曲美妙动人充满我的耳朵。"

美妙的音乐能够陶冶情操，靡靡之音可以让人意乱情迷，这就是孔子非常重视"乐"的原因。

参考：

《仪礼·燕》："太师升歌，挚为太师。"

《论语集注》："师挚，鲁乐师名挚也。乱，乐之卒章也。"

《论语集注》："洋洋，美盛意。"

8.16 子曰："狂而不直，侗而不愿，悾悾而不信，吾不知之矣。"

释义： 孔子说："狂妄而不正直，无知而不忠厚，看上去很诚恳而内心却没有诚信，我不知道这算是什么人哪。"

孔子说的可能是三类下等人品，也可能是一个人三种毛病都有，与这种小人打交道，真不知道他们真正想的是什么，想干什么，什么目的，累心呀。

参考：

《集韵》："侗，无知也。"

《说文》："愿，敬也，善也，谨也。"

《康熙字典》："悾悾，无知貌。"

8.17 子曰："学如不及，犹恐失之。"

释义： 孔子说："学习道德真理就像追赶一样，唯恐赶不上就丢掉了。"

道德品质是分高下的，要做一个高尚的人，就要紧紧追随和学做更高道德水准的人，否则就会落后。学习高尚品德就像逆水行舟，不进则退。

参考：

《论语义疏》："学自外来，非夫内足，恒不懈惰，乃得其用。"

8.18 子曰："巍巍乎！舜禹之有天下也，而不与焉。"

释义： 孔子说："伟大呀！舜和禹能够掌管天下，却不是自己想要得来的。"

两三千年前的古人，能够把国家的最高职位主动转让给德才兼备的贤人，而不是自私地留给自己的家人，这个境界，与私有制社会相比，是先进还是落后？是高还是低？是天下为公还是天下为私？

参考：

《孟子·滕文公篇》："尧以不得舜为己忧；舜以不得禹、皋陶为己忧。"

《论语集解》:"美舜禹也。言己不与求天下而得之。巍巍,高大之称。"

8.19 子曰:"大哉尧之为君也,巍巍乎!唯天为大,为尧则之。荡荡乎!民无能名焉。巍巍乎!其有成功也,焕乎!其有文章。"

释义:孔子说:"伟大的人就像做尧这样的国君,崇高啊,只有天才是最大的,但是尧能与之比肩。功德浩荡呀,民众无法用言辞来赞美他。伟大的成功呀,焕发着耀眼光彩的道德规范。"

天意,就是普世道德。尧执政,顺天意,得民心,就是为天下广施道德。

参考:

《论语集注》:"则,犹准也。"

《说文》:"则,等画物也。"

《玉篇》:"焕,明也。"

8.20 舜有臣五人而天下治。武王曰:"予有乱臣十人。"孔子曰:"才难,不其然乎?唐虞之际,于斯为盛,有妇人焉,九人而已。三分天下有其二,以服事殷。周之德,其可谓至德也已矣。"

释义:舜帝有五个才臣就把天下管理得国泰民安。武王说:"我有十个能够治理乱象之臣。"孔子说:"人才难得,不是吗?唐尧和虞舜时期,到周武王的时候,人才是最昌盛的,其中还有一个是妇女,有九个男人而已。周得到了天下的三分之二之后,却依然以礼待殷,周代的道德,真的可以说是至高无上的德。"

"三分天下有其二,以服事殷",多解释为:周文王得到了三分之二的天下,仍然以臣服的态度服侍殷。

以臣服的态度服侍殷就是"至德"吗?有的解释就认为是的,因为他们认为谁强大谁就可以对他人无礼、应该对他人无礼,不管是不是破坏正常的管理体制,并据此以攻击孔子是封建统治者的鼓吹者和坚定的拥趸。

"服事",多解释为:臣服听命、服侍天子。

从比殷强盛,直到殷灭之时,周一直是以礼对待殷纣的亲属、子民,最终善待殷商子裔的是周武王,也是周代人才最昌盛时期。孔子夸奖的是周武王,顺带周文王。因此,孔子才认为"周之德",即从周对殷商一贯施行的"德政"来看,是完美的"至德"。

参考：

《尔雅·释诂》："乱，治也。"

《春秋繁露·立元神》："天积众精以自刚，圣人积众贤以自强。"

8.21　子曰："禹，吾无间然矣。菲饮食而致孝乎鬼神，恶衣服而致美乎黻冕；卑宫室而尽力乎沟洫。禹，吾无间然矣。"

释义： 孔子说："禹，对他我没什么可挑剔的了。吃的粗茶淡饭但尽心尽意孝敬先祖，平日只穿粗衣但祭祀时却尽量穿着庄重；宫殿也不搞什么奢华壮观，却竭尽全力开挖沟渠以治水灾。大禹，我真的没什么可挑剔的了。"

大禹，居最高位置但不追求奢华享受，而是艰苦朴素、身体力行、带头苦干、为民忘我的国君，就是国民的榜样，就是德行最高的君子。孔子是对执政者道德要求最严格的人，他对大禹都只有赞誉，谁还会非议这样的伟人？

参考：

《论语义疏》："禹自所饮食甚自粗薄，而祭祀牲宰极乎丰厚。"

《论语集注》："间，罅隙也。谓指其罅隙而非议之也。菲，薄也。"

第九篇　子罕

9.1　子罕言利，与命与仁。

释义：孔子很少谈利益，总是讲授天命和仁德。

注意：历代书籍解释这句话不以标点断句，那样意思就全变了，成了：孔子很少谈利和天命还有仁德。

非常错误！

孔子不谈利，是因为小人才只爱利只谈利，他不可能给学生讲怎样逐利，但不可能不讲天命与仁德，孔子说："不知命，无以为君子。"而要自己的学生成为高尚君子，就要教给他们什么是天命。孔子更不可能不讲仁德，《论语》通篇不都是讲仁德吗？命与仁德是孔子讲学的主课！

"与命与仁"，就是教授给学生天命和仁德的道理。

参考：

《康熙字典》："与，又施予也。"

《老子》："将欲夺之，必固与之。"

9.2　达巷党人曰："大哉孔子！博学而无所成名。"子闻之，谓门弟子曰："吾何执？执御乎？执射乎？吾执御矣。"

释义：达巷党这里的人说："伟大的孔子！学问广博，只是各个方面都没有名气。"孔子听后，对学生们开玩笑说："我应该靠什么出名呢？是掌管车辆的御手呢？还是在车上射箭的射手呢？我还是当个御手吧。"

御手责任大，又费心费力，还出不了名，出了成绩全是射手的。所以说，孔子从来就没有想到要出名，只是把名利当作调侃与嘲弄。

许多解释说这一段是达巷党人对孔子博学多才的赞誉，但是人怎么可能伟大到没有任何出名的特长呢？就是对孔子的讽刺罢了。只不过孔子认为，当个教育者要出什么名呢？太俗！

参考：

《论语集解》："达巷者，党名也。五百家为党。"

《论语集注》："执，专执也，射御皆一艺，而御为人仆，所执尤卑。"

9.3 子曰："麻冕，礼也；今也纯，俭，吾从众。拜下，礼也；今拜乎上，泰也。虽违众，吾从下。"

释义： 孔子说："用麻布做冠冕，是祭祀礼节所需；现在用黑丝做冠冕，比麻布节俭，我就随同大家一样。与人拜见时要深深地弯腰向下鞠躬，这是礼节；现在流行直腰向上拱手，是傲慢的表现。虽然与潮流相违背，但是我还是要向下弯腰鞠躬。"

对"拜下，礼也"，有这样的解释：

1. 敬拜地位低下的人是礼节，现在大家流行敬拜地位高的人，这是傲慢的表现，虽然我的做法违背潮流，但是我依然敬拜地位低下的人。

2. 见国君，在堂下叩拜，是礼节所需；现在大家都在堂上叩拜，这是傲骄的表现。虽然与众人的做法相违背，我还是要在堂下叩拜。

第一种解释，是说得通的，礼，不分贵贱，不管是富豪权贵，还是身无分文，都应该以礼相待。

第二种解释是说拜下仅仅是臣与国君之礼，但是春秋时期，国君的宫殿，不称为"堂"而称为"殿"，所以不存在堂上堂下，而是殿上殿下。而殿下除了台阶还有高台，在殿下叩拜，殿内的国君根本看不见，拜也白拜。况且，如果大家都在殿内拜礼，只有孔子一人在外面拜吗？

《礼记》记载，臣见国君，是下拜，不是拜下。

所以这种解释是最多的，但也是最不合理的。

前一句讲的是社会现象，"吾从众"，指的是全民，后一句就不仅仅说君臣之礼，而是说社会上的见面之礼，也就不仅仅是指官员，也就不局限于与国君之礼节，而是社会上流行的普遍的拜见之礼。

前秦古人的"拜"，为双手之交，抱拳、合掌，手心手背相贴合为"拜"，看看字形就会明白，后世才特指跪拜。

所以，拜上拜下只是个礼仪的表现而已。

参考：

《论语集解》："纯，丝也，丝易成，故从俭"。

《论语集注》："臣与君行礼，当拜于堂下，君辞之，乃升成拜。泰，骄慢也。"

9.4　子绝四：毋意、毋必、毋固、毋我。

释义：孔子绝对不做四件事情：主观、强制、固执、自私。

"毋意"，多解释为：不胡乱猜测。

这种解释挺好，只是范围太窄，又与"意"意义相左。对他人和事，都不要从主观出发，而必须与客观相结合一致，才能正确认识和处理人与事。

"毋必"，又多解释为：不主观武断。

范围又大了。"必"，是强迫症，强迫自己也可能会强迫他人。是主观思想的一个部分，不是主观的全部。

参考：

《释名·释言篇》："绝，截也，如割截也。"

《论语集注》："意，私志也。必，期必也，固，执滞也，我，私己也。"

9.5　子畏于匡，曰："文王既没，文不在兹乎？天之将丧斯文也，后死者不得与于斯文也，天之未丧斯文也，匡人其如予何？"

释义：（因为被误认是阳虎）孔子在匡这个地方受围困，说："文王死了，他的道德文化在这里就不存在了吗？老天爷如果要放弃文王的道德文化，现在的人就得不到这些道德文化了，如果老天爷没有让这个地方丧失道德文化，匡这里的人能把我怎么样呢？"

"畏"，多解释为：畏惧。孔子在匡被匡人误认为是阳虎，因为阳虎曾经施暴于匡人，而孔子的长相有点儿像阳虎，要围攻他，说孔子被匡人围困，所以很害怕。

但无私者无畏，况且又没对匡人干过坏事，怕什么？这种解释贬低了孔子。

这里的"畏"通"围"，就是围困的意思。孔子在被困时知道匡人把他和阳虎搞错了，所以在等待匡人弄清事实之前，孔子弹着琴、唱着歌，哪里有一丝一毫惧怕的表现？

111

"畏"还通"威",应该是孔子在匡人围困中威仪不减。《书传》说孔子在被困时,照样弹琴,还让子路和自己一起唱歌。连着唱了几首之后,匡人听了一场免费音乐会,觉得此人临危不惧,淡定从容,阳虎可没有这份能耐和修养,从心眼里崇敬这个被死亡威胁的人,没有等到孔子说自己是谁,就自动解散了。

也有的故事说,是宁武子解救了孔子。不管是主动解散还是被驱逐,匡人确实没有伤害孔子。

参考:

《史记·孔子世家》:"'畏于匡'者,拘于匡也。'畏'为拘囚之名。"

《论语正义》:"匡人误围夫子,以为阳虎,阳虎曾暴于匡。夫子弟子颜克,时又与虎俱行,后克为夫子御,至于匡,匡人相与共识克,又夫子容貌与虎相似,故匡人以兵围之。"

9.6 太宰问于子贡曰:"夫子圣者与?何其多能也?"子贡曰:"固天纵之将圣,又多能也。"子闻之,曰:"太宰知我乎?吾少也贱,故多能鄙事。君子多乎哉?不多也。"

释义: 太宰问子贡:"孔老先生是圣人吗?怎么有那么多的才能呢?"子贡说:"这肯定是老天爷要让他当圣人,而使他多才多艺呀。"孔子听到后说:"太宰怎么会了解我呢?我年少时地位低下,所以做过多种粗浅的工作。君子有这样经历的多吗?不多呀。"

"君子多乎哉?不多也。"有的解释说,君子不必多能。这是误解。前面太宰刚说圣人多才能,孔子怎么会认为君子不必多能呢?太宰说孔子多能,而孔子说自己多能鄙事,鄙事就是才能。

"贫、贱",不能认为贫穷就是"贱"。贫、贱都是缺少财富,与人格低贱无干。孔子把自己的家庭状况以贱表示,年少时家庭贫困而已,并不是说自己很低贱。"鄙事"也是同样,不能理解为卑鄙、卑贱的事。"鄙"的字形上部表示是城市,下部是城外建的粮仓或农田。

孔子年轻时任过"委吏",就是管理城外粮仓的官吏,后又任"乘田"吏,是负责畜牧的官吏,这些工作,都在"鄙",即郊野之地。除此之外,孔子用"鄙"来表明自己做得还不够好,不够完美,是自谦,不是贬低所做的工作。孔子用词，精辟而多紧密联合他用之意，令人拍手叫绝。

参考：

《淮南子·主术训》："孔子之通，智，过于苌弘；勇，服于孟贲；足蹑效菟；力招城关，能亦多矣。"

9.7 牢曰："子云，'吾不试，故艺'。"

释义： 子牢说："孔夫子说过：'我小时候没有去做官，所以去学习了许多才艺'。"

这里需要注意的是"试"，有的解释是孔子不愿意去应试做官，但是通过考试才能做官是隋代才开始的制度，春秋时期做官除了世袭，就是推举、选拔，不需要考试，当时也有大试的制度，只不过是为选官提供依据，而不是作为唯一途径。所以把这个"试"作为考试的"试"是不对的。

还有把"试"解释为"用"，意思是孔子没有被国家任用，有点儿绕，不如直接把这个"试"作为"仕"的通假字，是"出仕"的意思，更简单明确。

要说明的是，孔子年轻时就做过乘田吏、司职吏，当过官，虽然不大。所以说他"吾不试"，是少年时的想法。

参考：

《论语集解》："郑玄曰：牢，弟子子牢也。试，用也。言孔子自云，我不见用，故多技艺。"

9.8 子曰："吾有知乎哉？无知也。有鄙夫问于我，空空如也，我叩其两端而竭焉。"

释义： 孔子说："我有聪明才智吗？没有呀。有一个乡下人问我问题，我居然头脑空空无法解答，只好从头至尾、颠来倒去反复研究耗尽心力才把问题搞清楚。"

另有一个解释是无断句"有鄙夫问于我空空如也"。

根据第二种，应该解释为："有一个乡下人问我什么是空空如也，我翻来覆去，从头至尾又从尾至头直至才力枯竭也没有解释清楚。"

"空空如也"，真的那么难解释吗？"空空如也"不就是什么也没有吗？不要说这个成语的背景和出处就是《论语》，就是字面也很容易理解，孔子绝对不是这个意思。

还有的解释说，"空空如也"的意思是孔子施教毫无保留，直到把自己的知识全部奉献出来。

这个解释与"吾有知乎哉"连不上，"知乎"都没有，怎么可能会倾其所有到空空如也？会使整段话前后矛盾，意义虽好，但不可采纳。

"鄙夫"不是卑鄙的人，也不仅仅指平民农夫、乡野之人，是指所有没有受过教育或受过极少教育的人。"知"不仅仅是知识，而特指"智慧"。"竭"是力竭的意思。

孔子受过教育，而且在当时是高等教育，不可能说自己没有文化知识，但是有知识却解释不清楚一些问题，没有办法教给他人，这是缺少智慧的表现，所以这种解释更符合上下文的贯通。

不管有几种解释，孔子的意思是：人的学问再多也不够用，学的越多就越觉得自己知道的少。所以要谦虚，要持续不停地永远学习。

参考：

《论语正义》："夫子应问不穷，当时之人遂谓夫子无所不知，故此谦言无知也。"

《论语正义》："孔子言：我有意之所知，不尽以教人乎哉？无之也。常人知者言未必尽，今我诚尽也。"

9.9 子曰："凤鸟不至，河不出图。吾已矣夫。"

释义：孔子说："凤凰没有飞来，黄河里的八卦图也没有出现。我是见不到了。"

圣人、明君、盛世，说白了，就是世界大同，才会出现凤凰与河图，孔子哀叹生不逢时，确实是时已过，要再等到凤鸟至、河出图，还要让社会按照发展规律走上一个来回。

参考：

《说文》："凤，神鸟也。"

《尚书·顾命》："河图，八卦，伏羲王天下，龙马出河，遂则其文以画八卦，谓之河图。"

《周易·系辞传》:"河出图,洛出书,圣人则之。"

《论语注疏》:"圣人受命则凤鸟至,河出图,今天无此瑞。'吾已矣夫'者,伤不得见也。"

9.10　子见齐衰者、冕衣裳者与瞽者,见之,虽少,必作。过之,必趋。

释义:孔子看见穿丧服的人、穿着制服的人和盲人,即使见到的人比他年少许多,也必定起身致礼。对面走过之时,为了不影响对方行事,必然加速离去。

孔子对这社会上的几种人,包括残疾人,都以礼相待。什么叫"礼不下庶人"、孔子给予最权威的诠释,即:礼不会以庶人为下!

参考:

《论语集注》:"齐衰,丧服。冕,冠也。衣,上服,裳,下服。冕而衣裳,贵者之盛服也。瞽,无目者。作,起也。趋,疾行也。"

9.11　颜渊喟然叹曰:"仰之弥高,钻之弥坚,瞻之在前,忽焉在后。夫子循循然善诱人,博我以文,约我以礼,欲罢不能,即竭吾才,如有所立卓尔。虽欲从之,未由也已。"

释义:颜渊感叹道:"仰望孔夫子,越看越高,钻研他的道德文化,越学越觉得他的学问深厚扎实,看着他好像在前面走,忽然好像后面都是他的身影。孔夫子一步一步地引导我,学习广博的知识,并且以礼节约束我的行为,不想要这样做都不行。我已经竭尽全力,但是前面还是像有巨大的障碍需要越过。虽然我想跟着老师共同前进,但是这却由不得我了。"

"身临其境",只有颜渊这样具有高尚道德境界的人,才能感到周围都是孔子高大的身影。

参考:

《广韵》:"弥,益也。"

《论语正义》:"颜子学于孔子,积累岁月,见道弥深也。"

9.12　子疾病，子路使门人为臣。病间，曰："久矣哉，由之行诈也。无臣而为有臣，吾谁欺？欺天乎？且予与其死于臣之手也，无宁死于二三子之手乎？且予纵不得大葬，予死于道路乎？"

　　释义：孔子得了重病，子路让门人去充当处理孔子后事的家臣。孔子病稍好，说："很长时间啦，子路就爱做那些虚假的事。我没有家臣非要弄个家臣，我骗谁呀？骗老天爷吗？与其是死在家臣手里，还是宁肯死在自己的学生手里，哪个好呢？况且我纵然不能大葬，但也绝不会如此潦倒而死无葬身之地呀。"

　　有人说孔子不够格大葬，所以说"纵不得大葬"。错！大葬可以说是大夫级别的葬礼，又可以说是隆重的葬礼。孔子当过鲁国大夫，不仅可以大葬，最起码有条件可以厚葬。只是他本人反对大葬、厚葬之风，只要求薄葬罢了。

　　参考：

　　《论语集解》："疾甚曰病。郑曰：孔子尝为大夫，故子路欲使弟子行其臣之礼。"

　　《论语集解》："马曰：就使我不得以君臣之礼葬，有二三子在，我宁当忧弃于道路乎？"

9.13　子贡曰："有美玉于斯，韫椟而藏诸？求善贾而沽诸？"子曰："沽之哉，沽之哉，我待贾者也。"

　　释义：子贡问："有一块美玉在这里，是把它藏在柜子里，还是寻求一个懂玉的商家卖掉？"孔子说："卖掉吧，卖掉吧，我等待懂玉（学生）的人呢。"

　　"我待贾者也"有的解释说，这是孔子在推销自己，因为是"我"待贾者也。有人甚至说，从这句话来看，孔子就是个官迷。这种歪曲孔子的观点，非常错误！孔子从来也没有爱当什么官，他确实当过官，而且还是高官，只不过他把当官作为一种责任，而不是为了荣耀和私利。

　　因此，他更辞过官，不仅辞过鲁国司寇、代宰相这个职位，阳货请他去做官，他也坚辞不去，被阳货说得不好推辞了，只好嘴上答应他，但是去当官了吗？没有。他的理想就是当一个为国家培养合格官员的教员，让德才兼备的学生去做配位的官，对社会的影响和作用更大，而不是为了自己当官。周游列国，除了向执政者宣讲以德治国的理念之外，主要就是推荐自己的学生去做行政官员。

孔子说"我"是为学生寻找伯乐，不是为自己。《论语》中有多处提到孔子推荐学生的段落，如"雍也，可使南面""由也果，于从政乎何有？……赐也达，于从政乎何有？……求也艺，于从政乎何有？"

学生的道德修养达到了做官行政的要求，为什么要像被装进匣子里的美玉一样被收藏起来呢？那不是白费苦心了吗？

孔子是希望他的学生学成之后，都能去担当相应的社会责任，广施德政，让国家政清弊绝，百姓安居乐业，而实际上，孔子许多的学生都成为了各个国家的官员，就是连被孔子骂过"粪土之墙不可圬也"、白天睡觉的宰予，也去齐国当过临淄大夫。

参考：

《论语正义》："韫，藏也；匮，匮也；沽，卖也。"

《论语集说》："子贡以夫子有道不仕，故设为二端以问焉。夫子言但当如玉之待贾，而不当求之耳。"

9.14 子欲居九夷。或曰："陋，如之何？"子曰："君子居之，何陋之有？"

释义： 孔子想到九夷那些地方居住。有人说："（那些地方都不开化）房屋都是陋室，怎么办？"孔子说："君子住的地方，怎么会有陋室呢？"

孔子从来都不讲究生活条件而甘于贫苦，他认为这是君子应有的起码的道德品质。一个没有道德文化修养的人住的房屋，再豪华，也是陋室。

参考：

《论语稽》："九夷者，东方国也。"

《论语正义》："夫子不见用于中夏，乃欲行道于外域。"

9.15 子曰："吾自卫反鲁，然后乐正，《雅》、《颂》各得其所。"

释义： 孔子说："我从卫国返回鲁国，然后开始修订音乐，让《雅》和《颂》的音律与内容相一致。"

音乐对人的素养影响极大，好的音乐可以使人精神向上，坏的音乐可以误国，可谓是"娱乐至死"。孔子回国即开始正音，可见孔子对音乐的重视程度。

参考：

《论语义疏》："孔子去鲁后，而鲁礼乐崩坏。孔子以鲁哀公十一年从卫还鲁，而删诗书、定礼乐，故乐音得正，乐音得正，所以《雅》《颂》之诗各得其本所也。"

9.16　子曰："出则事公卿，入则事父兄，丧事不敢不勉，不为酒困，何有于我哉？"

释义：孔子说："出门在外为公服务，回家就是孝敬父母兄长，办理丧事不敢不勤勉，不会耽迷于酒，还有什么我做不到呢？"

"不为酒困"，有的解释是酒后乱性，意思也不错。

参考：

《四书解》："困，乱也。"

9.17　子在川上曰："逝者如斯夫，不舍昼夜。"

释义：孔子在河边看着流水说："时光流逝就像这河水一样奔腾而去，昼夜不停。"

有人说，这是孔子教育学生，时光不会因为你停止而停止，要抓紧呀。

有人说，这段话孔子是谈论天命。天运而不已，水流不息，物生不穷。

哪一种解释更好，还是都包括？恐怕是各有所得。

参考：

《地官·序官·注》："川，流水。"

9.18　子曰："吾未见好德如好色者也。"

释义：孔子说："我没有见过喜好高尚品德的人像喜好色那样的人（那样多，那样用心和倾情）。"

针对卫灵公爱江山更爱美人南子的行为，孔子又一次对成年学生开个玩笑。

他知道，社会上好德胜过好色的人很多，不是人人都好色，颜回就是好德重于好色吧？他的这句话，不可能对谁都说，那是很不尊重人的，但是要是对自己的学生说这句话，只是告诉学生，好色是天性，不用刻意去学，而道德却需要后天养成，鼓励学生好德重过好色，没有问题！

参考：

《坊记·注》："疾时人厚于色之甚，而薄于德也。"

9.19 子曰："譬如为山，未成一篑，止，吾止也；譬如平地，虽覆一篑，进，吾往也。"

释义： 孔子说："譬如想堆积一座山，最后就差一筐土就成功了，停下了，我自己停下的。譬如要在平地上堆积一座山，虽然只是刚刚倒下第一筐土，还需要无数筐土才能完成，可是还要进行下去，我自己愿意继续干下去。"

客观条件再好，主观没有意愿，不能成功；客观条件再差，主观意愿强烈，就是成功的起点。孔子的主观能动的哲学思想，是不是对当代人们仍然具有极其有益的启示？

参考：

《论语正义》："为山，谓积土为山也。"

《说文》："篑，草器，盖草作之所以盛土者也。"

9.20 子曰："语之而不惰者，其回也与。"

释义： 孔子说："听我上课而能从头至尾都聚精会神听讲的，就是颜回了。"

上课跑神，估计谁都有过，老师不会看不出来。只有颜回，能够专心致志听课，从不旁骛。能够做到这一点，只有一个解释，倾心而已。

参考：

《说文》："惰，不敬也。"

《四书解义》："此一章书说孔子深赞颜子之能受教也。"

9.21 子谓颜渊曰："惜乎！吾见其进也，未见其止也。"

释义： 孔子论颜渊："真令人痛惜呀！我只看见他竭尽全力向前奋进，就没有见过他停下来歇一歇的时候。"

身体是革命的本钱，孔子两千年前就提醒我们啦。

参考：

《说文》："惜，痛也。"

《论语正义》："此章以颜回早死，孔子于后叹惜之也。孔子谓颜渊进益未止，痛惜之甚也。"

9.22　子曰："苗而不秀者有矣夫，秀而不实者有矣夫。"

释义：孔子说："出了苗但是不能开花的情况是有的，开了花不结果的情况也是有的。"

对于人的培养来说，不能开花结果的原因：一种是半途而废，一种是英年早逝。

参考：

《法言·问神注》："仲尼悼颜渊苗而不秀。"

《四书章句集注》："谷之始生曰苗，吐华曰秀，成谷曰实。"

9.23　子曰："后生可畏，焉知来者之不如今也？四十、五十而无闻焉，斯亦不足畏也已矣。"

释义：孔子说："后起之秀令人敬畏，怎么能知道来日不如今天呢？如果四十、五十岁了，还没有听到做过什么善行，这种人就不值得敬畏了。"

"后生可畏"，畏惧什么？就怕自己岁数比他们大，但没有他们那样积极的进取精神，道德文化没有他们深厚，善事没有他们做得多。

参考：

《论语注疏》："年少之人，足以积学成德，诚可畏也，安知将来者之道德不如我今日也？"

《论语正义》："无闻，谓无善闻于人也。"

9.24　子曰："法语之言，能无从乎？改之为贵。巽与之言，能无说乎？绎之为贵。说而不绎，从而不改，吾未如之何也已矣。"

释义：孔子说："符合礼法的规劝，能不听从吗？以此来修正自己的行为是最可贵的。阿谀奉承的话，听了能不高兴吗？能顺着话音知道奉承的目的是什么才是可贵的。听了奉承的话不考虑奉承的目的，听了符合礼法的话而不去端正自己的行为，我不知道对这种人怎么办了。"

"吾未如之何也已矣"，孔子真的不知道这是什么人，不知怎么办吗？"说而不绎、从而不改"，就是小人，君子应该怎样对小人，孔子早有一定之规，也是一以贯之，即"直"。

参考：

《论语集注》："法语者，正言之也。巽言者，婉而导之也。绎，寻其绪也。"

9.25 子曰："主忠信，毋友不如己者。过，则勿惮改。"

释义：孔子说："主体精神是忠信，不要与道德低下的观念为友。有错误，就不要怕改正。"

"毋友不如己者"，多解释为：不要与不如自己的人交往。

这个解释太笼统，不如自己的多了，不如自己就不交朋友，是不是太势利眼了？

这一段，在"学而"已经出现过并有过解释，所以从古至今，许多学者对此认为不用再重复解释，但要注意的是，"学而"一段是"'无'友不如己者"的"无"，是没有、不做的意思。这一段是"'毋'有不如己者"的"毋"，是不要的意思，一字之差，意思大不一样。虽然"无"与"毋"可以相通假，也有同样的意思，但还有不同的意义，解释一下，很有必要！

参考：

《礼·曲礼》："毋，止之辞。古人云，毋犹今人言莫也。"

《论语正义》："主犹亲也。惮犹难也。"

9.26 子曰："三军可夺帅也，匹夫不可夺志也。"

释义：孔子说："军队的统帅由于人心不齐可以被擒，但是一个普通人的坚定意志是不可剥夺的。"

千军万马守卫的统帅，都可以被抓住，但是人的意志，却难以夺取。说得容易，做起来很难。

参考：

《论语正义》："匹夫，谓庶人也。三军虽众，人心不一，则其将帅可夺而取之。匹夫虽微，苟守其志，不可得而夺也。"

9.27 子曰："衣敝缊袍，与衣狐貉者立而不耻者，其由也与。'不忮不求，何用不臧？'"子路终身诵之。子曰："是道也，何足以臧？"

释义： 孔子说："穿着破旧的棉袍，与穿着狐裘的人在一起而不觉得是羞耻的，仲由就是这样的人。'不嫉妒，不贪求，难道不好吗？'"子路后来总是反复吟诵这两句诗。孔子说："只做到这一点，怎么能够完善自己呢？"

憨直的子路，可笑又可爱，以为一好就是百好。道德观念的高尚，岂是那么容易养成？又岂止表现在一个方面？

参考：

《论语正义》："缊袍，衣之贱者。狐貉，裘之贵者。……忮，害也，臧，善也。言不忮害，不贪求，何用为不善？"

9.28 子曰："岁寒，然后知松柏之后凋也。"

释义： 孔子说："天寒地冻的时节，才知道松柏是最后凋零的。"

人品的高低贵贱，只有在严酷到来之时，才能得到真正的检验。

参考：

《史记·伯夷列传》："岁寒，然后知松柏之后凋；举世混浊，清士乃见。"

9.29 子曰："智者不惑，仁者不忧，勇者不惧。"

释义： 孔子说："智慧的人不会被社会乱象所迷惑，仁德的人不会为自己所担忧，勇敢的人没有任何事物能让他惧怕。"

"智""仁""勇"，是德才兼备的君子具有的最基本的三项素质。

参考：

《申鉴·杂言下》："君子乐天知命，故不忧；审物明辨，故不惑；定心致公，故不惧。"

9.30　子曰:"可与共学,未可与适道;可与适道,未可与立;可与立,未可与权。"

释义:孔子说:"有的人可以在一起共同学习道德文化,但不见得都能得到道德真谛;能够得到道德真谛,但不见得都能以德当立身之本,能够都以德当立身之本,但是不见得都能授与权力。"

"未可与权",解释很多,有的说权是行政,有的说权是秤锤,可以知轻重,都没有错。但是从权的本义来引申,就是说掌权的人能不能公平正义,因为权在秤杆上来回移动,就是为了平衡。

参考:

《论语集解》:"适,之也;道,仁义之善道;立,立德立功立言;权,因事制宜,权量轻重……故圣人独见之也。"

9.31　"唐棣之华,偏其反而,岂不尔思?室是远而。"子曰:"未之思也,夫何远之有?"

释义:"唐棣的花呀,翩翩摇摆,怎么让我不想它?只是它离我住的地方太远了。"孔子说:"就是没有想它,真要想它还有什么远不远的问题呢?"

许多解释把重点放在了"偏其反而",进行了大量分析,认为花的辗转反侧、摇来晃去表示事物的反复、道的变化,等等。这方面研究得多了,就跑题了。

这一段的隐喻就是:做一个道德高尚的人很难吗?难,又不难,就看想不想了。"仁"与人离的远吗?远,又不远,就看想不想做了。

参考:

《说文》:"栘,棠棣也。"

第十篇　乡党

10.1　孔子于乡党，恂恂如也，似不能言者，其在宗庙朝廷，便便言，唯谨尔。

10.2　朝，与下大夫言，侃侃如也，与上大夫言，訚訚如也，君在，踧踖如也，与与如也。

10.3　君召使摈，色勃如也，足躩如也，揖所与立，左右手，衣前后，襜如也，趋进，翼如也。宾退，必复命曰："宾不顾矣。"

10.4　入公门，鞠躬如也，如不容；立不中门，行不履阈，过位，色勃如也，足躩如也，其言似不足者。摄齐升堂，鞠躬如也，屏气似不息者。出，降一等，逞颜色，怡怡如也；没阶，趋进，翼如也；复其位，踧踖如也。

10.5　执圭，鞠躬如也，如不胜。上如揖，下如授。勃如战色，足蹜蹜，如有循。享礼，有容色，私觌，愉愉如也。

释义：孔子在老乡面前，温和恭敬，好像不会说话的样子，但是他在宗庙和朝廷的时候，却能言善辩，只不过说话非常谨慎罢了。

上朝时，与下大夫谈论，说话时从容不迫，和上大夫谈论时，说话直言诤辩，国君在朝时，神态庄重而又有威仪。

国君召孔子接待外宾，他的脸色立刻庄重起来，脚步也遵守礼节速度要求，与周围的宾客作揖行礼左右都顾及到，衣服前后摆动而不凌乱。快步走的时候像鸟儿展翅。宾客走后必定要向国君复命说："外宾已经走远不回头致意了。"

进入公堂之上，站立时也像鞠躬，似乎没有容身之地；站的地方也不在门中间，进门也不脚踩门槛，经过国君的座位时，脸色庄重，脚步如礼仪规定般行进，说话也好像中气不足的人那样轻声低语。提起衣服的下摆向堂前走去的时候，也是鞠躬一样谦谨恭敬，屏住呼吸像不喘气一样。出来后，下一个台阶，恢复原来的神态，怡然自得。下完了台阶，快走几步，姿态像鸟儿展翅一样。回到自己的位置，又恢复谦恭的神态。

出使期间手执代表国家的玉圭时，谨慎得好像拿不动似的，举起时好像是作揖，放下时似乎像是被授予器物，脸色庄重显出敬畏之色。脚步细密而急促，好像沿着一条看不见的线路行走。向对方献礼时和颜悦色，私下会见时，轻松愉快。

这几个段落应该归为一个部分，都是描述孔子作为君子，一个有修养的人，在民间和在朝廷时待人接物的行为举止、神态及生活表现。

参考：

《论语正义》："恂恂，温恭之貌。……便便，辨也。……侃侃，和乐之貌。訚訚，中正之貌。……踧踖，恭敬之貌。与与，威仪中适之貌。"

《论语正义》："摈，谓主国之君所使出接宾者也。……足躩，盘辟貌。既传君命以接宾，故必变色而加肃敬也。"

《论语正义》："履，践也。阈，门限也。出入不得践履门限……过位，过君之空位也……摄齐者，抠衣也……没，尽也，下尽阶，则疾趋而出。"

《论语正义》："言执持君之圭，以聘邻国，而鞠躬如不能胜举，慎之至也……享，献也……觌，见也。愉愉，颜色和也。"

10.6　君子不以绀緅饰，红紫不以为亵服。当暑袗絺绤，必表而出之。缁衣羔裘，素衣麑裘，黄衣狐裘。亵裘长，短右袂。必有寝衣，长一身有半。狐貉之厚以居。去丧，无所不佩。非帷裳，必杀之。羔裘玄冠不以吊，吉月，必朝服而朝。

释义：君子不以青红或黑红色作为服装镶边饰物颜色，红色和紫色不能作为贴身穿的衣服。暑天在家穿着粗细葛布的单衣，必须套上外衣才能出门。黑色的衣服配黑色的羊皮衣，白色的衣服配白色的麑子皮衣，黄色的衣服配黄色的狐皮衣。

贴身的皮袄要长一些，右边的袖子要短一些，睡觉必须要穿睡衣，要一个半体长。狐貉的厚皮毛冬季作为坐垫。丧事期满，可以佩戴各种饰品。

不是用作上朝或祭祀的服装布匹，必须裁剪后才穿用。不能穿戴黑色的羊皮衣服与黑红色的帽冠去参加丧事。每月初一，必须穿着制服去上朝。

参考：

《论语集注》："朝祭之服，裳用正幅如帷，要有襞积，而旁无杀缝。其余若深衣，要半下，齐倍要，则无襞积而有杀缝矣。"

10.7 齐，必有明衣，布。齐，必变食，居必迁坐。

释义： 斋戒期间，必须沐浴后穿浴衣，布衣。斋戒期间，必须改变平日的饭食，在家时换住处（不与妻妾同房）。

参考：

《论语集注》："齐，必沐浴，浴竟，即着明衣，所以明洁其体也，以布为之。"

10.8 食不厌精，脍不厌细。食饐而餲，鱼馁而肉败不食，色恶不食，臭恶不食，失饪不食，不时不食，割不正不食，不得其酱不食。肉虽多，不使胜食气，唯酒无量，不及乱，沽酒市脯不食。不撤姜食，不多食。

释义： 食品不怕做得精细，肉也可以切得很细致，食品放的时间长了就会变味，鱼肉腐烂和肉类败坏不能吃，颜色难看不能吃，气味难闻不能吃，烹调不当不能吃，不和时令不能吃，肉切得不端正不能吃，没有相应的佐料不能吃。肉即使很多，也不能吃得过量，酒虽然不限量，但不能喝到醉得乱性。从市场买来的酒肉不能吃，每餐必须有姜，但不多吃。

程朱理学宣扬的儒家思想是"存天理灭人欲"，即吃饭是天理，不吃就要饿死，所以不得不吃，但追求口腹之欲，把饭菜做得好吃就是人欲，不是儒家所为。而儒家的祖宗却偏要即存天理也不灭人欲，有条件就必然要做色香味俱全、让人看着就流口水的饭菜。虽然孔子日常生活不是这样讲究，但是在祭祀期间还是能够享受几天的，不知道那些理学家是怎样学习和继承儒家学说的呢？

这一段最难理解的是："沽酒市脯不食"，市场买来的酒肉为什么不能吃呢？

许多解释也不清楚，甚至胡编乱造。其实，这一段说的吃，是祭典献祭时吃的食品。从市场买来的酒肉，不知是否符合献祭的要求，也就是所谓的干净不干净，会不会亵渎神灵。

参考：

《论语正义》："饐餲，臭味变也。鱼败曰馁。"

10.9　祭于公，不宿肉。祭肉不出三日，出三日，不食之矣。

释义：参加国家祭祀大典，分得的祭肉当天吃掉。用于祭祀的肉不能留过三天，过了三天就不吃了。

三天之内，不吃祭肉，就是不尊重神灵。而且肉过了三天必定变质，尤其是夏天。古代没有冰箱，过了三天，肉就臭了。吃了这种腐败的肉，就会食物中毒，轻了会拉肚子，重了，会要人的命。

参考：

《论语集注》："家之祭肉，则不过三日，皆以分赐。盖过三日，则肉必败。"

10.10　食不语，寝不言。

释义：吃饭的时候不说话，睡觉的时候也不说话。

这个规矩，也是指在祭祀期间。

参考：

《论语注疏》："方食不可语，语则口中可憎。寝息宣静，故不言也。"

10.11　虽蔬食菜羹瓜，祭，必齐如也。

释义：虽然只吃一些蔬菜瓜果之类，祭祀，还必须像斋戒时期一般。

这一段分句不同，解释也不同。有的说是吃饭前先拜一拜，不忘老天的赐予和先祖的恩德，有的说祭祀，就应该备齐这些东西。

更有把"瓜祭"单独分出，还有把瓜祭解释成"必祭"的，都能说得通，只是把祭祀神鬼说成吃瓜的仪式，甚至连给天子的瓜要切几瓣儿都考证得详详细细，只是不太符合原意。

怎么理解就怎么说，爱怎么说就怎么说吧，但是要符合时代背景与文化背景。不过要强调一点的是，这段话指的是祭祀时要斋戒。

参考：

《论语正义》："云'三物虽薄，祭之必敬'者，祭谓祭先也。"

10.12 席不正不坐。

释义： 不按照礼节设席不入座。

有的解释是"坐席不摆端正不坐"。

这是典型的望文生义。席子摆歪了，随手拨拉一下不就得了？人人都会这样做，用得着或者说够得上记录到《论语》吗？这种解释与《论语》主题思想相差太远。

这句话之所以要单独记录，足够体现其重要性，是说明孔子待人接物的尊重态度和对礼节的重视。

正席的意思是各种规模的坐席规矩不同、方位不同、主宾之礼不同，是礼节的具体表现。不按照任何礼节去做，即"席不正"。正席还有主席、首席、主持、主讲之席等后来之词的意思。

古人列席的规矩，南北列，面南为正席，东西列，面东为正席。

孔子说："君赐食，必正席先尝之。"正席不先吃，侧席先吃是失礼。

这段话更深的含义是：还没致迎宾礼，就忙不迭跑进屋子，"尊人立莫坐"，不该先坐的就大大咧咧坐下了，不该先讲他先讲，该吃第一口的人还没动筷子呢，自己就先大快朵颐了，真是不把自己当外人呀，礼貌吗？不礼貌。

可是自宋之后各种版本《论语》的解释，都是把"正席"解释成把坐席摆正，为什么呢？深究一下，或者说来一个追本溯源，才知道如此误会，是原来春秋时期这些规矩，流传到后世早已改变得面目全非，春秋时期的席位礼节已经不复存在。

《鸿门宴》时的项王、项伯坐西望东为尊，到了清朝，皇帝设席是分为几等而不是几重了。更加上当时还没有主席之类词名，只有正席、中席与相对应的侧席、偏席（正席旁侧的席位）等词条。

唐代之后有了主席、首席这些词组后，才有了客席、次席等相对应的词汇。可是后来人不了解这些礼节规矩，理所当然地认为"正席"就是摆正坐席了。

同时代的《管子·弟子职》也有被许多人误解的"正席"一词，"沃盥彻盥，汜拼正席"，被解释成：打扫并摆正坐席。实际就是：打扫主讲席位。

参考：

《周礼·春官·序官注》："铺陈曰筵，籍之曰席。"

10.13 乡人饮酒，杖者出，斯出矣。

释义： 里邻聚会饮酒结束后，待老年人走出屋子，自己才能离开。

尊敬老年人，孔子是表率。

参考：

《论语正义》："：杖者，老人也。乡人饮酒之礼，主于老者，老者礼毕出，孔子则从而后出。"

10.14 乡人傩，朝服而立于阼阶。

释义： 乡里人举行迎送鬼神的仪式时，穿着朝服站在主阶上。

有的解释"阼阶"是东面的台阶。应该也不错，只要东面台阶够宽可站就行了。可是为什么要站在东阶呢？

"傩"，意思是为居室驱逐疫鬼，但是又怕惊扰先祖，所以要身穿朝服立于家庙正门台阶，以阻止被从居室里赶出的疫鬼又窜入家庙。还是站在正阶吧，要不然疫鬼从身边溜进家庙了。

参考：

《说文》："阼，主阶也。"

《论语集注》："傩，所以逐疫，周礼方相氏掌之。阼阶，东阶也。傩虽古礼而近于戏，亦必朝服而临之者，无所不用其诚敬也。"

10.15 问人于他邦，再拜而送之。

释义： 托人（带东西）去问候在他国的亲朋好友，两次拜别而相送。

对只是举手之劳的帮助，孔子也要表示深深的敬意，此举虽然平常，但是崇高。

现今是什么？让人帮忙，不给钱是不行的，给了钱，不致敬是行的。哪个社会风气好呢？

参考：

《论语注疏》："《曲礼》云：'凡以弓、剑、苞、苴、箪、笥问人者，操以受命，如使之容'。此孔子凡以物问遗人于他邦者，必再拜而送其使者，所以示敬也。"

10.16　康子馈药，拜而受之，曰："丘未达，不敢尝。"

释义： 季康子赠送孔子药品，孔子拜谢收下，说："我的药学水平不高，不敢尝试你送给我的药。"

这一段的解释挺多，有的认为是孔子与人交有诚意，有人认为是说孔子不了解馈药的回礼方式，其实都是误解了孔子。

康子，即季康子，鲁国的权臣。孔子与康子的关系非常微妙，是季康子派人把他请回鲁国，并待为座上宾。孔子既想让康子为国民做好事，又恨他搜刮民财与残暴，而季康子多次向孔子请教怎样治理国家，而有的话听（政见一致），有的话又不听（政见不一致）。特别是为了敛财，弟子冉求成了季康子的帮手，孔子气得鼓动学生群起而攻之。

这段话的真实含义就是：你的药我收下了，但是我不用！礼是收下了，但是情未收。

参考：

《左传·哀公十一年》："季孙欲以田赋，使冉有访诸仲尼。仲尼曰：'丘不识也'。三发，卒曰：'子为国老，待子而行，若之何子不言也？'仲尼不对。而私于冉有曰：'君子之行也，度于礼，施取其厚，事举其中，敛从其薄。如是则以丘亦足矣。若不度以礼，而贪冒无厌，则虽以田赋，将又不足。且子季孙若欲行而法，则周公之典在，若欲苟而行，又何访焉。'弗听。"

10.17　厩焚。子退朝，曰："伤人乎？"不问马。

释义： 马厩着了火。孔子退朝回家后问："伤人了吗？"不问马是否受了损失。

孔子眼里，人是世间最宝贵的。而有的人在失火的马厩是国家的还是私人的，搞出不少论证，其实与主题思想关系不大。

参考：

《盐铁论·刑德篇》："鲁厩焚，孔子罢朝，问人不问马，贱畜而重人也。"

10.18 君赐食，必正席先尝之；君赐腥，必熟而荐之；君赐生，必畜之。侍食于君，君祭，先饭。

释义：国君赐食品给诸臣，客人必须让坐正席的主人先尝；国君赐给生的荤腥食品，必须做熟后才用作供品；国君赐给活的牲畜，必须畜养起来。与国君一起吃饭，国君祭奠时，自己先尝一尝饭食有没有问题。

这里又有"正席"出现，多解释为把坐席对正了再尝，那么席子摆正了，桌几要不要摆正？吃饭的家伙事儿是不是也要摆正？既然都需要摆正，为什么只强调摆正一个席子？

参考：

《正韵》："凡肉未熟曰腥。"

《论语解义》："君或赐以生牲，必畜之于家，无故不杀，仁君赐也。"

10.19 疾，君视之，东首，加朝服，拖绅。

释义：孔子病了，国君来看望他。孔子头朝东躺着，把朝服盖在身上，束腰的带子放在腰间垂在床的两边。

即使是病了，对看望自己的国君也坚持以礼相待，对其他人，孔子同样也会以礼相待。做人做到如此地步，难得。

参考：

《荀子·大略篇》："君于大夫三问其疾，三临其丧。"

《论语正义》："拖，加也。绅，大带也。病者常居北牖下，为君来视，则暂时迁乡南牖下。东首，令君得南面而视之。"

10.20 君命召，不俟，驾行矣。

释义：国君有事召见，不拖沓迟疑，上车就走。

多数的断句是"不俟驾，行矣"，解释是：国君有事召见孔子，不等待备好车驾，自己先步行走了。那么，怎样解释"以吾从大夫之后，不可徒行也"？为了见国君连规矩都不顾了，这不是孔子所为。凡是高尚君子，都不可能违反最基本的道德底线，即遵守法规。

而"不俟，驾行矣"意思就是说：毫不迟疑，上车就走，表达的更准确。国君召见，必定是有关国家大事，别的事再急，也得先放下。

但是如果说自己着急先走，等车备好赶上来再乘车，那么在家等车备好上车走也比步行快。非要先走，不是多此一举吗？认为"不俟驾"的人，可能没有坐过甚至没有看过畜力车，不知道备驾只需要很短的时间。

有人可能会说，不管是先走还是先上车，不都是说孔子不耽误时间吗？那么较真干什么？这个真，还真得较一下，因为这段话涉及德行培养的大问题。

"智"，是德行最重要的组成部分，没有智慧就没有才能，就是缺心眼，就会好心办坏事。孔子是智者，处事坚决果断，不会做任何愚蠢的事情，也不会在任何状况下惊慌和乱了手脚，如果连这种小事都失去理智，还是孔子吗？

参考：

《论语正义》："此明孔子急趋君命也。俟犹待也。"

10.21　入太庙，每事问。

见《八佾》（3.15）。

10.22　朋友死，无所归，曰："于我殡。"

释义：志同道合的朋友去世了，棺柩无处停放，孔子说："放在我家停放棺柩的地方吧。"

人出生的屋子叫馆，人死后停放棺柩的屋子叫殡。有人把"无所归……于我殡"解释为无亲友安排后事和由孔子负责丧葬事宜与费用，也说得通。

参考：

《说文》："殡，死在棺，将迁葬柩，宾遇之。"

10.23　朋友之馈，虽车马，非祭肉，不拜。

释义：朋友赠送的物品，即使是像车和马那样贵重，但只要不是用于祭奠的肉，也不拜谢。

前面在季康子馈药一文中，也不是祭肉，但是孔子仍然"拜"而受之，这不是与此文相矛盾吗？其实这正说明孔子的幽默，朋友送的宝马靓车都不拜，而季康子的药倒要拜一拜，纯粹就是没把季康子当朋友。

孔子认为朋友之间的财产可以通用，所以不用谢。但季康子的财产都是不义之财，不能用。

参考：

《白虎通·文质篇》："朋友之际，五常之道，有通财之义，赈穷救急之意。"

《论语正义》："此言孔子轻财重祭之礼也。"

10.24 寝不尸，居不容。

另：寝不尸，居不容。

释义：睡姿不要像死人那样屈膝，在家里也不用正襟危坐。

对"寝不尸"也有许多解释，有的认为是仰面躺着，四肢伸直；有的研究结果是孔子讲课时有弟子睡觉；还有的说在祭祀时，需要有人闭着眼睛装死人，等等，不一而足。

参考：

《说文》："尸，陈也，象卧之形。"

《金石编》："尸，案：金文作'匕'，象屈膝之形，意东方之人其状如此，……《论语》'寝不尸'，苟尸为象卧之状，孔子何为寝不尸，故尸非象卧之形矣。"

10.25 见齐衰者，虽狎必变，见冕者与瞽者，虽亵必以貌。凶服者式之，式负版者。有盛馔，必变色而作。迅雷风烈必变。

释义：看见身着丧服的人，即使是平时在一起玩得很熟的朋友，也必定变得脸色严肃起来，看见穿制服的人和盲人，即使是很熟悉的人也必定显出尊敬的脸色。乘车在路上看见身着丧服的人，就俯身扶着车前横木表示哀悼，看见身负国家公文的人也同样俯身扶着车前横木表示敬意。主人用丰盛的宴会招待，必定肃正脸色起身对主人表示感谢。听到响雷飓风，必定改变神色以表示对上天的敬畏。

"负版者"，解释有多种：背着地图的，背着文件的，背着建筑木板的或正在修筑城墙的人，还有说是丧服的，前面叫衰，后面叫负版。

我觉得还是背负公文的意思更接近一些，因为公务人员是为国家办事的，值得尊敬。当时的公文都是写在竹简上的，很沉，不得不背。

参考：

《论语注疏》："古人车皆立乘，若有所礼以为敬，则微俯其身，以手伏轼。"

《论语正义》："凶服，送死之衣物。负版者，是持邦国之图籍也"

10.26 升车，必正立，执绥。车中不内顾，不疾言，不亲指。

释义： 上车时，必须在车前站立端正，手执车索。在车上不往后看，不大声说话，不指指点点。

有的解释"不疾言"是不快速讲话，因为"疾"就是快的意思，没错，但这个解释不确切。说话快慢与乘不乘车无关，不会因为车跑得快，人就说话快。而把疾言引申为高声大嗓，比较贴切。因为春秋时期，能够坐车出行的人，必然不是普通百姓。而一个有身份的人坐在车上大呼小叫，就是为了炫耀，孔子瞧不起这种人。

"不内顾"，不是望里面看，是往回看。

参考：

《说文解字注》："顾，还视也。"

《论语注疏》："疾，急也。在车中既高，故不疾言，不亲有所指。"

10.27 色斯举矣，翔而后集。曰："山梁雌雉，时哉、时哉。"子路共之，三嗅而作。

释义： 受惊的野鸡，都飞了起来落到树上。孔子说："山梁上的这些母野鸡呀，得其时呀，得其时呀。"子路对着野鸡拱手致意，野鸡群振翅而起，喧叫着飞走了。

"嗅"在此文里说不通，"三嗅"在有的文本里是"三昊"或"三戛"，意思是群鸟羽翅起伏张开飞走或响亮的慌乱叫声。

这一段非常难懂，自古至今，有许多不同的解释，对"色"，多数都认为是人的脸色，野鸡看人的脸色不善就飞起来了，其实不对，禽兽有看人脸色的吗？"色""斯"两字不能分，连起来组成一个词，即惊飞的样子，才能正确理解。

"子路共之，三嗅而作"的解释就多样了，有的说是子路打鸟给孔子吃，孔子闻了闻，没吃，有的说吃了。有的说，子路只是把鸟轰走，没打。还有的说，孔子夸奖野鸡得其时了，子路就朝野鸡拱手致敬，可是野鸡给吓跑了。

其实，这一段的含义是：

孔子看到大自然中山鸡这种动物，可以在天地之间自由飞翔起落、可以在树上隐藏停歇，符不符合"天下有道则现，无道则隐"？符不符合"君子不临危墙之下"的君子之道？

这段话是孔子用来隐喻心中的感叹，即人们在为人处世的时候，往往不能够做到顺天意、顺人意、顺己意、德随身行、自由发挥的境界，甚至不能审时度势，有时候还会身不由己。

所以，这一段虽不长，意义却很深刻，作为乡党篇的压轴，够重。

参考：

《经传释词》："色斯者，状鸟举之疾也。色斯，犹色然，惊飞貌也。"

《四书稗疏》："此三嗅当作'狊'……谓左右屡顾而张翅欲飞也。"

第十一篇　先进

11.1　子曰："先进于礼乐，野人也；后进于礼乐，君子也。如用之，则吾从先进。"

释义：孔子说："先教育礼乐规矩，适用于不文明的人；后教育礼乐规矩，适用于君子。如果说先教什么，我认为应该先教不文明的人礼乐。"

这段话，许多解释甚偏。主要的观点就是，先学习礼乐再当官的人，是乡野之人，君子是先当官后学礼乐的官员子弟，如果选择当官的人，要先选受过礼教的乡野之人。

野人与君子不能画等号，野人是与受过文明教育的人相对，君子与小人相对，乡野之人不见得都是小人，受过文化教育的也不见得都是君子。再说，为什么当官要先选乡野之人呢？有什么道理？根据什么规矩？所以，其他的解释是没有搞懂孔子的逻辑关系。

"礼、乐"是讲道德规范，是基础的道德教育，"先进"，是野人先从礼乐学起，使其在礼乐规范中进入道德文明之列。而君子是指已经具有道德的人，所以不必急于先教君子一些礼仪规范，"后进"可也。

另外，乡野之人不见得都是没有文化的人，当官的子弟没有文化，也叫野人，这里的野人意思就是"野蛮之人"。

"如用之"，多解释为：如果用作当官。

错了，孔子没有用人当官的权力。"如用之"，孔子只有用哪种教学方式方法、教哪种人的选择的权力。

再有，如果不是从德才兼备的人才选拔目的出发，只从出身搞优先权那一套，孔子还是孔子吗？

参考：

《论语正义》："郑《注》云：先进后进，谓学也。野人，粗略也。郑此注文不备，莫由知其义。愚谓此篇皆说弟子言行，先进后进，即指弟子。"

《论语集注》:"用之,谓用礼乐。"

《说文解字》:"用,可施行也。"

11.2 子曰:"从我于陈、蔡者,皆不及门也。"

释义:孔子说:"随我一同去陈国和蔡国的那些学生,没有在那两个国家当官的。"

这段话的后一句,多解释为"不在我的师门了",是说孔子有些伤感。而事实上,从陈国、蔡国与孔子一起回鲁国的弟子,文献记载的有名有姓的就有好几个,即使不在孔府常住,也会时常来看他。所以这种解释虽然说得通,但意义不大。这里的"门",是官府之门。

孔子周游列国,为什么这一段专提陈、蔡两国?因为孔子曾要受聘于楚,被陈、蔡因嫉恨所困而绝粮,几天都没有饭吃,认为陈、蔡两国无德,自己不在那里当官,弟子亦有志气不接受那两个国家的官职。

这句话也证明,孔子周游列国,带了那么多学生,就是为了推荐给各个国家去做官,去广泛实行以德施政的理想。

参考:

《论语正义》:"此章孔子闵弟子之失所,言从我而厄于陈、蔡者,皆不及仕进之门。"

11.3 德行:颜渊、闵子骞、冉伯牛、仲弓;言语:宰我、子贡;政事:冉有、季路;文学:子游、子夏。

释义:道德高尚的学生:颜渊、闵子骞、冉伯牛、仲弓;能言善辩的学生:宰我、子贡;擅长行政事务的学生:冉有、季路;有文采的学生:子游、子夏。

参考:

《礼·地官》:"德行,内外之称。在心为德,施之为行。"

11.4 子曰:"回也,非助我者也,于吾言无所不说。"

释义:孔子说:"颜回不是有助于我教学的人呀,他对我讲的任何观点都心悦诚服。"

颜回是个好学生，但是他对学习的东西提不出问题，孔子就不知道学生的理解有没有错误，也不知道教学的进度是快还是慢、是深还是浅，更没有可以扩展思路、广征博引以更明晰、更全面地阐述中心理论思想的题材了。

参考：

《广韵》："助，益也。"

11.5 子曰："孝哉闵子骞！人不间于其父母、昆弟之言。"

释义： 孔子说："真孝顺啊闵子骞！这个人不在父母、兄弟姐妹之间说挑拨离间的话。"

也有解释成："真孝顺啊闵子骞！没有人会怀疑他的父母兄弟称赞他的话。"

因为"间言"，有非议、责怪、毁谤的意思。

但是从他名留史册的一件事，对照原文，还是第一种解释更好。

史载：闵子骞的继母虐待他，被父亲发现之后，要把继母赶走。闵子骞不但没有趁机挑事，而是劝父亲把继母留下，以免继母亲生的孩子没有人照顾。

如果一个人的家庭团结都不想去搞好，还能指望他在社会上搞好团结吗？

参考：

《论语正义》："言子骞上事父母，下顺兄弟，动静尽善，故人不得有非间之言。"

11.6 南容三复白圭，孔子以其兄之子妻之。

释义： 南容反复吟诵白圭，孔子把自己的侄女嫁给了他。

"白圭"是《诗经·大雅·抑之》中的"白圭之玷，尚可磨也；斯言之玷，不可为也。"白玉圭上有污点，可以磨掉；言论上的污点，是去不掉的呀。语言污点，不是指的一般的错话和口误，而是有违反道德的话。

谨言的人，也多慎行。避免无心说了无德的话，做了无德的事。

参考：

《论语正义》"张栻《论语》解：'谨言如此，则谨行可知'。"

11.7 季康子问："弟子孰为好学？"孔子对曰："有颜回者好学，不幸短命死矣，今也则亡。"

释义：季康子问："弟子们哪个学习最好？"孔子答道："有个叫颜回的学生学习最好，不幸短命死了，现在没有什么学习好的学生了。"

孔子办学，在当时是天下一流。不说孔门十哲，七十二贤人，就是随便挑出一个学生，在社会上也是出类拔萃。就一个颜回死了，怎么告诉季康子没有好学生了呢？

季康子问孔子有没有好学生，当然不是问着玩的，是想从孔子这儿找有能力的工作人员。而孔子认为季康子品行不好，不想让学生去他那里工作。

参考：

《大戴礼·虞戴德》："子曰：'丘于君唯无言，言必尽，于他人则否。'"

11.8 颜渊死，颜路请子之车以为之椁。子曰："才，不才，亦各言其子也。鲤也死，有棺而无椁，吾不徒行以为之椁。以吾从大夫之后，不可徒行也。"

释义：颜渊死了，父亲颜路请孔子卖掉车子给颜渊买椁。孔子说："不管你的儿子有才还是我的儿子没有才，但说起来都是儿子。孔鲤也死了，下葬的时候也是有棺而没有椁，我不能为了买椁而徒行。（因为国家规定）我自从成为大夫之后，就不允许徒行了。"

孔子说这话初听起来真的很无情，不管是亲生的儿子，还是自己最心爱的弟子，人死为大，这都不肯把车子卖了买椁吗？可规矩就是规矩，"从大夫之后不可徒行也"。

更深一层的缘由是，孔子坚决反对厚葬。他认为厚葬是劳民伤财，是不正之风。人死了，有棺下殓就行了，要椁就是浪费。所以，他自己的儿子死的时候，也是仅用棺，不加椁。否则，别说卖车（国家配给的不能卖），卖不了车，就是卖房子，孔子也不会吝惜。

参考：

《论语正义》："徒行，步行也。以吾为大夫，不可徒行故也。"

11.9 颜渊死，子曰："噫！天丧予，天丧予！"

释义：颜渊死了，孔子哀叹："噫！老天爷要我的命呀，老天爷要我的命呀！"

颜渊是理解孔子道德文化最深刻的学生。他的去世，使孔子如同丧失了自己的亲骨肉，痛彻心扉呀。

参考：

《论语注疏》："噫，痛伤之声。"

11.10 颜渊死，子哭之恸。从者曰："子恸矣。"曰："有恸乎？非夫人之为恸而谁为？"

释义：颜渊死了，孔子哭得很悲痛。伴随他的人说："老师太悲伤了。"孔子说："悲伤吗？不为颜渊这样的人悲伤还要为谁悲伤呢？"

"非夫人"中的"夫"，指示代词，是"那个"的意思。只为颜渊那样的人如此悲伤。

参考：

《论语正义》："夫人，谓颜渊。言不于颜渊哭之为恸，而更于谁人为恸乎？"

11.11 颜渊死，门人欲厚葬之。子曰："不可。"门人厚葬之。子曰："回也视予犹父也，予不得视犹子也，非我也，夫二三子也。"

释义：颜渊死了，门内弟子想要厚葬他。孔子说："不可以。"门人还是厚葬了颜渊。孔子说："颜渊把我当父亲看待，我不把他当儿子看待，就不是我的作为了，厚葬的事是这些学生做的呀。"

孔子从来就不提倡厚葬，自己的儿子死了也是如此，所以视颜渊如己出的孔子也不主张厚葬颜渊，厚葬陷孔子于不义，孔子肯定要说清楚以证明自己的清白。

参考：

《礼记·檀弓上》：昔者，夫子居于宋，见桓司马自为石椁，三年而不成。夫子曰："若是其靡也，死不如速朽之愈也。"

第十一篇 先进

11.12 季路问事鬼神。子曰:"未能事人,焉能事鬼?"曰:"敢问死?"
曰:"未知生,焉知死?"

释义:季路问有关敬事鬼神的事。孔子说:"不能把敬奉人的事做好,怎么能谈敬奉鬼神的事呢?"季路又问:"斗胆再问一下关于人死后是怎么回事?"孔子说:"活着的事都没有搞明白,怎么能知道死后的事?"

孔子对鬼神的态度是:敬鬼神而远之,不语怪、力、乱、神。

参考:

《论语正义》:"此章记孔子为教,不道无益之事。"

11.13 闵子侍侧,訚訚如也;子路,行行如也;冉有、子贡,侃侃如也。子乐:"若由也,不得其死然。"

释义:闵子伴随孔子身旁,神色和悦而恭顺;子路则是赳赳武夫、勇往直前的样子;冉有、子贡一行一动都从容不迫。孔子笑了,感慨说:"若像子路那样,担心不能善终呀。"

物至刚则易碎,人无柔韧则易折,孔子怕自己的学生因为脾性刚直而遭横祸,而结果证实了孔子的预判。

"行行"与"侃侃"有相同的含义。在此文中做了不同的解释,是孔子对子路的预感和根据每个学生的行为举止所引申而有所区别的。

参考:

《玉音》:"訚,敬貌。"

《论语新解》:"訚訚如:中正貌;行行如,刚毅貌;侃侃如:和乐貌。"

《说文解字》:"侃,刚直也。"

11.14 鲁人为长府。闵子骞曰:"仍旧贯,如之何?何必改作?"
子曰:"夫人不言,言必有中。"

释义:鲁国大臣翻修宫馆。闵子骞说:"就是旧房子,又能怎么样呢?何必翻修呢?"孔子说:"闵子骞要不就不说话,说话就说到点子上。"

"长府",有的解释是仓库,是收藏财物的地方。具体来说,府,藏的是书,库,藏的是兵甲武器。

《论语》：一以贯之的民族魂

本解释是宫馆，是根据《左传》的记载所确定的。

从道理上讲，仓库旧了，只要不透风漏雨，不必翻新。而真的破了，会影响库内货物，必然要翻修，这个恐怕闵子骞不会说什么。

而宫馆没有破，不影响住，只是旧了要翻修，就是劳民伤财。闵子骞应该不满意的是这种情况。

参考：

《论语注疏》："长府，藏名也。藏财货曰府。仍，因也。贯，事也。因旧事则可也，何乃复更改作。"

11.15　子曰："由之瑟奚为于丘之门？"门人不敬子路。子曰："由也升堂矣，未入于室也。"

释义：孔子说："子路鼓的瑟是我教的吗？"门人听后就不尊敬子路。孔子（为子路开解）说："子路已经进了我的门厅（学得很精深了），只是还没有进到室内呀（没有达到最高的境界）。"

有的解释是子路在孔子门口鼓瑟，孔子就对子路说，你为什么在我的门口鼓瑟？门口不让鼓瑟？在门口鼓瑟就被门子歧视？这个解释不对，只是直译了"奚为"二字。

孔子教学内容包括礼乐，子路必然在孔子这里学过瑟。但是子路是何许人也？勇猛刚直一汉子，他鼓的瑟，也必然是含有杀伐之气，声震四壁而无悦耳动听之声，所以孔子开个玩笑说他鼓瑟是孔子教的吗？不像是他教的学生那样尽善尽美呀。

参考：

《论语正义》："子路性刚，鼓瑟不合《雅》、《颂》，故孔子非之云。"

11.16　子贡问："师与商也，孰贤？"子曰："师也，过。商也，不及。"曰："然则师愈与？"子曰："过犹不及。"

释义：子贡问："子张与子夏二人谁更贤德？"孔子说："子张呀，对自己品行要求做得过分了；子夏么，对自己要求得不够。"子贡又问："那么子张还是更胜一筹啦？"孔子说："对自己品行要求的过分等于对自己要求的不够。"

"过犹不及",是传世名言、成语。不足与过分,都是偏差,没有哪一个更好。中庸之道,就是正确的道路,无可辩驳。

参考:

《论语正义》:"过与不及,皆有所失,故惟以礼制之中也。"

11.17 季氏富于周公,而求也为之聚敛而附益之。子曰:"非吾徒也,小子鸣鼓而攻之可也。"

释义: 季康子的财富比周公还要多,而冉求还为他敛财,还随带着自己得到一些好处。孔子说:"他不是我的学生了,同学们敲着鼓去攻击他吧。"

"附益"有的解释说是为季康子增加财富的意思,那样说的话,等于古人在重复说一件事,因为"聚敛"已经说明增加财富了,如果把"附益"还解释成为季康子增加财富,就没有必要了。竹简很重,古人绝对不会增加不必要的词语。

"附益"有增加财富的意思,也有粘着、附着一起取得利益的意思。这句话的主语是"求",是"求"给季康子敛财,而自己同时也增加了利益。

"附益",是谁"附益"?指的当然是冉求,随附着季康子敛财,顺便自己也得到一些利益。这个利益,不仅仅是钱财,还有地位的巩固与前程。冉求不是无私地去帮助季康子,所以,如果冉求不是如此的自私,孔子绝对不会对他愤怒到要断绝师生关系,清理门户,鼓动学生们去攻击自己的学生。

参考:

《论语注疏》:"小子,门人也。鸣鼓声其罪以责之。"

11.18 柴也,愚;参也,鲁;师也,辟;由也,喭。

释义: 高柴呀,质朴不够机智!曾参呀,有些迟钝!子张呀,容易偏激!子路呀,过于粗鄙刚猛!

有的解释把"愚、鲁、辟、喭"这些贬义词直接放在这几个学生头上,不仅不对,甚至可以说是污蔑。

孔子对自己学生的评语,用词的意义与现在非常不同。因为这四个人都是孔子最喜爱的学生,比如说高柴"愚",不少人按照字面理解会认为他愚笨缺心眼,

《论语》：一以贯之的民族魂

可高柴是孔门七十二贤之一，是弟子中从政次数最多、当官时间最长、最公正廉明、最得民心的孝贤之才，而且在关键时刻劝子路不临险地，这可不是一个蠢笨之人所能做到的。

高柴，孔门七十二贤之一，曾参，儒家五圣之一，子张，孔门十哲之一，子路，孔门十哲之一，都位于七十二贤之列，是孔子弟子里出类拔萃的高徒，可是孔子为什么对这四个高徒用了"愚""鲁""辟""喭"这几个很难认为是好的词语来评价呢？

孔子是教育大师，他的话，充满了哲学原理，一个人的长处要运用恰到好处，如果不注意修养，就会走向反面。"大智若愚"过了头，就是真愚，"缜密"过了头，就是过虑，"不拘一格"过了头，就是"行辟而坚"，非常固执了，"正直勇猛"过了头，做事欠缺考虑。

孔子非常了解自己的学生，响鼓也要重槌，这是在提醒四位高徒，他们每个人都需要注意会发生问题的地方。

参考：

《论语后案》："辟，偏也，以其志过高，而流于一偏也。"

《论语集注》："喭，粗俗也。"

11.19 子曰："回也，其庶乎？屡空。赐不受命，而货殖焉，亿则屡中。"

释义：孔子说："颜回，他是道深德厚吧？却囊空如洗。端木赐不走仕途一条路，去做买卖，想赚的钱屡屡都赚到了。"

"其庶乎"的"庶"是众多的意思。有的解释"庶"后面还有个"几"，意思是差不多，接近的意思。接近什么呢？接近完美，进一步说，是颜回道德完美近乎圣贤。

亿，通臆，预料、预测的意思。

参考：

《论语集注》："庶，近也。"

《论语集释》："屡空，数至空匮也。"

《康熙字典》："亿，又料度也。"

11.20 子张问善人之道，子曰："不践迹，亦不入于室。"

释义：子张问达到善人道德境界的方法，孔子说："不按照圣贤的脚印亦步亦趋，就不会登堂入室得到真谛。"

只有从圣贤的一言一行开始学习，时间长了才能潜移默化，达到善人的标准。

古人把有德之人按照品质高低分为：一、圣人，二、善人，三、成人，四、君子。

大公无私为圣人，"以其无私而能成其私"。

据说子张听了孔子的话，真的就开始学习圣人大禹的走路姿势，大禹因为长期治理河道，身患风湿，有腿疾，走路一瘸一蹒，子张也如此走路，逗得学生们大笑。

不过史书记载，子张聪明睿智，思路广阔，非常注重自己的道德修养，学禹走路，不过就是活跃活跃课堂气氛而已。

参考：

《论语注疏》："践，循也。迹，已行旧事之言。善人不但循追旧迹而已，当自立功立事也。"

11.21 子曰："论笃是与，君子者乎？色庄者乎？"

释义：孔子说："言语诚恳的人，是君子吗？还是表面的伪装？"

孔子的意思是：要透过表象看本质。

参考：

《论语注疏》："笃，厚也。"

11.22 子路问："闻斯行诸？"子曰："有父兄在，如之何其闻斯行之？"冉有问："闻斯行诸？"子曰："闻斯行之。"公西华曰："由也问闻斯行诸，子曰'有父兄在'；求也问闻斯行之，子曰'闻斯行之'。赤也惑，敢问。"子曰："求也退，故进之；由也兼人，故退之。"

释义：子路问："听到应该让我做的事，我就马上去做吗？"孔子说："你的父兄都在，怎么能听别人说让你做什么你就立刻做什么呢？"冉有问："听到应该让我做的事，我就马上去做吗？"孔子说："听到后就马上去做。"公西华问："子路问你听到应该去做的事，要不要马上去做，先生说'有父兄在'；冉有问听到应该自己做的事，要不要马上去做，先生说'听到后马上就去做'。我感到很困惑，斗胆问问先生这是为什么呢？"孔子说："冉有做事畏手缩脚，所以我就鼓励他勇敢一些；子路做事不管不顾，所以我就让他多听听父兄的意见再行动。"

孔子因人施教，并善于因人施教，施教于关键之处，是精于观察的大师所为也。

参考：

《礼记·学记》："学者有四失，教者必知之：人之学也，或失则多，或失则寡，或失则易，或失则止。此四者，心之莫同也。知其心，然后能救其失也。教也者，长善而救其失者也。"

11.23 子畏于匡，颜渊后。子曰："吾以女为死矣。"曰："子在，回何敢死？"

释义： 孔子被匡人所围困，颜渊最后才回来。孔子说："我以为你死了。"颜渊答："老师还健在，我哪里敢死呀？"

"子畏于匡"，在前面已有解释。

师生之间，置生死于不顾，处于危急中，依然豁达开朗，互开玩笑。圣人之乐，乐在无所能忧扰其心。苦中作乐，不亦圣人、君子乎？

参考：

《史记·孔子世家》："'畏于匡'者，拘于匡也。"

11.24 季子然问："仲由、冉求可谓大臣与？"子曰："吾以子为异之问，曾由与求之问。所谓大臣者，以道事君，不可则止。今由与求也，可谓具臣矣。"曰："然则从之者与？"子曰："弑父与君，亦不从也。"

释义： 季子然问："仲由、冉求是够资格的大臣吗？"孔子说："我以为先生要问别的什么事呢，原来是关于仲由和冉求啊。所谓够资格的大臣，就是以职业操守为国做事，做不到就辞职。现在仲由和冉求只能说是令行禁止的听话的官员。"问:"那么他们一切都会服从命令吗?"孔子说:"让他们做杀父弑君的事,那也是不可能听从的。"

孔子把两种类型的官员,用大臣和他自创的名词"具臣"区别开来,大臣是按照道德规律办事,上级的命令和指示,符合道德就去办,不符合道德,劝解上级改变,实在不听就辞职。具臣是听从命令办事,不管符不符合道德。总的来说就是:大臣有德,具臣无德,后世许多无德官员就被称为"具臣"。

虽然因为道德修为不够,被孔子排进了具臣行列,但是丧心病狂的事,即使是上级的命令,仲由、冉求无论如何也是不会做的,他们到底还是孔子的学生呀。

有的解释"具臣",是做具体事的大臣,或解释是"备位充数"的官员,也有解释是有才能的官员,都与原意不符。

参考:

《论语注疏》:"具,备也。今二子臣于季氏,季氏不道而不能匡救,又不退止,唯可谓备臣数而已。"

11.25 子路使子羔为费宰。子曰:"贼夫人之子。"子路曰:"有民人焉,有社稷焉,何必读书,然后为学?"子曰:"是故恶夫佞者。"

释义:子路让子羔做费地的主管,孔子说:"误人子弟呀。"子路说:"通过管理人员和土地取得经验,何必非得在课堂读书,有学问后才能当官?"孔子说:"这就是我为什么厌恶油嘴滑舌的人。"

孔子不愿意子羔做官,许多解释说是因为他的学业还没有完成,当官就耽误了子羔学业,就害了子羔。

学业不成就当官,害的是社稷,这才是危害。孰重孰轻,孔子是分得清的。而且在实践中锻炼,在实践中获得知识和经验,不也是一种学习的方法吗?怎么会耽误人呢?子路说的有道理,为什么孔子说他是胡搅蛮缠呢?因为子路说的与孔子的意思完全不是一回事。

子路是季氏家臣,让子羔担任费宰,当然是经过考察,认为他可以担当这个职位,而且也是通过季氏的批准,因为费邑是季氏的领地。而孔子则认为季氏是祸国殃民之徒,子路给季氏做家臣,孔子就一百个不满意,对子路就没有说过几句好话。现在子路又把子羔拉过去为季氏服务,是坑害了子羔,而子路却扯什么实践出真知等不沾边的事,气得孔子说:这就是令我厌恶的油嘴滑舌的人。其实,子路还真不是耍嘴皮子的人,只不过是四肢发达头脑简单,对孔子的话理解偏了而已。

参考:

《说文》:"贼,败也。"

11.26 子路、曾皙、冉有、公西华侍坐。子曰:"以吾一日长乎尔,毋吾以也。居则曰:'不吾知也!'如或知尔,则何以哉?"子路率尔而对曰:"千乘之国,摄乎大国之间,加之以师旅,因之以饥馑,由也为之,比及三年,可使有勇,且知方也。"夫子哂之。"求,尔何如?"对曰:"方六七十,如五六十,求也为之,比及三年,可使足民。如其礼乐,以俟君子。""赤,尔何如?"对曰:"非曰能之,愿学焉。宗庙之事,如会同,端章甫,愿为小相焉。""点,尔何如?"鼓瑟希,铿尔,舍瑟而作,对曰:"异乎三子者之撰。"子曰:"何伤乎?亦各言其志也。"曰:"莫春者,春服即成,冠者五六人,童子六七人,浴乎沂,风乎舞雩,咏而归。"夫子喟然叹曰:"吾与点也!"三子者出,曾皙后。曾皙曰:"夫三子者之言何如?"子曰:"亦各言其志也已矣。"曰:"夫子何哂由也?"曰:"为国以礼,其言不让,是故哂之。""唯求则非邦也与?""安见方六七十如五六十而非邦也者?""唯赤则非邦也与?""宗庙会同,非诸侯而何?赤也为之小,孰能为之大?"

释义: 子路、曾皙、冉有、公西华陪同孔子坐着。孔子说:"我比你们年纪大,但是你们不要有所顾虑。平时你们常说'没人了解我呀',如果了解你,你能做什么呢?"子路立即不假思索地说:"一个千乘小国,处在大国之间,经常陷于战争状态,再加上灾荒,我去掌权,到第三个年头,那里的百姓就变得英勇无比,而且知书达礼。"孔子微带嘲讽地笑了笑,问:"冉求,你会怎么做?"冉有说:"有个方圆六七十里或五六十里的地方,我去管理,到了三年,能使民众富足。至于礼乐方面,就让君子来教化吧。"孔子又问公西华:"公孙赤,你呢？"公西华答："不能说能胜任，但是愿意学着去做。在宗庙祭祀或者与外国来宾相会时，我穿戴礼服礼帽，做一个司仪。"孔子最后问曾皙："曾点，你要做什么呀？"曾皙弹瑟的节奏越来越慢，最后"铿"的一声，放下琴站起来，答道："我的愿望与他们三个人都不一样。"孔子说："有什么关系呢？不过就是说说自己的志向罢了。"曾皙说："暮春时节的人，穿着春天的衣服，五六个成年人，带着六七个少年，到沂水河洗洗澡，然后到舞雩台上吹吹温煦的春风，一路唱着歌走回家。"孔子身受同感，叹道："我与曾皙的想法一样呀！"其他三个人先走了，曾皙留在后面，问："那么他们三个人的志愿怎么样呢？"孔子说："不过就是各言其志罢了。"曾皙问："老师为什么有点儿嘲讽子路呢？"孔子说："管理国家凭的是礼让，他的话不讲礼让，所以有些嘲笑他。""那么冉求说的也不是治国的意愿吧？""怎么能说方圆六七十里或者说五六十里的面积就不是国家呢？"曾皙问："那么公孙赤讲的意愿就不是治理国家的事了吧？"孔子说："宗庙祭祀与会见国宾，不都是诸侯君主所为的事情吗？公孙赤只能做小事情的话，还有谁能做大事？"

　　孔子的三个学生都说自己的志向是管理国家，而孔子的理想就是让自己学习好的德才兼备的学生参政，可孔子最后只是说自己的愿望是与第四个学生曾皙的愿望一样，是与朋友们在春天里戏水游玩。什么意思？难道孔子只是一个贪图享受、胸无大志的宵小之徒？

　　错！错！错！看看孔子对曾皙的回答，就知道孔子对其他三个学生的志向很满意。之所以赞同曾皙，就是想着有一天，在学生们的管理下，一个清明的社会似春天般出现，人们都可以享受着温暖，安居乐业、幸福美满。

　　孔子还是盼着社会不要再"患寡、患不均"，能够"均无贫、和无寡、安无倾"，回到公平、公正，没有剥削、压迫的时代去呀。

　　这一段是先进篇的最后一节，意义重大。

参考：

《论语集释》："以，已通用。已，止也。谓毋以我年长，止而不言。"

《论语注疏》："端，玄端也。衣玄端，冠章甫，诸侯日视朝之服。"

《论语集解》："铿尔者，投瑟之声也。"

《论语集解》："风，风凉也。舞雩，请雨之坛处也。"

第十二篇　颜渊

12.1　颜渊问仁。子曰："克己、复礼、为仁，一日克己复礼，天下归仁焉。为仁由己，而由人乎哉？"颜渊曰："请问其目。"子曰："非礼勿视、非礼勿听、非礼勿言、非礼勿动。"颜渊曰："回虽不敏，请事斯语矣。"

释义：颜渊问怎样才能成为仁人。孔子说："克除个人的私欲，而以礼德替代，修为成仁人。有朝一日人人都克己复礼，天下都是仁人啦。一个人修为成仁靠的是自己，怎么能依靠他人呢？"颜渊问："请老师告诉我具体的内容是什么？"孔子说："非礼勿视、非礼勿听、非礼勿言、非礼勿动。"颜渊说："我虽然不聪明，但是会恭恭敬敬地按照老师的教导去做。"

"克己"，有的解释是：克制或约束自己的私欲。也不错，只是克制、约束而没有除根，礼德的建立就没有基础，不牢固，就会不断反复，孔子恐怕不是这个意思。

有的人说："克己"的意思是存天理、灭人欲。意思很好，但是不解释清楚，理解错了很可怕。

"人欲"包括两个部分，一是"先天"赋予人的欲望，即衣、食、住、行、婚姻等，是民众都想往穿好、吃好、住好、出行好、婚姻好，这是人类生存、延续与发展的基本欲望，灭了这些欲望，人类就无法生存、发展。二是"后天"，即"世间"给人的欲望，是人类社会出现阶级及阶级分化后产生的不良思想，即剥削、压迫、挥霍、腐化等，这是社会上的自私自利思想所给予的欲望，是建立在侵占他人利益基础上的欲望。只要自己过得好，不管用什么卑鄙手段获利都无所顾忌。被这些欲望控制的就是为人不齿的小人，就是导致社会不公、引起不断动乱的根源。要攻克杀伐、并加以灭除的是这样的"私欲"。

"复礼"的复，应该理解为"符"的通假，即"符合"或"合乎"的意思。

"克己、复礼、为仁"，原本是三个动宾词。许多解释均未断句，把："克己复礼为仁"理解成一句话，意思是：克制自己恢复周礼就是仁了。"复"，理解为复辟，因而也成了孔子是复辟狂的铁证之一。

在当时的社会，周礼最完善、完美。那么周礼还需要不需要修改和发展呢？孔子说过：殷礼是从夏礼继承下来并做了修改，周礼是继承了殷礼并做了修改，孔子既然明白这个道理，为什么要恢复周礼而不是继续修改发展呢？孔子并不是复辟，他说："周因于殷礼，所损益可知也，其或继周者，虽百世，可知也。"

注意，孔子说的是：其或继周者，不是复周者。

"周礼"可以给数千年后的社会参考、修改，但不必回去，回去了就不可能再发展了。说孔子是复辟，没有道理！

"一日"，为什么解释为"有朝一日"？因为让天下的人都以"礼"处世，那样理想而完美的社会风气，不可能是一朝一夕能修为成功的，是盼着总会有那么一天呀。所以，有的解释是：一旦（很短的时间）自己修为到言行都能合乎礼，天下人都会称赞你有仁德。这个解释真的挺好，每个人都想着先从自己做起，修为成仁者，虽然有可能得不到天下人的称赞，也比不去修为强。

参考：

《论语正义》："克，约也。己，身也。复，反也。言能约身反礼则为仁矣。"

《法言义疏》："谓胜己之私之为克。"

12.2 仲弓问仁。子曰："出门如见大宾，使民如承大祭，己所不欲勿施于人，在邦无怨，在家无怨。"仲弓曰："雍虽不敏，请事斯语矣。"

释义： 仲弓问怎样才能成为仁人。孔子说："出门见到路人就像看到贵宾那样尊敬，役使百姓就像请神那样虔诚，自己不想要不想做的事，不要强迫别人接受，在官府里没有同僚怨恨，在家里没有族人怨恨。"仲弓说："我虽然不聪敏，但是会恭恭敬敬按照老师的教诲去做。"

仲弓问仁，得到了一句流传千古的名言：己所不欲勿施于人。孔子认为他可以当官。但是告诉他不要当官之后，做强人所难之事。

参考：

《左传》："臣闻之：出门如宾，承事如祭，仁之则也。"

《韩诗外传》："己恶饥寒焉，则知天下之欲衣食也；己恶劳苦焉，则知天下之欲安佚也；己恶衰乏焉，则知天下之欲富足也。"

12.3 司马牛问仁。子曰："仁者，其言也讱。"曰："其言也讱，斯谓之仁已乎？"子曰："为之难，言之得无讱乎？"

释义：司马牛问怎样才能成为仁人。孔子说："仁者，说话要慎重。"司马牛又问："说话慎重，就能修为成仁人吗？"孔子说："修为成言行高尚的仁人是很难达到的事，说话能不慎重吗？"

别说想成为一个仁者，就是想不让他人看笑话，是不是要想清楚、辨是非？信口雌黄、不谨言能行吗？

司马牛问仁，得到的是：其言也讱。司马牛身世悲惨，有家不能回，有亲不能认，对社会的黑暗体会很深，往往会流露出不满的情绪，说出不理性的话来。

"仁"，都是同一个字，孔子却针对不同的学生、不同的思想状况、做出不同的解释。这就是因人而教。

参考：

《说文》："讱，顿也。"

《六书故》："讱，言难出也。"

12.4 司马牛问君子。子曰："君子不忧不惧。"曰："不忧不惧，斯谓之君子已乎？"子曰："内省不疚，夫何忧何惧？"

释义：司马牛问怎样才能成为君子。孔子说："君子不忧愁不惧怕。"司马牛又问："不忧愁不惧怕，这样就可以称为君子了吗？"孔子说："问心无愧，还有什么忧愁什么惧怕的事呢？"

要成为君子，各方各面都要修为，仅仅是不忧不惧是不够的。那么为什么孔子在这里就说了这两条呢？因为司马牛的哥哥桓魋阴谋作乱，是殃及祖宗万代的大事，司马牛不可能不担惊受怕。所以孔子告诉他，只要自己不做亏心事，就不用担忧。

参考：

《论语注疏》："疾，病也。自省无罪恶，则无可忧惧。"

12.5　司马牛忧曰："人皆有兄弟，我独亡。"子夏曰："商闻之矣：死生有命，富贵在天。君子敬而无失，与人恭而有礼，四海之内皆兄弟也。君子何患乎无兄弟也。"

释义：司马牛忧愁地说："别人都有兄弟，唯独我没有。"子夏说："我听说过这样的话：生死有命，富贵在天。君子敬业而无过失，与人交往谦恭而有礼节，这样就会四海之内都是你（志同道合）的兄弟。君子怎么会担忧没有兄弟呢？"

司马牛没有兄弟？据《左传》记载，司马牛家世显赫，是宋桓公的后人，有兄弟五人，向巢、桓魋、司马牛、子颀、子车。只是他的哥哥桓魋，在宋国作乱，结果被宋景公让皇野说服了大哥向巢，用其兵符召其兵，共同攻打桓魋，桓魋只得逃到卫国，后又逃到齐国。向巢害怕受连累，也跑到鲁国避难去了，司马牛跑到齐国，后又到鲁国、吴国，另外两个兄弟也逃离宋国，如鸟兽散。

司马牛说自己没有兄弟，意思是兄弟们都跑散了，身边没有兄弟了，更难过的是兄弟之间没有亲情，更没有骨肉相连的感情，尤其是桓魋的任性而为，根本不为兄弟们着想，把整个家族都毁了。所以即使桓魋到了他的身边，司马牛也不见，甚至桓魋到了他所在的国家，他就躲到别的国家去。

参考：

《论语正义》："牛兄桓魋行恶，死亡无日，故牛常忧而告人曰：'他人皆有兄弟，若桓魋死亡之后，我为独无兄弟也'。"

12.6　子张问明。子曰："浸润之谮，肤受之愬，不行焉，可谓明也已矣。浸润之谮，肤受之愬，不行焉，可谓远也已矣。"

释义：子张问怎样做才能成为贤明的君子。孔子说："那些不知不觉会影响人的谗言，或者直接让人感到痛苦的诬蔑，对你都没有起到作用，可以说就是贤明的君子了。那些会不知不觉影响人的谗言，或者直接让人感到痛苦的诬蔑，你都不去做，可以说就是一个远离世俗的君子了。"

这段话由于没有主语，可以理解别人对自己所为，亦可以理解为如果自己不去做诋毁别人的事情，不仅贤明而且远离了世俗。

这两种解释都有必要理解，别人对自己作恶，自己能够经受得起，明智而又脱俗，但是不能因为自己能够经受得起，就对他人也如法炮制，不仅不明智而且成了世俗小人。

有的解释是两句话都是别人对自己所为而不能得逞，那么孔子直接就可以在"可谓明也"后加上"可谓远也"即可。要知道，那时的竹简很重，笔墨很贵，是真的"惜墨如金"，多一个字都是浪费。

所以，第一句话是孔子要子张明智，第二句话是要他远离恶行。

参考：

《荀子·解蔽篇》："知贤之谓明。"

《论语正义》："夫水之浸润，渐以坏物；皮肤受尘，渐成垢秽。谮人之言，如水之浸润，皮肤受尘，亦渐以成之。"

12.7　子贡问政。子曰："足食、足兵、民信之矣。"子贡曰："必不得已而去，于斯三者何先？"曰："去兵。"子贡曰："必不得已而去，于斯二者何先？"曰："去食。自古皆有死，民无信不立。"

释义： 子贡问怎样施政。孔子说："要做到粮食充足、兵强马壮，老百姓信任你。"子贡说："如果必须去掉一项，这三项先去掉哪一项？"孔子答："去掉兵马。"子贡问："如果再必须去掉一项，剩下的两项先去掉哪一项？"孔子答："去掉粮食。自古以来人都会死，饿死也是死，但是失去民众的信任，国家政权也就不存在了。"

没有国家政权，你还提什么掌权呢？需要注意的是，去掉食物，是去掉掌权者的食物，不是百姓的食物。而历朝历代，却都是掌权者去掉老百姓的食物。去掉自己食物，老百姓会敬重无私的执政者，还会给他们食物，若去掉老百姓的食物，老百姓也会断绝无良执政者的食物。

参考：

《晋语》："晋饥，公问于箕郑曰：救饥何以？对曰：信！"

12.8　棘子成曰："君子质而已矣，何以文为？"子贡曰："惜乎夫子之说君子也！驷不及舌。文犹质也，质犹文也，虎豹之鞟犹犬羊之鞟？"

释义： 棘子成说："君子品质高尚就可以了，何必以文彩修饰？"子贡说：

"真遗憾您这样评论君子,一言出口驷马难追。文采能够表现品质,品质由文采体现。虎豹的皮毛与犬羊的皮毛能一样吗?"

"虎豹之鞟犹犬羊之鞟?"有的解释是虎豹剪去了毛的皮,跟狗、羊的剪掉毛的皮一样。"鞟",可以说是皮革,意思没错,但是对于整句的意思不是很确切,虎豹的皮革与犬羊的皮革都是光溜溜的,没有区别。而"鞟"还可以当"皮毛"讲。众所周知,虎豹的皮毛,华丽高贵,子贡以此比喻以文采修饰的效果。没有文采,只能像狗、羊的皮毛,粗俗。

鞟,通革,去掉毛的皮,也可以说是没有去过毛,晒干不去毛的整张兽皮。既然两种解释均可,还是直接解释虎豹的毛色与犬羊的毛色之间的区别更明白。

参考:

《论语正义》:"过言一出于舌,驷马追之不及。"

《论语注疏》:"孔曰:'皮去毛曰鞟。虎豹与犬羊别者,正以毛文异而。今使文质同者,何以别虎豹与犬羊耶?'"

12.9　哀公问于有若曰:"年饥,用不足,如之何?"有若对曰:"盍彻乎?"曰:"二,吾犹不足,如之何其彻也?"对曰:"百姓足,君孰与不足?百姓不足,君孰与足?"

释义: 哀公问有若:"年景不好,花费不够,怎么办?"有若答:"为什么不实行按百分之十的方法收税呢?"哀公说:"按照百分之二十收税都不够,怎么还能降到百分之十?"有若说:"百姓丰足了,君主怎能不足?百姓贫苦,君主怎能富有?"

彻,就是彻法,起源于周朝的井田制,百分之九十的土地收入归耕种者,百分之十的收入上缴国库。

这段话,与掌权施政者断自己的粮取信百姓,还是断百姓的粮满足自己而失信,是同样的道理。

参考:

《论语正义》:"周法什一而税谓之彻。"

12.10 子张问崇德辨惑。子曰:"主忠信,徙义,崇德也。爱之欲其生,恶之欲其死,既欲其生,又欲其死,是惑也。'诚不以富,亦祇以异'。"

释义:子张问怎样才能追崇道德和解除疑惑。孔子说:"坚守忠信,走向大义,就是崇德。爱谁就想让他永远长生,恨谁就想让他立刻去死。又想让他生,又想让他死,这就是惑。'即使不是嫌贫爱富,也是喜新厌旧'。"

有的解释说子张偏激,爱一个人盼他永生,恨一个人恨不得他立刻就死,这个解释不对。孔子要求子张就是要爱憎分明,不要既爱又恨,随心所欲。为什么会对人产生疑惑?就是没有一个标准,俗话说就是好赖不分,不知道好坏人。解疑去惑有个标准,这个标准就是有德还是无德,以道德表现去看待一个人的所作所为,就不会被自己私心的好恶所困惑。

参考:

《论语注疏》:"此《诗》之小雅也。祇,适也。言此行诚不可以致富,适足以为异耳。"

12.11 齐景公问政于孔子。孔子对曰:"君君、臣臣、父父、子子。"公曰:"善哉!信如君不君、臣不臣、父不父、子不子,虽有粟,吾得而食诸?"

释义:齐景公问孔子怎样理政。孔子说:"君要有君德、臣要有臣德、父要有父德、子要有子德。"齐景公赞叹道:"说得好呀!真的如果是君不遵守君德、臣不遵守臣德、父不遵守父德、子不遵守子德,就是有粮食,我能吃到吗?"

这一段解释很多,

有:君思怎样为君、臣思怎样为臣……;

有:君要像君……;

有:君要守君礼……;

有:君臣要定分……。

都对,但只是各有侧重,用一个"德"字全包括,这才是孔子的思想中心。

无论是社会还是组成社会的家庭,人人都要在其位尊其德,德配其位,还有什么社会和家庭处理不了的问题?

但是这句著名的治国治家的名言,居然被某些人当成孔子是统治者卫道士的证据。他们对这句话的解释是:君要臣死,臣不得不死,父要子亡,子不得不亡。

要说他们的解释不对,可事实也有存在。君主不仅杀过大臣,作为父亲也杀过儿子。如晋献公、楚平王逼死儿子、楚成王被儿子所逼迫自杀、赵武灵王被儿子饿死在沙丘宫中,发展到南汉,刘晟为了夺取和巩固王位,居然杀了十五个亲兄弟……君杀臣、父杀子、子杀父、兄弟相残,比畜生不如,历朝历代、举不胜举,触目惊心呀!

但是,不能因为有这个社会现象,就说是孔子教唆的吧?如此篡改,其意谬之千里,还是恢复孔子的本义吧:

孔子说:为政以德、政者,正也、如果自身正,执政有什么问题?自身不正,怎么正人?自身正,不令而行,其身不正,虽令不从。

周公说:老天唯德才选择执政者,老百姓唯有德之当权者所跟从。

管子说:国君的道德是治国之本、官民教化之本。

孟子说:父子之仁、君臣之义、宾主之礼、贤者之智,与圣人与天道的关系相同。君惠臣忠、父慈子孝、兄友弟恭、夫义妇顺、朋友有信。

通过他们的解释,孔子的内涵很清楚了。

参考:

《礼记·大学》:"自天子以致于庶人,壹是皆以修身为本。"

12.12 子曰:"片言可以折狱者,其由也与。子路无宿诺。"

释义:孔子说:"根据一方的讼言就可以断定对错的人,只有仲由能够做到。子路兑现承诺从不拖延。"

"片言",通"偏言",一方之言。有的解释"片言"是片言只语,也对。只要说明子路不仅明辨是非,而且非常聪明果断就够了。子路能够做到如此简单明了,是因为他掌握了道德的标准。

参考:

《论语正义》:"孔曰:片,犹偏也。听讼必须两辞以定是非,偏信一言以折狱者，惟子路可。"

12.13 子曰："听讼，吾犹人也。必也使无讼乎。"

释义：孔子说："审理诉讼，我和别人一样。必须要做到的是使社会不要出现争端。"

审理诉讼，应依法办事，无论先后，大家都一个程序和标准。而孔子认为，法律是道德的底线，如果民众都受到道德教育，怎么还会触犯法律引起诉讼？教育为先，道德先行，才能杜绝违法，这才是孔子与其他人不同的地方。

参考：

《潜夫论·德化》："是故，上圣不务治民事，而务治民心。"

12.14 子张问政。子曰："居之无倦，行之以忠。"

释义：子张问怎样做官。孔子说："处理公务时不懈倦，执行公事时忠信敬业。"

"居"，亦可以解释为"居家、空闲"。如果连休息时间都毫不松懈，脑子里想的都是公事，思考怎样把政务干得更好，那才是一个好官员。

参考：

《诗经·大雅·假乐》："不懈于位，民之攸墍。"

12.15 子曰："博学以文，约之以礼，亦可以弗畔矣夫。"

与雍也第二十七篇意思相同，少"君子"二字。

12.16 子曰："君子成人之美，不成人之恶。小人反是。"

释义：孔子说："君子会成全别人的好事，不去坑害别人。小人则相反。"

孔子的揭露一针见血。有人犯错，不知是错，本来事不大，君子会去劝说一下，改了就好。小人却唆使他说，你干得没错，挺好，继续干，让人错上加错，直至无可挽回。

参考：

《大戴礼·曾子立事》："君子己善，亦乐人之善也；己能，亦乐人之能也。"

12.17 季康子问政于孔子。孔子对曰:"政者,正也,子帅以正,孰敢不正?"

释义:季康子问孔子怎样执政。孔子说:"执政就是行得正,您带头树立正气,谁敢搞邪门歪道?"

执政者带头讲道德,下面的人还有谁敢干缺德的事?

季康子,三桓之首,鲁国专权大臣,是影响国风清正与恶浊的关键人物。

"帅"通"率",带头的意思。

参考:

《论语正义》:"言康子为鲁上卿,诸臣之帅也。若己能每事以正,则己下之臣民谁敢不正也。"

12.18 季康子患盗,问于孔子。孔子对曰:"苟子之不欲,虽赏之不窃。"

释义:季康子担忧盗贼,问孔子怎样解决。孔子答:"如果您自己不贪,就是给予赏赐鼓励也没有人愿意去做盗贼。"

上梁不正下梁歪,天子好利,诸侯贪,诸侯贪则大夫卑鄙无耻,大夫卑鄙无耻则百姓多盗贼。上对下的影响,就像人的身影随身变形。

参考:

《荀子·君子》:"圣王在上,分义行乎下,则士大夫无流淫之行,百吏官人无怠慢之事,众庶百姓无奸怪之俗,无盗贼之罪。"

12.19 季康子问政于孔子曰:"如杀无道,以就有道,何如?"孔子对曰:"子为政,焉用杀?子欲善而民善矣。君子之德风,小人之德草。草上之风,必偃。"

释义:季康子问孔子怎样执政,说:"如果把不讲道德的人杀了,来成全有道德的人,怎么样?"孔子答道:"先生执政,用得着开杀戒吗?先生作风端正而民风必然纯正。君子推行道德规范就像刮风,民众的道德行为就像草,风吹草动,草必然随风倒。"

仅仅是因为有道或无道,不论轻重就杀人,孔子不同意,但是,如果为人居心叵测、文过饰非，大肆宣扬和教育学生什么：只要能挣钱，不择手段、不计后果，天下熙熙，皆为利来，人不自私天诛地灭等等极端自私自利的话，孔子就要杀了他。这样的人如果教育出一大批同类的学生，天下必定大乱。

同样是杀人，孔子与季康子的区别就是：首恶必办，杀一儆百，以戒其余，绝对不扩大化。

参考：

《盐铁论·疾贪》："百姓不治，有司之罪也。"

《说苑·君道》："夫上之化下，犹风靡草，东风则草靡而向西，西风则草靡而向东。"

12.20 子张问："士何如斯可谓之达矣？"子曰："何哉？尔所谓达者？"子张对曰："在邦必闻，在家必闻。"子曰："是闻也，非达也。夫达也者，质直而好义，察言而观色，虑以下人。在邦必达，在家必达。夫闻也者，色取仁而行违，居之不疑。在邦必闻，在家必闻。"

释义： 子张问："士做到了什么境界才能说是成为达人了呢？"孔子反问："什么境界？你所说的达人是什么？"子张说："为国效力出众而闻名全国，为属地服役出众而属地闻名。"孔子说："你说的这是名人，不是达人。作为达人，品质正直而好施大义，与人交谈要察言观色以了解人家的真实意图，事事都要为手下工作人员考虑，这样做，为国服务必定成为内行的达人，为属地服役必定成为内行的达人。说到名人，表面好像仁德但是行为相悖，还常常以名人自居而不觉得羞愧，这样的人为国服务必定是欺世盗名，为属地服役也必定会沽名钓誉。"

参考：

《论语注疏》："所念虑常欲下人，言常有谦退之志也。"

12.21 樊迟从游于舞雩之下，曰："敢问崇德、修慝、辨惑。"子曰："善哉问！先事后得，非崇德与？攻其恶，无攻人之恶，非修慝与？一朝之忿，忘其身，以及其亲，非惑与？"

释义： 樊迟陪同孔子在舞雩台散步。问："请教先生怎样才能提高道德水准、怎样才能去掉邪念、怎样才能分清是非？"孔子说："问得好！先努力工作后获得收益，不就是提高道德水准的做法吗？纠正自己不良的思想观念，而不是去纠正别人的思想观念，不是去掉邪念的方法吗？一时气愤，就做出不顾自己及家人安危的事，不是糊涂是什么？"

"攻其恶，无攻人之恶"，多解释为：攻击自己的恶行，不攻击他人的恶行。

恶行出于恶念，不消除恶念，只消灭恶行是斩草不除根，此起彼伏。

先奉献后取得就是推崇道德，不先去想着正人而先正己，才能在灵魂深处挖掉私心杂念，纯正思想。

樊迟的问题只要是涉及人的道德修养，孔子有问必答。

参考：

《论语注疏》："孔曰：慝，恶也，修，治也。治恶为善。"

12.22 樊迟问仁。子曰："爱人。"问知。子曰："知人。"樊迟未达。子曰："举直错诸枉，能使枉者直。"樊迟退，见子夏曰："乡也，吾见于夫子而问知，子曰：'举直错诸枉，能使枉者直。'何谓也？"子夏曰："富哉言乎！舜有天下，选于众，举皋陶，不仁者远矣。汤有天下，选于众，举伊尹，不仁者远矣。"

释义：樊迟问什么是仁人。孔子说："有爱心的人。"问什么是智者。孔子说："知人善任的人。"樊迟不明白。孔子说："弘扬正直的人和事，压制邪恶的人和事，能够变邪归正。"樊迟退出，见到子夏说："刚才，我问老师什么是智者，老师说：'弘扬正直的人和事，打击邪恶的人和事，能使人改邪为正。'是说什么意思呢？"子夏说："富有内涵的话呀！舜掌管天下，从众人中选举德才兼备的人，提拔了皋陶，不仁的人就被疏远了。汤掌管天下，从众人中选拔德才兼备的人，提拔了伊尹，不仁的人就被疏远了。"

国家执政人才的选拔至关重要，道德优秀的人才是民众的榜样，而道德低下的人就是祸国殃民的根源。

樊迟曾被孔子讥讽为小人，因为樊迟有过与民争利的思想。其实孔子认为樊迟应该去做官，而且根据他的才能应该是高官，所以孔子才教给他做了高官应该做什么。而樊迟，没有辜负孔子的期望，不仅在从孔子那里学习了道德，还学会了执政才能，文治武功都出类拔萃，在出仕期间有不凡的表现，是孔门七十二贤人之一。

"乡也"，许多解释都没有注明，它的意思是：往者在前，来者从后，故往者谓之乡者，往日谓之乡日，说白了，就是以前、从前、刚才、刚刚等过去发生过的事。

参考：

《释文》："乡，又作向，同。《说文》云：向，不久也。"

《论语正义》："言举尔所知之直者，错诸枉者之上，即是知人也。"

12.23 子贡问友。子曰："忠告而善道之，不可则止，毋自辱焉。"

释义： 子贡问怎样相处朋友。孔子说："忠诚地告诉他但是语气要和善，不听劝就罢了，不要自寻其辱。"

朋友之间，可不能"文死谏"。既然是朋友，志向道义、兴趣爱好不会有根本的冲突，有什么原则问题必须要一说再说呢？

参考：

《战国策·韩策二》："古之君子，交绝不出恶声。"

12.24 曾子曰："君子以文会友，以友辅仁。"

释义： 曾子说："君子以道德文章与朋友交流，以朋友提高自己的仁德修养。"

有的解释"会友"是以文交友。交新朋友尚可，可是对老朋友来说用不着一交再交。"会友"不是交结朋友，是已经认识的朋友，是朋友之间相互交流。

"文"，有学问、文化、文章等意思，但与"以友辅仁"相联系，只能说这个"文"，不泛指其他，是道德文化。

参考：

《说苑·说丛》："贤师良友在其侧，诗书礼乐陈于前，弃而为不善者，鲜矣。"

第十三篇　子路

13.1　子路问政。子曰："先之劳之。"请益。曰："无倦。"

释义：子路问如何执政。孔子说："吃苦受累在民众之前。"子路请孔子进一步说明。孔子说："勤奋敬业，从不懈怠。"

"先之劳之"，有的解释是：先说服民众，使他们相信，然后让他们驯服地劳动。

很不对！完全歪曲了孔子的原意！孔子是让子路这个官员吃苦在前，享受在后，而且，丝毫不得倦怠！

参考：

《大戴礼·子张问入官》："故躬行者，政之始也。"

13.2　仲弓为季氏宰，问政。子曰："先有司，赦小过，举贤才。"曰："焉知贤才而举之？"曰："举尔所知。尔所不知，人其舍诸？"

释义：仲弓做了季氏的管家，问怎样管理。孔子说："先让手下人各负其责，不追究他们的小过错，提拔那些德才兼备的人员。"仲弓又问："怎么知道哪个是德才兼备的人来提拔呢？"孔子说："提拔你了解的人。你不了解的那些德才兼备的人，别人不是会推荐吗？"

在《论语》中，有多个学生和国君、官员问过孔子怎样理政、行政、执政，孔子对每个人的回答都不一样，可见孔子对发问的人与问的问题，有多么深入的了解又多有针对性！

对人员、事物必须要进行深入的调查研究、剖释分析、去伪存真之后才能给予正确的解答。

参考：

《论语注疏》："有司，属吏也。言为政当先委任属吏，各有所司，而后责其成事。"

13.3 子路曰:"卫君待子而为政,子将奚先?"子曰:"必也正名乎。"子路曰:"有是哉?子之迂也!奚其正?"子曰:"野哉,由也。君子于其所不知,盖阙如也。名不正则言不顺,言不顺则事不成,事不成则礼乐不兴,礼乐不兴则刑罚不中,刑罚不中则民无所措手足。故君子名之必可言也,言之必可行也。君子于其言,无所苟而已矣。"

释义:子路问:"卫国国君等着您去做官,老师打算先做哪件事呢?"孔子说:"必须先做明确身份的事呀。"子路说:"有这个必要吗?老师迂腐了吧。用得着做什么明确身份的事呀?"孔子说:"真没有教养,你这个子路呀!君子对于自己不了解的事,就先闭嘴别乱说。

名分不明确发号指令就不顺畅,发号指令不顺畅就办不成有利于国家和人民的事。事办不成就会使道德规范受压制,道德规范被压制就会使刑罚不得当,刑罚不得当就会使民众无所措手足,不知道什么是对是错了。所以君子当政,必须要有说话算数的名分,发出的号令必须能够执行,君子对于自己说的话,不能马马虎虎呀!"

这段话,孔子应该是有感而发。因为当时卫国的国君就名不正,名不正则言路不顺畅、政令就不能落实。该轮到蒯聩当国王,由于与南子交恶,跑到了国外,而庶子郢却不接班,推荐蒯聩的儿子当了国王,是儿子顶替了父亲。

参考:

《论语注疏》:"言君子于其所不知,盖当阙而勿据,今由不知正名之义而便谓之迂远,不亦野哉。"

13.4 樊迟请学稼。子曰:"吾不如老农。"请学为圃。曰:"吾不如老圃。"樊迟出。子曰:"小人哉,樊须也。上好礼,则民莫敢不敬,上好义,则民莫敢不服,上好信,则民莫敢不用情。夫如是,则四方之民襁负其子而至矣,焉用稼?"

释义:樊迟请孔子教他怎样种庄稼。孔子说:"我不如老农民。"樊迟又请孔子教他怎样种菜。孔子说:"我不如老菜农。"樊迟出去后,孔子说:"小人呀,樊迟就是。管理者推崇礼仪,老百姓就不敢粗鲁待人。管理者信守大义,老百姓就不会见利忘义。管理者以诚信为本，老百姓就会以真情实意处世。如果是这样，那么四面八方的老百姓都会背着襁褓里的孩子一起来到你的周围，哪里用得着自己去种庄稼？"

以前对这一段的解释，多是曲解孔子的原意，甚至是对孔子的污蔑。他们解释说这段话证明了孔子鄙视劳动人民，轻视劳动。是误解了孔子。孔子教育的学生，就是做一个品德高尚的管理人员，俗称当官。当官的首要责任，就是要以德施政，在社会上弘扬高尚品德，要刹歪风树正气，纯正民风。如果一个当官的，主要精力都放在研究怎样种庄稼，怎样种菜，甚至对本职工作和自己应承担的职责弃而不顾，见利忘义的小人就会泛滥，社会风气就会败坏。

有人说，老农老圃在社会上是小人，所以樊迟向小人学习，樊迟也是小人。这个理解不对，孔子认为，人所处的社会阶层不是分君子与小人的标准，"君子喻于义、小人喻于利"，有德之人哪怕穷的吃穿不上，只要有德，心底无私就是君子，天子无德，只图私利也一样是小人。有人把农民称为小人，是对地位低下的农民的蔑称，相对应的是"大人"，富贵之人的尊称，而不是君子与小人之意。

孔子办学，是为国家培养管理人才，不是农业专业学校。对樊迟的请学，孔子回答得很实在，即：你要学种庄稼、种蔬菜，就请老农做你的老师，比我强多了（孔子怎么不尊重农民了？）。我这儿是行政学院，与你的理想不搭界。

注意：孔子用了几个"民莫敢"，但是这个敢，不仅仅是敢不敢的意思，在这段话里，最主要还是愿意不愿意、自愿不自愿的意思，不要以字面意思来理解。

而樊迟，应该是被孔子骂醒了，听从了规劝，一生中确实除了当官，就是教学，没有参与农工商业，不与民夺利。

参考：

《论语正义》："礼义与信，足以成德，何用学稼以教民乎？负者以器曰襁。"
《论语集注》："君子小人趣向不同，公私之间而已。"

13.5 子曰："诵《诗》三百，授之以政，不达。使于四方，不能专对。虽多，亦奚以为？"

释义： 孔子说："能背诵《诗经》里的三百篇诗歌，以为他博学而让他当官，不会当好，出使外交使节，不能胜任。文章学的很多，有什么用呢？"

这段话清楚地说明了孔子的当官理念：学识再高的人没有道德修养也当不了好官，只有道德品质学好了，才能当好官。

参考：

《论语正义》："专，独也。"

13.6 子曰："其身正，不令而行；其身不正，虽令不从。"

释义：孔子说："当官的自身品行端正，不强迫命令，老百姓也会服从，自身的品行不正，就是强迫命令，老百姓也会不服从。"

"政者正也"，执政者身正，民风、国风正。本身不正，民风邪，国风不可能清明。

参考：

《论语注疏》："令，教令也。"

《群书治要·政要论》："故君子为政，以正己为先，教禁为次。"

13.7 子曰："鲁卫之政，兄弟也。"

释义：孔子说："鲁国和卫国的国政，兄弟一样呀。"

鲁国和卫国，周公与其弟康叔两兄弟的封国，两国的政治情况也类似。

参考：

《左传》："公叔文子曰：'大姒之子，惟周公、康叔为相睦也。'"

《论语正义》："鲁，周公之封。卫，康叔之封。周公、康叔既为兄弟，康叔睦于周公，其国之政亦如兄弟也。"

13.8 子谓卫公子荆："善居室。始有，曰：'苟合矣'。少有，曰：'苟完矣。'富有，曰：'苟美矣。'"

释义：孔子评论卫国的公子荆说："是一个会当家理财的人，有那么一点点钱，他说：'差不多够花了'。又富裕一些，他说：'完全够用了'。财富多了，他说：'这就几乎是很完美了。'"

一个皇亲国戚，钱够花了就满足，钱很多了就满足，值得某些贪得无厌的腐败官员学习学习了。

参考：

《左传·襄公二十九年》："说蘧瑗、史狗、史䲡、公子荆、公叔发、公子朝，曰：'卫多君子，未有患也。'"

《论语正义》："始有，曰'苟合矣'。少有，曰'苟完矣'；富有，曰'苟美矣'"

13.9 子适卫，冉有仆。子曰："庶矣哉。"冉有曰："既庶矣，又何加焉？"曰："富之。"曰："既富矣，又何加焉？"曰："教之。"

释义：孔子去卫国，冉有随从驾车。孔子说："人真多呀。"冉有问："人有那么多了，还要做什么？"孔子说："让他们富起来。"冉有问："让他们富起来之后，还要做什么？"孔子说："教育他们品德修养。"

经济是基础，思想观念是上层建筑。孔子早在两千多年就知道这个道理，孔子的观点不落后吧？

参考：

《管子·治国》："富而治，此王之道也。"

《荀子·大略》："不富，无以养民情；不教，无以理民性。"

13.10 子曰："苟有用我者，期月而已可也，三年有成。"

释义：孔子说："如果用我管理，一年可见效，三年有成效。"

"期月"，也可以称"期年、周年"，"期"，有会、合的意思，可以是一个月，这里是说十二个月合一年。

许多解释与上面的解释基本一样，但是都没有说明一年可见效什么？三年可有什么成效？按照孔子的治国理念，一年就要让民众丰衣足食，可给予基本的道德教育，三年就可富裕，同时完善民众的道德品质。

参考：

《论语正义》："苟，诚也。期月，周月也，谓周一年之十二月也。"

13.11 子曰："'善人为邦百年，亦可以胜残去杀矣。'诚哉是言也。"

释义：孔子说："由善良的人治理国家，历经百年，都可以压制不义之贼、去除杀戮。这真是正确啊。"

孔子用善人比喻，而不是圣人，就是说，只要是好人当政来治理国家，坏人就抬不起头，不会胡作非为到无法无天，而不得不刑杀，国家就会和谐平安。

参考：

《论语注疏》："胜，残暴之人使不为恶也。去杀，不用刑杀也。"

13.12　子曰："如有王者，必世而后仁。"

释义：孔子说："如果有德者称王，也必须经过三十年的治理才能使民心归仁。"

有的解释"必世而后仁"是说在执政前三十年必须以暴制暴才能平息内乱，在执政前三十年必须用酷刑才能稳定社会，三十年后才能施行仁政。这不符合孔子的思想，上台之初如果不实行仁政，与暴君有何区别？有人举例说，文王有名有姓的杀了四个，武王杀了两个，到了成王就没有杀名人的记录了。没有名人，不等于没有杀罪犯，杀人不等于暴政。

这句话应该理解为：经过三十年的教育，社会的仁义之风占主导地位了。

参考：

《论语注疏》："三十年曰世。"

13.13　子曰："苟正其身矣，于从政乎何有？不能正其身，如正人何？"

释义：孔子说："如果自身行为端正，对于自己管理的政务还能有什么问题呢？不能够端正自己的行为，怎么能够端正别人的行为呢？"

正人先正己。做官就是模范，自己行为不端，就会把别人领到邪路上去。

参考：

《送穷文》："利居众后，责在人先。"

《孟子·离娄上》："君仁莫不仁，君义莫不义，君正莫不正。"

13.14　冉子退朝。子曰："何晏也？"对曰："有政。"子曰："其事也？如有政，虽不吾以，吾其与闻之。"

释义：冉求退朝回来。孔子问："怎么回来晚了？"冉求说："有政务要处理。"孔子说:"一些琐事吧?如果是关于国家大事,虽然我不从政了,我还是能够知道的。"

政务与事务还是不一样,冉求是季孙家臣,随季孙去上朝,但只是在宫外等候,与朝廷政事没什么关系。孔子认为不能把季孙私事说成政事,是狐假虎威,是吹牛,不是君子所为。

参考:

《论语注疏》:"孔子言,女之所谓政者,但凡行常事耳。设如有大政非常之事,我为大夫,虽不见任用,必当与闻之也。"

13.15 定公问:"一言而可以兴邦,有诸?"孔子对曰:"言不可以若是其几也。人之言曰:'为君难,为臣不易。'如知为君之难也,不几乎一言而兴邦乎?"曰:"一言而丧邦,有诸?"孔子对曰:"言不可以若是其几也。人之言曰:'予无乐乎为君,唯其言而莫予违也。'如其善而莫之违也,不亦善乎?如不善而莫之违也,不几乎一言而丧邦乎?"

释义: 鲁定公问:"一句话就可以使国家兴盛起来,有没有这样的话呢?"孔子答:"一句话不可能完全达到这样的作用,但是差不多。有人说:'做一个国君很难,做一个臣民也不容易。'如果知道做一个国君的不容易,这几乎不就是一句话而使国家兴盛吗?"问:"一句话而亡国,有没有这样的话呢?"孔子答:"一句话不可能完全起到这样的作用,但是差不多。有人说:'我不为当上了国君而高兴,只是因为当上了国君,自己的话没有人敢违抗。'如果国君说的话是正确的,不去违背不是很好吗?如果国君的话是错误的,但不去违背,几乎不就是一言而亡国了吗?"

参考:

《论语注疏》:"几,近也,有近一言可以兴国。"

13.16 叶公问政。子曰:"近者说,远者来。"

释义: 叶公问怎样管理政务。孔子说:"你管辖的民众都生活得很快乐,远处的民众都会聚集过来。"

这里的"近"不是附近的意思,而是管辖区域的意思。"远"指的是不在自己管辖范围之内。

参考：

《文子·微明》："古者亲近不以言，来远不以言，使近者悦，远者来。与民同欲则和，与民同守则固，与民同念者知，得民力者富，得民誉者显。"

13.17 子夏为莒父宰，问政。子曰："无欲速，无见小利。欲速则不达，见小利则大事不成。"

释义： 子夏作为莒父的总管，问怎样管理政务。孔子说："做事不要只求快，不要贪图小利益。只求快就达不到目的，贪图小利就办不成大事。"

"急功近利"就会"欲速则不达"。而执政者往往就不断地、重复地、前仆后继而坚定不移地违反这个规律。因为对业绩的追求，比扎扎实实地做好民生的意愿要迫切强烈得太多了。

参考：

《大戴礼·四代》："好见小利妨于政。"

13.18 叶公语孔子曰："吾党有直躬者，其父攘羊，而子证之。"孔子曰："吾党之直者异于是：父为子隐，子为父隐，直在其中矣。"

释义： 叶公对孔子说："我的乡党有正直的人，他的父亲偷了一只羊，儿子就把这件事告发了。"孔子说："我的党乡对正直的理解是不同的：父亲不在外人面前说自己儿子的问题，儿子也不在外人面前说自己父亲的问题，这其中就包含着正直。"

很多解释都认为这是孔子的缺陷，是父为子纲的封建伦理作怪，是对亲情礼节的错误认识。他们认为不管谁犯了错误，不管错误大小，不管亲朋好友，就是老子亲爹，也要报官，广告于天下。可是这样做真的能行得通吗？后果呢？以后父子还见不见面，怎样相处？家庭还能不能和睦？是不是需要报官，要大义灭亲，还要看触及法律的程度、对社会危害的轻重吧？

孔子本身对见利忘义的小人就深恶痛绝，不可能支持父亲的贪图小利的行为，但是怎样处理，则不是主张通过跑到外面大叫大嚷，到处宣扬家里的人犯了错误了，期盼由别人来解决问题。孔子的意思是说，家丑不可外扬，说了也无益，只能被别人耻笑，说服父亲把羊还给人家不就完了吗？

家人有毛病和错误，自家教育自家改，不需要他人知道，更能体现正直正确的家庭伦理关系。所以，这段话只是说明了孔子对这种事的处理方式的理解，而不是对这件事本身是直是邪，是错是对的理解。

"直躬"，有的解释是挺直身板走路的姿势，有的解释是人名，都说得通，只是要加上说明才可以连接上后文，太啰嗦。有的把"直躬"分开解释："直"是一个人的秉性，"躬"是人名，可以参考。

"攘"，本义就有偷盗、窃取的意思，有的解释说"攘羊"是把别人家跑到自己家的羊藏起来，不算盗窃，这种说法仅仅只对《论语》。

参考：

《论语集解》："直躬，直身而行。"

《论语注疏》："凡六畜自来而取之曰'攘'也。"

13.19 樊迟问仁。子曰："居处恭，执事敬，与人忠。虽之夷狄，不可弃也。"

释义： 樊迟问怎样才能成为仁人。孔子说："平日待人恭敬，工作时要爱岗敬业，与人交往要以诚相待。即使到了没有开化的地方，也不要放弃仁爱这个原则。"

参考：

《汉书·五行志》："内曰恭，外曰敬。"

13.20 子贡问曰："何如斯可谓之士矣？"子曰："行己有耻，使于四方，不辱君命，可谓士矣。"曰："敢问其次？"曰："宗族称孝焉，乡党称弟焉。"曰："敢问其次？"曰："言必信，行必果，硁硁然小人哉。抑或可以为次矣。"曰："今之从政者何如？"子曰："噫！斗筲之人，何足算也？"

释义： 子贡问："什么样的人可称为士呢？"孔子说："自己不做无耻之事，出使各个国家，能够体面地完成君主的使命，可以说是士了。"问："大胆再问老师，什么样是次一等的士？"答："在家族里能够被称为是孝子，在乡里被公认是有敬心的人。"问:"大胆再问老师,再次一等的士?"答:"上官之言必信,上官施令一定要完成,这种不明是非、冥顽不化的小人,可能就是更次的士。"问:"现在从政的人怎么样?"孔子叹道:"噫!气量狭小、眼光短浅的人,不值一提。"

"言必行,行必果,硁硁然小人哉",对这句话,理解多样,争论不休,内容太多,不再抄录。但是,总结起来最多的解释是:说话必须诚信,办事必须坚持到底,这是固执己见的小人啊。

这种解释恐怕太离谱啦。孔子一贯认为君子必须讲信用,包括所有的言行都要诚信,"人而无信,不知其可也",人若不讲信用,什么都做不成,有什么资格活在世上?孔子怎么可能把言必信、行必果又说成小人所为了呢?

要想正确理解这句话,首先要知道"士"的意义。"士"有多种含义,如:男子美称,将领,兵士,武士,刑狱官员,士大夫,低于士大夫的等级,品德好、有学识、有技艺的人的美称……

根据子贡与孔子的问答,子贡问的"士",不是其他的"士",是执行国君使命的"士",是士大夫的"士"。一个官员,如果只知道盲目执行,发现上级错误不仅不去犯颜纳谏,即使是无德的祸国殃民的指令也要完成,岂不就是小人?

孟子最理解孔子,他说"大人者,言不必信,行不必果,惟义所在",就是这个道理。对有德官员来说:有德之言必信,无德之言不必信,有德之令行必果,无德之令不必听更不能信和行,无奈之下做做样子也就算了,可别产生什么后果。只有符合道义的事情才能去说去做。

所以,这句话要从两方面去理解,一是君子,二是小人。君子自己所说所做的有德之事,必定是言必行,行必果。小人让君子服从命令,要求君子听小人的话必信,行必果,那是不可能的。只有小人为满足上级的意愿,才会坚定不移地去听信、去实行、去达到罪恶的目的。

再从另外两个方面理解,一是主观,二是客观。主观上说的要做的道义之事,行动上必须实现,而客观上听到非道德的话,不仅不能听信,而且不能执行,即使不得不执行,敷衍一下即可,更不能有果,因为那只能是恶果。

"斗筲",斗,容器,一斗等于十升,筲,竹器,容一斗二升。

参考:

《广韵》:"硁硁,小人貌。"

《论语正义》:"斗筲之人,言今之从政,但事聚敛也。"

13.21 子曰:"不得中行而与之,必也狂狷乎。狂者进取,狷者有所不为也。"

释义:孔子说:"不能与人共走中庸之路,那就与狂狷之人同行。狂者锐意进取,狷者不做不可违之事。"

孔子认为中庸之道才是人们处世的最正确标准,却又很难找到并与这类行事毫无偏差的高人为伍。狂狷一类的君子,还是比较多的,可以共同为伍,但要注意吸取和发挥他们不同的长处和避免他们的不足之处。

参考:

《孟子·尽心下》:"孔子不得中道而与之,必也狂狷乎。狂者进取,狷者有所不为也。"

13.22 子曰:"南人有言曰:'人而无恒,不可以作巫医。'善夫。""不恒其德,或承之羞。"子曰:"不占而已矣。"

释义:孔子说:"南方有句话说:'人如果没有恒心,不可以当巫医。'这句话说得好。"《易经·恒卦》说:"人如果不长期坚守道德,就会承受蒙羞之事。"孔子说:"没有恒心做有德的人,不要去占卜,没有用。"

"德"是什么?是天道,是老天让人遵守做人的规矩,是社会正常运行的规律。连道德都不能持之以恒,做巫医的人,又怎么能正确反映和得到上天真实的意愿?占卜与求卜,都是有前提的,想要算得准,就要先有德。

参考:

《公羊传》:"巫者,事鬼神祷解以治病请福者也。"

《论语正义》:"言巫医之事,皆能治疾,独不能治无恒之人,故无恒者不可以作巫医"。

13.23 子曰:"君子和而不同,小人同而不和。"

释义:孔子说:"君子志同道合但可以有不同分歧,小人同流合污而勾心斗角。"

《论语》：一以贯之的民族魂

"君子和而不同"，有的解释是：君子和谐但是不结为同党；有的解释是：君子和谐而不同流合污。

第一种解释的问题是，君子也可以结为同党，只不过不是为了营私。第二种解释容易引起疑问，即君子之间还有同流合污的事？

参考：

《左传·昭二十年》："子犹云'惟据与我和夫？'晏子对曰'据亦同也，焉得为和？'公曰'和与同异乎？'对曰'异'。"

13.24 子贡问曰："乡人皆好之，何如？"子曰："未可也。""乡人皆恶之，何如？"子曰："未可也。不如乡人之善者好之，其不善者恶之。"

释义： 子贡问："大家都喜欢的人，这个人怎么样？"孔子说："不怎么样。""大家都厌恶的人，这个人怎么样？"孔子说："也不怎么样。不如善良的人说他好，邪恶的人说他不好。"

好人、坏人都说他好，只有一个解释，即与好人在一起就说好话、做好事；与坏人在一起，就一起吐恶言、干坏事，八面玲珑、不分是非。

参考：

《论语正义》："善人善己，恶人恶己，是此人真善，而我之善善明也。反是而善人恶己，恶人善己，是此人真恶，而我之恶恶着也。"

13.25 子曰："君子易事而难说也，说之不以道，不说也。及其使人也，器之。小人难事而易说也，说之虽不以道，说也。及其使人也，求备焉。"

释义： 孔子说："与君子共事容易而难以取悦，想让他高兴却不以正道方式，他不会高兴。至于君子用人，量才适用。小人共事难但是容易取悦，让他高兴就用歪门邪道，他容易高兴。至于小人用人，求全责备。"

有的把"君子易事"解释成为君子办事容易，不对，办事，有易亦有难，不能因为是君子就没有难办的事。这句话的意思是：与君子相处共事容易。

参考：

《荀子·大略》："知者明于事，达于数，不可以不诚事也。故曰：君子难说，说之不以为道，不说也。"

13.26 子曰："君子泰而不骄，小人骄而不泰。"

释义：孔子说："君子处世泰然坦荡而不骄矜，小人处世骄矜而不泰然坦荡。"

"泰"，有的解释为"安静、安然"，词义不错，但是容易误解，君子有的安静、安然、安详，有的却活泼好动；小人也有的安静、安然、安详。所以，不能用安静不安静来区分君子与小人。而小人为了谋取私利，往往用的是不正当的暗黑手段，是见不得人的，怎么可能"泰然坦荡"面对世人？

参考：

《孝经正义》："无礼为骄。"

13.27 子曰："刚、毅、木、讷，近仁。"

释义：孔子说："刚正、坚毅、朴实、慎言的品行接近仁德。"

"讷"，多解释为：谨慎，包含的面更广。

参考：

《论语注疏》："刚，无欲；毅，果敢；木，质朴；讷，迟钝。有斯四者，近于仁。"

13.28 子路问曰："何如斯可谓之士矣？"子曰："切切偲偲、怡怡如也，可谓士矣。朋友切切偲偲，兄弟怡怡。"

释义：子路问："怎样做可以称之为士呢？"孔子说："相互切磋勉励，相处怡然，可称为士了。朋友之间切磋勉励，兄弟之间和睦。"

子路问的这个"士"，是有德之士、文明之士，不是出仕做官的士，这个"士"，含义更广，包括官员。子路性子耿直，有时甚至粗鲁，孔子的意思是让子路处世要温和、善良、礼让。

参考：

《论语注疏》："切切偲偲，相切责之貌；怡怡，和顺之貌。"

13.29　子曰："善人教民七年，亦可以即戎矣。"

释义：孔子说："良善的人教化民众久了，民众会为正义而战。"

良善的人，即使不是军人，但是只要教导人民懂得什么是正义，人民也会不惜以武力维护正义。

七年，不是确切的时间，是多年，较长一段时间。古人考功名，三年为初，七年为终。

参考：

《论语正义》："即，就也；戎，兵也。言以攻战。"

13.30　子曰："以不教民战，是谓弃之。"

释义：孔子说："以没有教化的民众去打仗，是对民众的抛弃。"

"不教民"有的解释是没有经过军事训练的人，也没有错，可以说得通，但是不准确，不是孔子强调的重点。孔子认为"教民"打仗，教的是思想，首先要明确为什么去打，为谁去打？是为正义还是非正义？

"是谓弃之"，是双方面的。

教育战士保家卫国，为正义打仗死的光荣，国家和人民会永远记住他们，永远不会放弃。不进行这个教育，就是与战士离心离德，抛弃自己的责任，"是谓弃之"。

为非正义打仗而死就是白白送命，无人问津。

战士们懂得不懂得这个道理？只要没有坚定的道德信念，就不会在战场上拼命，而可能会临阵脱逃，抛弃让他们打仗的人，也是"是谓弃之"。

《论语》就是论述道德的专著，不是其他专业的教材。军队打仗要训练，世人皆知，所有的解释，只要不涉及道德品质等，都没有正确理解《论语》。

参考：

《谷梁传》："以其不教民战，则是弃其师也，为人君而弃其师，其民孰以为君也？"

第十四篇　宪问

14.1　宪问耻。子曰："邦有道，谷。邦无道，谷，耻也。""克、伐、怨、欲不行焉，可以为仁矣？"子曰："可以为难矣，仁则吾不知也。"

释义：原宪问什么是可耻。孔子说："以道德管理国家，官员拿俸禄没问题。不以道德管理国家，还要拿俸禄，无耻。"问："好胜、自夸、怨恨、贪欲都没有的人，可以说是仁人吗？"孔子说："可以说是很难得的人了，是不是仁者我就不知道了。"

"克、伐、怨、欲不行"，是对自己哪方面不能做的要求，不做坏事是好人，但够不上是仁人。能不能做到仁者那种与人为善的爱心呢？原宪没有提到，孔子当然说不知道。

参考：

《论语注疏》："谷，禄也。……克，好胜人。伐，自伐其功。怨，忌小怨。欲，贪欲也。"

14.2　子曰："士而怀居，不足以为士也。"

释义：孔子说："一个士人有贪图安逸的想法，就不配做士人了。"

仁人志士，志在不辞劳苦奔走四方，以仁义广施天下，只想在安乐窝里享受，还是有德之士吗？

参考：

《论语正义》："：士志仁义，大人之事备，不得但怀居，惟耽乐之是从也。"

14.3　子曰："邦有道，危言危行；邦无道，危行言孙。"

释义：孔子说："国家清明，要居安思危，谨言慎行；国家昏乱，慎行无言。"

这段话多解释为："国家清明，说话要正直，行为要正直；国情昏暗，行为还是要正直，但是说话要随和谨慎（委婉谦逊）了。"这个解释对吗？下面逐一分析一下。

《论语》：一以贯之的民族魂

一、"危"，原意是恐惧、危险、危害，把"危"解释成端正、正直的意思，是什么时候开始应用的？《说文解字》与《康熙字典》可都没有如此解释。

二、国家清明时，说话要正直，国家无道时，说话要委婉谦虚？难道说话正直时不需要委婉谦虚吗？

三、"孙"，只能解释成"委婉谦虚吗"？"孙"在这句话里通假"逊"，有谦恭的意思，但"逊"的本义是"逃遁""退让"。"言孙"与"邦无道，则隐""邦无道，则可卷而怀之"意思都是：无道昏君除了小人的逸言和恭维，利国利民的忠言直谏根本不会听，说了也没用，甚至可能会变本加厉，后果更糟，不如不说。

四、成语"危言危行"，真的就是"说话正直，行为正直"吗？解释成邦有道依然"当成险境更加谨言慎行"，是不是这个疑问又毁掉了一个习以为常的著名成语呢？

五、孔子一直教育学生要谨言慎行，无论是邦有道还是无道，如：慎言其余，则寡忧，慎行其余，则寡悔。为什么这句话用"危"代替了"慎"？孔子又为什么用"危"不用"直"这个更说明正直的字？

"危"就是"危"，"危言危行"，即使国家再清明，自己再行得正、说得正，时时处处也要如临深渊、如履薄冰，谨慎更谨慎，小心更小心。有些人，光环加身，就不管不顾，张口就来，随心所欲，稍不留意就会出错，不知对社会对民众影响有多大，后果又有多严重，甚至到了一言毁誉的程度。孔子的教导一定不要当作耳旁风呀。

参考：

《广韵》："危，正也。"

《论语正义》："孙，顺也。……顺言辞以避当时之害也。"

14.4 子曰："有德者必有言，有言者不必有德。仁者必有勇，勇者不必有仁。"

释义： 孔子说："有德的人必定言之有理，但是讲理的人不见得都有德。有仁心的人必定有勇，但是有勇的人不见得都有仁心。"

"有德者必有言"，有的解释近乎荒诞，不提了，还有的是：有德的人必定会讲道理。

这种解释没有错，只是对那些有德但又缺乏口才之人有些不公，他们会知理但是又不会讲出道理。这话有点儿拗口，但是很能说明问题。

道理也不见得是人人都共同承认的真理，有德之人讲天下为公是真理的道理，无德之人讲人自为私是真理的道理。

孔子是辩证哲学家，说这句话的根据是：是不是真理，是不是真有道理，看看位置坐在哪里。

参考：

《荀子·性恶》："仁之所在，无贫穷；仁之所亡，无富贵。"

14.5 南宫适问于孔子曰："羿善射，奡荡舟，俱不得其死然。禹、稷躬稼而有天下？"夫子不答。南宫适出，子曰："君子哉若人，尚德哉若人。"

释义： 南宫适问孔子："后羿善于射箭，暴力大能陆地推舟，却都不得好死。禹、稷注重的是农业，怎么却得到了天下呢？"夫子不回答。南宫适出去后，孔子说："君子就像这个人，崇尚道德的人就像这个人。"

参考：

《论语注疏》："羿，有穷国之君，以其善射，篡夏后相之位，其臣寒浞杀之。奡，寒浞之子，多力。荡，推也。能陆地推舟而行，为夏后少康所杀。"

14.6 子曰："君子而不仁者有矣夫，未有小人而仁者也。"

释义： 孔子说："君子中可能有仁心不足的人，但是小人里绝对没有怀有仁心的人。"

有的解释说君子中没有仁德的人是有的，这个解释不对，没有仁心，就绝对不是君子。君子有五德，"仁德"排第一位。仁心就是爱他人之心，爱心有的人多，有的人少。爱心不足以遍及世人，尚可称为君子，但是没有爱心绝对就是小人。

参考：

《易·系辞传》："小人以小善为无益而弗为也，以小恶为无伤而弗去也，故恶积而不可掩，罪大而不可解。"

14.7 子曰："爱之，能勿劳乎？忠焉，能勿诲乎？"

释义：孔子说："爱其人，能不为其劳心吗？忠其人，能不对他教诲吗？"

"劳乎……诲乎"，多解释为："操劳……规劝"。

也很好。操心劳力、规言劝行，都是对所爱惜之人的表现。孔子是教育家，对喜爱的学生肯定是用心体察，教诲为先。

参考：

《论语集注》："爱而知劳之，则其为爱也深矣；忠而知诲之，则其为忠也大矣。"

《白虎通义》："臣所以有谏之义何？尽忠纳诚也。"

14.8 子曰："为命，裨谌草创之，世叔讨论之，行人子羽修饰之，东里子产润色之。"

释义：孔子说："发布政令，裨谌先起草，世叔游吉提出意见，外交官子羽进行修饰，东里的子产最后润色。"

没有想到，一个封建国家的政令出台，虽说最终是君主定夺，也要多人参与，采纳不同意见，处事如此严谨，出乎想象。孔子在这里特别提出，应该不是当时社会普遍的现象。

参考：

《左传》："裨谌，郑大夫氏名也。……世叔，郑大夫游吉也。讨，治也。裨谌既造谋，世叔复治而论之，详而审之。行人，掌使之官。子羽，公孙挥。子产居东里，因以为号。"

14.9 或问子产。子曰："惠人也。"问子西。曰："彼哉，彼哉。"问管仲。曰："人也。夺伯氏骈邑三百，饭疏食，没齿无怨言。"

释义：有人问子产怎么样。孔子说："是个贤惠的人。"又问子西。孔子说："没法说呀。"又问管仲。"是个人物，夺去了伯氏在骈邑的三百供养户，使他只能吃粗茶淡饭，但是伯氏终生都没有怨言。"

这段话里的"人也"通"仁"，也可解释为"仁人"。但是不仅仅是仁人可以使人信服，只要是会使用手段的人，也会让手段不如他的人信服。

参考：

《经传考证》："孔子于子产称其惠，于管仲称其仁。"

14.10　子曰："贫而无怨难，富而无骄易。"

释义：孔子说："人在贫困的时候没有怨恨之心很困难，人在富贵时克制骄横之心相对容易一些。"

参考：

《孟子·离娄章句上》："恭者不侮人，俭者不夺人。"

《荀子·荣辱》："自知者不怨人，知命者不怨天；怨人者穷，怨天者无志。"

14.11　子曰："孟公绰为赵、魏老则优，不可以为滕、薛大夫。"

释义：孔子说："孟公绰作为赵氏、魏氏的家臣才力有余，但是不可以胜任滕国或薛国的大夫。"

参考：

《仪礼·聘礼·疏》："大臣家臣称'老'。"

14.12　子路问成人。子曰："若臧武仲之知，公绰之不欲，卞庄子之勇，冉求之艺，文之以礼乐，亦可以为成人矣。"曰："今之成人者何必然？见利思义，见危授命，久要不忘平生之言，亦可以为成人矣。"

释义：子路问什么是完美的人。孔子说："如果像臧武仲那样明智，孟公绰那样清廉，卞庄子那样勇敢，冉求那样的才艺，再以礼乐修饰自己，那就是完美的人了。"又说："现在完美的人又何必有那么多要求？看见利益先想一想大义，看见危险挺身而出，长久处于贫困之中而不忘记做人的诺言，这样的人也可以说是完美的人了。"

"成人"，是完美的君子，不是成年人。

参考：

《论语正义》："是成人为成德之人，最所难能。"

《论语注疏》："久要，旧约也。平生犹少时。"

14.13 子问公叔文子于公明贾曰："信乎，夫子不言、不笑、不取乎？"公明贾对曰："以告者过也。夫子时然后言，人不厌其言，乐然后笑，人不厌其笑，义然后取，人不厌其取。"子曰："其然？岂其然乎！"

释义：孔子问公明贾关于公叔文子的情况："这话可信吗？说这位夫子不苟言笑、不取钱财？"公明贾说："这个告诉你的人言过其实了。夫子是应该说话时才发言，所以别人才会认真听他讲话，是大家都觉得可乐时他才一起笑，别人才不认为他笑得虚伪，符合大义的钱财他才取用，别人才不反感他获取钱财。"孔子说："是这样吗？原来是这样啊！"

有的解释说不言、不笑、不取钱财就是从来不说、从来不笑、不取钱财。不对，那种人不是聋子就是哑巴，或者神经不正常，这样的人不可能成为夫子，这种解释与下文也对不上。孔子想要了解的是，公叔文子在什么条件下才说话、才笑、才获取钱财。

参考：

《礼记·檀弓·注》："公叔文子，卫献公之孙，名拔，或作发。"

《论语正义》："时，谓时当言也。"

《论语义疏》："其然者，然如此也。言今汝所说者，当如此也。"

14.14 子曰："臧武仲以防求为后于鲁。虽曰不要君，吾不信也。"

释义：孔子说："臧武仲以放弃封给自己的防城为条件，求鲁国国君为臧氏后代安排一个可以守其先人之祀的高位。虽然有人说这不是要挟国君，可我不相信。"

防城可以用来还给国君，亦可他用，甚至联合他国据城起兵造反，嘴上说不是要挟，其实就是威胁。心口不一，不是君子。

参考：

《论语正义》："防，武仲故邑。为后，犹立后也。"

14.15 子曰："晋文公谲而不正，齐桓公正而不谲。"

释义：孔子说："晋文公狡诈而不正直，齐桓公正直而不狡诈。"

"谲"，有狡诈的意思，也有绕着弯说话办事的意思，所以也可以解释为：晋文公是个权术之人。有一次晋文公想召集其他诸侯开个会，又怕诸侯不买账不来，就请周襄王去晋国打猎，然后通知诸侯，说周天子在我这儿呢，你们快来和我一起朝见他去吧。

参考：

《左论语正义》："谲者，诈也。谓晋文公召天子而使诸侯朝之，是诈而不正也。"

14.16 子路曰："桓公杀公子纠，召忽死之，管仲不死。曰：未仁乎？"子曰："桓公九合诸侯不以兵车，管仲之力也。如其仁，如其仁。"

释义： 子路说："齐桓公把公子纠杀了，公子纠的师傅召忽为了公子纠自杀了。而公子纠的另外一个师傅管仲却没有一起陪同去死，能说是仁者所为吗？"孔子说："齐桓公多次召集各路诸侯而没有使用武力，是管仲的功劳呀，他是个仁者，是个仁者。"

子路问孔子，你不是说事君数就是可耻不忠吗？为什么还要说他是个仁者？管子原来是公子纠的人，公子纠被桓公杀了，他不但不去为公子纠报仇，反而又投靠了桓公，应该就是个小人呀。

有的人左投右靠，是为自己谋得更大利益，而有的人则是寻找施展爱心更大的空间，这两种人，孔子还是分得清楚的。

参考：

《吕氏春秋·勿躬》："以受令于管子，十年九合诸侯，一匡天下。"

14.17 子贡曰："管仲非仁者与？桓公杀公子纠，不能死，又相之。"子曰："管仲相桓公霸诸侯，一匡天下，民到于今受其赐。微管仲，吾其被发左衽矣。岂若匹夫匹妇之为谅也？自经于沟渎而莫知也？"

释义： 子贡说："管仲是个仁德的人吗？齐桓公把公子纠杀了，他不一同去死罢了，更过分的是，还跑去辅佐齐桓公了。"孔子说："管仲辅佐齐桓公称霸于诸侯，匡正了天下，民众到现在都享受他的功德。没有管仲，我们都生活在蛮荒的世界。管仲怎么能像不懂事的普通百姓那样做呢？为了公子纠去到没人知道的山沟里自杀了事？"

"微管仲"，没有管子的意思。"被发左衽"就是"披发左衽"，中原文明之外的野蛮人。

子路对管仲的问题，子贡又问了一遍。对子路，孔子从大的角度肯定了管子的功绩，对子贡，孔子从国民的文明发展、幸福指数肯定了管子的功绩。

参考：

《论语注疏》："微，无也。衽谓衣衿，衣衿向左谓之左衽。夷狄之人，被发左衽。"

14.18 公叔文子之臣大夫僎与文子同升诸公，子闻之曰："可以为文矣。"

释义： 公叔文子的家臣大夫僎和文子一样被升为大夫，孔子听到后说："（他死后）可以给予'文'的谥号了。"

在孔子眼里，人的出身没有高低贵贱之分，只有人品的高与低。只要你能达到"文"的水准，即使就是家臣，与家主一样可以获得崇高谥号。

参考：

《后汉·吴良传注》："文子家臣名僎，操行与文子同，文子乃升进之于公，与之同为大夫。"

14.19 子言卫灵公之无道也。康子曰："夫如是，奚而不丧？"孔子曰："仲叔圉治宾客，祝鮀治宗庙，王孙贾治军旅，夫如是，奚其丧？"

释义： 孔子说卫灵公无道。康子说："如果是你说的那样，卫国不就败亡了吗？"孔子说："仲叔圉善于外交，祝鮀善于祭天敬祖，王孙贾善于军事，是他们在恪尽职守，卫国怎么会败亡呢？"

"奚而不丧"，有的解释是：为什么不丧失其位呢？

这种局限在卫国的良臣似乎是为卫灵公一个人在努力工作，使他不丧失王位的解释，与孔子的思想境界相差太远，孔子考虑问题，都是出于对国家、对民众的关心。结合后文来看，孔子的意思是只要是良臣，不会不分青红皂白有样学样，更不会学坏样。上梁不正下梁正，他们不与卫灵公一道去腐化堕落，是在自己的岗位上兢兢业业为国服务，使国家不因国君个人的道德沦丧而沦落。

看来卫灵公本身成为不了道德高尚的国君，但是用的人却都是精通业务而且是敬业的君子。用人用对了，他自己虽然自私自利、生活腐化，却也没有失位亡国。

参考：

《论语正义》："丧，亡也。奚，何也。"

14.20 子曰"其言之不怍，则为之也难。"

释义： 孔子说："如果让一个人把吹的牛当真去做，那他要实现可就难了。""怍"，惭也，大言不惭，是君子吗？

参考：

《大戴礼·曾子立事》："君子微言而笃行之，行必先人，言必后人，君子终身守此悒悒。"

14.21 陈成子弑简公。孔子沐浴而朝，告于哀公曰："陈恒弑其君，请讨之。"公曰："告夫三子。"孔子曰："以吾从大夫之后，不敢不告也。君曰：'告夫三子'者，之三子告，不可。"孔子曰："以吾从大夫之后，不敢不告也。"

释义： 陈成子杀了齐简公。孔子按照礼节沐浴之后上朝，告诉哀公说："陈恒把齐国国君杀了，请您起兵讨伐。"鲁哀公说："你去向孟孙氏、叔孙氏、季孙氏去谈出兵的事吧。"孔子说："我曾经是大夫，不敢不履行职责来向大王汇报。您说要我去向那三个大夫汇报，那是不行的。"孔子说："我自己曾经就是大夫，不敢不向大王汇报。"

有的解释是说孔子退出后，向三个执政的大夫汇报后得到的答复是"不可"。而这个"不可"，是三个人不许可出兵，还是孔子不该向那三个人请示出兵？在没有国君的命令下，谁敢擅自出兵？即使军权掌握在那三子之手，但是从形式来说，也要国君先下令。所以，解释说哀公要孔子求三子出兵是本末倒置了。

孔子两次说"不敢不告"，可以说孔子强调自己不敢不告国君，但可以敢不告三子，他也不可能不谙礼节降低身份向与自己同级别的三子汇报。

这个"不可"，是孔子向哀公说他自己就已经是大夫级别，不可向同级别的大夫请示，所以他再次说"以吾从大夫之后"意思就是，我再次强调，我也曾经是大夫级别，直接告诉国君就行了。至于出兵不出兵，国君可以推诿给三子，但孔子的责任尽到了。

参考：

《左传·哀公》："孔丘三日斋，而请伐齐……公曰'子告季孙。'孔子辞。退而告人曰："吾以从大夫之后也，故不敢不言。"

14.22 子路问事君。子曰："勿欺也，而犯之。"

释义： 子路问怎样从事于国君。孔子说："不要欺骗他，而要不怕冒犯直言规劝。"

看了这段话，心情大悦。这段话与其他诸如"欺君犯上、犯上作乱、上命不可违……"的思想有多大差别？都说孔子是封建统治者的卫道士，但是他居然说出对国君"而犯之"这种在封建统治阶级认为是无法忍受、大逆不道的话来，犯上等同于作乱，什么是"文死谏"？这就是！

参考：

《论语正义》："此章言事君之道，义不可欺，而当能犯颜谏争之。"

14.23 子曰："君子上达，小人下达。"

释义： 孔子说："君子望上走，小人望下行。"

君子向上达于仁义，小人向下追逐私利。

参考：

《论语注疏》："言君子达于德义，小人达于财利。"

14.24 子曰："古之学者为己，今之学者为人。"

释义： 孔子说："古时候的学者修为自己，现今的学者修理别人。"

孔子说话逗不逗？幽默不幽默？这就是"寓教于乐"。

参考：

《论语注疏》："古人之学，则履而行之，是为己也。今人之学，空能为人言说之，己不能行，是为人也。"

14.25 蘧伯玉使人于孔子，孔子与之坐而问焉，曰："夫子何为？"对曰："夫子欲寡其过而未能也。"使者出。子曰："使乎，使乎！"

释义：蘧伯玉派人拜访孔子，孔子与他同坐，问："蘧夫子派你来干什么呢？"使者说："夫子想减少自己的过错但是没有办到。"使者走后，孔子叹道："好一个使者，真是好使者！"

使者能够把蘧伯玉的问题提的一针见血，指出他明知有错，却不知错在哪里，为什么会错，为什么一错再错，需要孔子帮助解决，所以孔子夸他是个好使者。

蘧伯玉，卫大夫蘧瑗。

参考：

《论语注疏》："再言'使乎'者，善之也。言使得其人。"

14.26 子曰："不在其位，不谋其政。"曾子曰："君子思不出其位。"

释义：孔子说："不在那个岗位上，不要干涉人家的政务。"曾子说："君子思考政务不要越过自己管辖的范围。"

"不谋其政"，多解释为：不要考虑他人的政务，或像曾子说的：考虑政务不要超出自己的职位范围。

其实这是混淆了孔子与曾子的"谋、思"的概念，没有把"谋"在这句名言中的意味体现出来。

一个和谐的社会，不能自扫门前雪，个人顾个人，而是要群策群力，众人拾柴火焰高，不能固步自封，听不进他人意见和建议。孔子说的"不谋"，是不去谋求自己的建议和意愿替换他人的政务，但是没有说不能给他人的工作提出意见，更不能听不进普通民众的意见，而且说得对的就要改正，就要去做。

孔子说："法语之言，能无从乎？改之为贵！……说而不绎，从而不改，吾未如之何也已矣。"是"不谋其政"不考虑他人政务的意思吗？更何况大家都知道什么是"文死谏"，这是不是臣民考虑国君位置的政务、甚至是超出自己岗位范围考虑国君的政务吗？

参考：

《礼记·中庸》："君子素其位而行，不愿乎其外。"

《论语正义》："曾子遂曰：'君子思谋，当不出己位。'言思虑所及，不越其职。"

14.27 子曰："君子耻其言而过其行。"

释义：孔子说："君子耻于说大话而做得少。"

言过其行是耻辱。这一句应该连接在"其言之不怍，则为之也难"后面，都是劝诫君子不应该口出狂言却力不能逮。与《里仁篇》里的"古者言之不出，耻躬之不逮"意思相同。

参考：

《礼记·杂记》："有其言，无其行，君子耻之。"

14.28 子曰："君子道者三，我无能焉：仁者不忧，知者不惑，勇者不惧。"
子贡曰："夫子自道也。"

释义：孔子说："君子道行修成有三条标准，我达不到：修成仁义之人对自己就不会患得患失；修成智慧之人就不会被各种伪像和利诱所迷惑；修成无畏之人就敢为大义而献身。"子贡说："这正是夫子已经修成的道行呀。"

孔子心怀天下、社稷、百姓，可谓大仁，看问题中肯、尖锐、深刻，充满哲学睿智，可谓大智，临危不惧，可谓大勇。子贡不是拍马屁。

孔子认为言过其实是可耻的事，对自己的品行更不敢夸大。这就是谦虚。谦虚是美德，只有谦虚才有包容。

参考：

《礼记·中庸》："知、仁、勇三者，天下之达德也。"

14.29 子贡方人。子曰："赐也贤乎哉？夫我则不暇。"

释义：子贡议论他人。孔子说："子贡你这样议论别人是贤德吗？议论别人我可没工夫。"

"夫我则不暇"是"我可没有闲工夫议论别人"，其实这里面含有"修为自己就忙不过来了，还有时间去议论别人？"

参考：

《释文》："方人，郑本作谤，谓'言人之过恶'。"

14.30　子曰："不患人之不己知，患其不能也。"

释义： 孔子说："不怕别人不了解自己的才能，就怕自己真的没有才能呀。"

"患其不能也，"有的版本是"患己"，应该更贴切。

《学而》"不患人之不己知，患不知人也，"都是不要怕别人不了解自己，只怕自己道德上有什么欠缺。需要自己担当的时候，却发现无德无才无能为力。所以修为自己才是当务之急。

参考：

《诫子书》："今之职位，缪恩之加耳，非吾力所能致也。"

14.31　子曰："不逆诈，不亿不信，抑亦先觉者，是贤乎？"

释义： 孔子说："不以别人是不是欺诈为前提来揣测人，不臆测别人是不是诚信，也许有人先知先觉，那是圣贤之人吧？"

中国有一句俗语，叫欺（害）人之心不可有，防人之心不可无。为什么会有这种心态？因为小人多君子少，那个社会必定是乱世。孔子说这句话的前提，就是邦有道，君子善行遍于世，小人骗子没有施展的场所。

参考：

《论语正义》："逆诈者，谓以诈意逆猜人也。……'先觉'者，诈与不信，未容施行，已觉之也。"

《大戴礼·曾子立事》："君子不先人以恶，不疑人以不信。"

14.32　微生亩谓孔子曰："丘，何为是栖栖者与？无乃为佞乎？"孔子曰："非敢为佞也，疾固也。"

释义： 微生亩问孔子："孔丘，你为什么总是四处奔波？就是为了展现自己那能言善辩之口舌？"孔子说："不敢逞口舌之辩，只是因为憎恨那些冥灵不化之人。"

"栖栖"本义是安居,"何为是栖栖者与",直意是:"为什么你不能安居其所呢?"

"疾固也",疾什么固?憎恨痼疾!憎恨那些占据高位,冥顽不化的统治阶级,去纠正他们,再这样下去,老百姓就要造反啦!

参考:

《论语正义》:"栖栖者,邢疏云:'犹皇皇也'。"

《论语集注》:"为佞,言其务为口给以悦人也。……疾,恶也。固,执一而不通也。"

14.33 子曰:"骥不称其力,称其德也。"

释义: 孔子说:"千里马不是称道它的力能行远,而是它尽心竭力的品德。"

有的解释是:有人以力治国,有人以德治国。这种解释意义也很好。

千里马有能力一日跑千里,但是如果不尽心尽力,恐怕一日百里也难跑到。

有优秀的能力,还得有优秀的品德为灵魂,才能全力以赴、充分发挥出自己的能力,孔子应该是这个意思吧。

参考:

《说文》:"骥,千里马也。"

14.34 或曰:"以德报怨,何如?"子曰:"何以报德?以直报怨,以德报德。"

释义: 有人问:"用恩德回报怨恨,怎么样?"孔子说:"那用什么报答别人给你的恩德呢?应该以正直回报怨恨,用恩德报答恩德。"

以德报怨,让坏人得不到惩罚和教训,就是怂恿坏人加倍干坏事。以怨报怨,那是你对我干了什么,我也对你以同样方式相还,是把自己也当成了坏人,是仇仇相报,没完没了。以直报怨,才是最正确处人处事的方法。

参考:

《论语正义》:"虽是宽仁而不可为法,故此告或人以报怨之道宜以直也。"

14.35　子曰："莫我知也夫！"子贡曰："何为其莫知子也？"子曰："不怨天，不尤人。下学而上达，知我者其天乎。"

　　释义：孔子说："没有人知道我的志向呀。"子贡问："为什么不知道呢？"孔子说："不要埋怨天不作美，也不要怨恨别人不帮助你。从品行低下学起而达到高尚道德，我的品行处于哪个水平只有天知道呀。"

　　"莫我知"是"莫知我"的倒装，意思是：不知道我。但是不知道孔子的什么？是思想道德境界水准或业务能力吗？孔子不怕别人不了解自己有什么德行与能力，正像他在《论语》中多次提到并且在本篇第三十段又强调过："不患人之不己知"。所以，这句话被有的人解释为"没有人了解我呀"，简单而又不准确，孔子如果为这个而感叹，孔子就不是孔子了。

　　有的解释"下学"，是学人事，"上达"是上知天命。如果把下学理解为就是学道德，正确，学其他人情世故，与"上达"没有关系，错误。"知天命"，既然都已经知天命了，应该无所不知呀，怎么还要问问老天？与孔子的"知我者其天乎？"意思连不上，上下文不符。

　　孔子这这段话里说的是：没有人知道自己学成的道德品质达到了多高的境界，包括孔子自己。天道，是天所赋予的道德规范，只有天，才能知道一个人的道德修养离天道的差距有多大。

　　参考：

　　《论语集注》："尤，非也。孔子言己不用于世而不怨天，人不知己亦不非人也。"

14.36　公伯寮愬子路于季孙。子服景伯以告曰："夫子固有惑志于公伯寮，吾力犹能肆诸市朝。"子曰："道之将行也与，命也；道之将废也与，命也。公伯寮其如命何？"

　　释义：公伯寮向季孙诽谤子路。子服景伯告诉孔子说："季孙虽然被公伯寮所迷惑，我还是有能力让公伯寮陈尸于市。"孔子说："天道能够实行，是天命所定；天道废止，同样也是天命所定。公伯寮能够违背天命吗？"

　　"肆诸市朝"，"肆"，除了其他解释，这里是陈尸的意思。

参考：

《论语正义》："愬，谮也。"

14.37 子曰："贤者辟世，其次辟地，其次辟色，其次辟言。"子曰："作者七人矣。"

释义： 孔子说："贤德的人避免参与不清明的政治，即使要参与国事，也要选择去清明的国家，两个都办不到，就要避免看政要人物的脸色行事，还是办不到，那就别随声附和。"孔子说："这样做的贤人有七个。"

"贤者辟世"，多解释为贤德的人要避世隐居，意思通但是不全面。孔子说的是贤德的人不参与乱世之人之事。君无道，臣民也不能跟着无德。要辟的是无道之世的暴君、小人、恶政，不与其同流合污，是为了"不降其志、不辱其身"，不仅仅是消极辟世隐居，更多的贤德君子对无道之世不仅不躲避，还会去努力奋争，以高尚道德去改变这个世界。

孔子从来没有在世道黑暗之时选择躲避隐居，而是敢为人先，为改变社会不良风气而奉献了终生。

七个贤人有的解释是：伯夷、叔齐、虞仲、夷逸、朱张、柳下惠、少连等七人。有的解释是：长沮、桀溺、丈人、石门、荷蒉、仪封人、楚狂接舆。还有的相互加上三人，成为十人。不管贤人是七个还是十个，只要按照贤德法则处世，不充当恶奴，不为虎作伥，最起码不能随波逐流，才是贤德之人。

参考：

《管子·宙合》："贤人之处乱世也，知道之不可行，则沈抑以辟罚，静默以侔免。"

《论语正义》："作，为。"

14.38 子路宿于石门，晨门曰："奚自？"子路曰："自孔氏。"曰："是知其不可而为之者与？"

释义： 子路夜里在石门留宿，早晨开门，看门的问他："从哪里来呀？"子路说："从孔子家那里来的。"门人说："是那个知道自己的主张不会采纳还是要坚持的那个人吗？"

据说这个看门人也是个隐者，为躲避乱世，不与小人为伍，而隐藏姓名当了一个看门人。他认为孔子是逆流而上、逆势而行，明知是狼口，怎能夺其食？对于贪婪为本的统治者，教导与劳动人民同甘苦、共患难、世界大同的政治课，无异是与虎谋皮。

"是知其不可而为之者与？"明知办不到还要非去办，是不是傻呀？可今天办不成，明天办不成，不断做下去，总有一天办得成。可是不去做，永远也不会成。积土成山、滴水成河，不积跬步无以行千里，这个道理，门人是懂得的。

参考：

《论语集注》："石门，地名。晨门，掌晨启门，盖贤人隐于抱关者也。自，从也，问其何所从来也。"

14.39　子击磬于卫。有荷蒉而过孔氏之门者曰："有心哉，击磬乎。"既而曰："鄙哉，硁硁乎。莫己知也？斯己而已矣！深则厉，浅则揭。"子曰："果哉。末之难矣。"

释义： 孔子在卫国击磬。有一个背着草筐的路过他门口的人听到后说："这个击磬的人有心事呀。"接着又说："不怎么样呀，这磬击发的声音硁硁的，不知道自己该如何啊？自己就是自己嘛！该怎么做就怎么做，水深了就踩着石头渡过去，水浅了，就撩起衣服蹚过去。"孔子说："说得真干脆。没什么渡不过去的难关。"

踏石渡水为厉。水深了，就踩着石头过河，水浅了，把衣服撩起来不就行了？再复杂的事，不过就是一个主要矛盾。

这个"荷蒉"的人也是一个隐姓埋名的高士，他的话，就是说给孔子听的。孔子为天下为公的理想四处奔波，但是涉及统治阶级的既得利益，不可能被他们接受。当孔子的心情通过磬声表达出来，荷蒉不仅理解，而且给予孔子解决的方法，这就是辟世不辟事的君子处世之道。

参考：

《论语新解》："厉字亦作砅，履石渡水也。……揭者，以手搴裳过水。水深过膝，则须厉，水浅在膝以下，则只须揭。"

《论语集注》："荷，担揭也。蒉，草器也。"

14.40 子张曰："《书》云：'高宗谅阴，三年不言。'何谓也？"子曰："何必高宗？古之人皆然。君薨，百官总己以听于冢宰三年。"

释义：子张问："《尚书》说：'高宗守丧，三年不谈政事。'是什么意思呢？"孔子说："仅仅是高宗吗？古人都是如此。国君死了，三年内，文武百官都要听从冢宰的指令处理自己管辖的政务。"

高宗武丁，继任国君之后三年，没有当着众朝臣说过一句话，没有下过一个指示，所有的指示和政令都是自己的老师甘盘颁布的。甘盘不干了，又把一个奴隶傅说提拔为冢宰，替自己执政。为什么？有的说是在搞调查研究，有的说是嗓子有问题，说不出话来。

只有孔子，是从居丧守灵的角度，强调即使是国君，也要遵守敬重祖先的礼仪，即孩子在父母怀抱里喂养三年，才能够真正下地自行，父母去世，只让孩子以守孝三年的方式回报，过分吗？

再从另外一个角度来看，证明只要是有德之人行政，即便他曾经是奴隶，一样可以为国为民执政。

"谅阴"，居丧时所住的房子。

参考：

《论语讲要》："谅阴，诸注采郑康成说，指天子居丧所住的凶庐。"

《论语集注》："总己，谓总摄己职。冢宰，太宰也。百官听于冢宰。"

14.41 子曰："上好礼，则民易使也。"

释义：孔子说："各级官员真诚地以礼相待百姓，那么百姓就会服从指令。"

上行下效，不令而从，说的就是这个道理。己所不欲，勿施于人，还是这个道理。礼尚往来，礼是崇尚你来我往的，只想让百姓听从、服从，而自己却傲慢无礼、蛮横无理，那是自找没趣。

有的解释说，"上好礼"是上级讲究礼仪。没错，但是容易误解只是自己对上级，或是上级的上级，更怕的是表面文章，是作秀，百姓会怎么看怎么想？这句话的"礼"不涉及其他，只是针对民众，同样，如"上好礼，则民莫敢不敬"，都是说官员对民众的态度。对老百姓要讲礼，讲礼就是讲理，不能蛮横无理。谦恭、和善是对百姓敬畏之心的外在表露，至于要不要仪式，不重要。

参考：

《礼记·仲尼燕居》："礼之所兴，众之所治也；礼之所废，众之所乱也。"

14.42 子路问君子。子曰："修己以敬。"曰："如斯而已乎？"曰："修己以安人。"曰："如斯而已乎？"曰："修己以安百姓。修己以安百姓，尧、舜其犹病诸？"

释义： 子路问怎样修成君子。孔子说："修为自己的敬畏之心。"子路问："这样就是君子吗？"孔子说："修为自己以使周围的人安居乐业。"子路问："这样就是君子吗？"孔子说："修为自己以使百姓安居乐业。修为自己以使百姓安居乐业，尧、舜就是忧虑修为达不到这一点。"

有解释"尧、舜其犹病诸"是尧、舜担忧做不到。做不到是因为担忧无法做到，还是因为修为不到而不做不到？

还记得"何事于仁？必也圣乎！尧、舜其犹病诸。"这句话吗？

孔子认为，圣人的仁心是广施善行于天下百姓，而尧舜的修为达不到。同样，仁义之心修为不到普施天下百姓，就不是圣人，就不能使百姓都过上安居乐业的好日子。这是尧舜修为的缺陷，不是担忧或者说是顾虑。

参考：

《论语正义》："病，犹难也。"

14.43 原壤夷俟。子曰："幼而不孙弟，长而无述焉，老而不死，是为贼。"以杖叩其胫。

释义： 原壤像土人那样叉开腿坐着迎接孔子。孔子笑骂道："你打小就不懂礼节，活了一辈子也没有什么建树，到老了还赖着不死，活在世上就是个祸害。"边说边用拐杖敲打原壤的小腿骨。

原壤和孔子是发小，彼此无拘无束，对与孔子这样赫赫有名的大夫、大思想家、大教育家会面，也故意表现出你算老几，满不在乎的样子，就是与讲究礼仪的孔子开个玩笑。孔子识趣，哪里计较这些？幽默性起，也就从小到老的把原壤数落一番，拿发小调侃一通。这还不够，你小子居然敢叉开腿坐，来故意轻视慢待我，我就打你的小腿骨，来教训你的无礼，那里没肉，看你疼不疼。

有人曾用"老而不死谓之贼"这句玩笑话，攻击孔子不尊敬老人，确实误解了孔子。孔子是对原壤这个老朋友个人开的玩笑，不是针对其他老人，如此理解这句话的人，恐怕是缺乏孔子的幽默感。

参考：

《礼记·檀弓》："孔子之故人，曰原壤。其母死，夫子助之沐椁。"

《论语正义》："夷，踞。俟，待也。踞待孔子。"

14.44 阙党童子将命，或问之曰："益者与？"子曰："吾见其居于位也，见其与先生并行也。非求益者也，欲速成者也。"

释义： 阙党的一个童子奉命到孔子那里受教。有人问："这是个求上进的孩子吗？"孔子说："我看见他坐在成年人的位子里，还看见他走路时与长辈并肩而行。这就不是一个求上进的孩子的所为，只是一个急于求成的孩子。"

"阙党童子将命"，多解释为童子向孔子传话。一个传话，就能引起孔子那么多的话？就能得出结论？孔子太武断了吧？看看后面接着问的是什么？"益者与"！什么意思？他受益了吗？或者是：他长进了吗？他进步了吗？他的学习收获多吗？仅仅就是传话，能受益什么、进步什么、收获什么？最应该问的是：他传达的内容正确吗？及时吗？重要吗？所以这种传达、传话的解释，与下一句问话不相干。

"居于位""与先生并行"，不应该是一个童子的所为。孔子教学，因人施教，成人有成人的班，孩子就在孩子的班里，可这个孩子就挤在成人班里。走路时，也不与孩子们为伍，而是混在成人堆里，他不是无心之举，也不是一次两次，一天两天，这就是阙党童子在受教期间的日常外在表现。

孔子的回答，是对孩子的行为举止进行过即使不是长期、但也是经过一段时间、细心观察分析后才得出的结论。孔子认为，一个人的道德培养，不是与成人在形式上平起平坐，就会达到成人的道德水准。阙党童子对道德成长的内涵意义与长期性，缺乏正确的认识啊。

"童子将命"，正因为这个孩子自命不凡、自视清高而与同龄的孩子无法相处，其家长才命令这个孩子到孔子那里接受教育，让他知道，道德品质不可能速成，是随着年岁学习提高，遂行实践，逐渐积累，才能成长为正人君子、仁人志士。现在这个年龄,还是找同龄的孩子在玩耍中学习成长吧。

注意:"将命",既可以解释为"传命",也可以解释成"奉命","将"就是"奉"的意思。

参考:

《荀子·儒效》:"仲尼居于阙党,阙党之子弟罔不分。有亲者取多,孝悌以化之也。"

《论语集注》:"将命,谓传宾主之言。"

第十五篇　卫灵公

15.1　卫灵公问陈于孔子。孔子对曰："俎豆之事，则尝闻之矣。军旅之事，未之学也。"明日遂行。

释义：卫灵公向孔子问军队列阵的学问。孔子说："关于祭祀事宜，我听说过不少，但是军旅方面，我从来就没有学过。"第二天孔子就离开了卫国。

这一段与樊迟问稼意义相同。如果说，有人解释樊迟向孔子讨教怎样学种庄稼，而孔子不教，是看不起农民，那么，卫灵公向孔子讨教军事问题，孔子虽然懂得军事知识，并且是其讲学的内容之一，但是对卫灵公却说不懂，是他连军事家也看不起，还是孔子真的不懂军事？

季康子问冉有：您的军事素养这么高，是天生的还是后学的？冉有说：是孔子教的。

鲁哀公十一年，齐、鲁交战，孔子的弟子冉求为左师统领，樊迟为车右。

当公山不狃、叔孙辄领叛兵攻打鲁国之时，是孔子亲自指挥申句须、乐颀去讨伐，打得叛军四处奔逃。

孔子作为军事家亦当之无愧。

实际是，孔子本来见卫灵公，是要教育教育他，怎样用德政管理国家，治理国家。可是卫灵公居然不问政事，却舍本求末，让孔子教他军事。孔子会怎么想？教军事吾不如军事专家也，你想学军事，到军事学院去吧。我是国家行政学院院长，只想给你讲一讲行政官员的岗位道德和执政理念，其他的，对不起，还可以给你讲一讲敬天地、祭鬼神、与道德沾点边的礼节问题。

想给国君讲政治，国君扯军事，你要扯军事，我就讲俎豆。政事本是国家第一大事，一国之主却不务正业，避而不谈，可见不是治国之君。孔子也就以其人之道还治其人之身，不想讲又不得罪。你若指东划西，我便天南地北，孔子的风趣、幽默、机智、灵敏，令人叹服。

"陈"通"阵"。

参考：

《新序》："昔卫灵公问陈，孔子言'俎豆'，贱兵而重礼也。"

《论语注疏》："俎豆，礼器。"

15.2　在陈绝粮，从者病，莫能兴。子路愠，见曰："君子亦有穷乎？"子曰："君子固穷，小人穷斯滥矣。"

释义：在陈国断了粮，跟从孔子的人贫病交加，一蹶不振。子路很生气，去见孔子说："君子也有在困境中思穷虑竭的时候吗？"孔子说："君子穷其谋还是摆脱不了困境，但是照样可以固守节操，小人就要绞尽脑汁，滥用歪点子胡作非为啦。"

"君子亦有穷乎？"多解释为：君子也有穷困潦倒的时候吗？

怎么没有？君子多生活困苦，因为君子不会牟取不义之财。颜回就是"一箪食、一瓢饮、在陋巷"，穷困不穷困？不仅是穷困，而且是常态。

参考：

《论语集解》："滥，溢也。言君子固亦有穷时，但不如小人穷则滥溢为非。"

《论语集解》："孔曰：'从者，弟子。兴，起也'。"

15.3　子曰："赐也，女以予为多学而识之者与？"对曰："然，非与？"曰："非也。予一以贯之。"

释义：孔子说："子贡啊，你认为我是因为博览群书才成为有远见卓识的人吗？"子贡说："对呀，难道不是吗？"孔子说："不对呀。我看任何问题都是以道义这一个标准贯彻始终。"

"女以予为多学而识之者与"，多解释是：你以为我是博闻强记的人吗？有的解释是：你以为我学习得多了才记得住吗？

这是把"识"仅仅定义为"记忆"了。如果想记住所学的内容，应该反复背诵一篇文章而不是多学，学得越多越记不住。能够"博闻强记""过目不忘"的人是天才，不可能人人做到。

"识之者与"，给予认知客观世界的能力，而不是给予记忆力的本领。

"予一以贯之"有的解释是：一个根本的东西贯彻始终。或解释为：一个基本概念贯通。

都不错，只是不知道是用什么东西、什么基本概念贯穿始终才能让孔子博闻强记？

"识"，还有识别、见多识广、释疑解惑、明辨是非等意义。就是知道罔惑、困惑人们的各种因素是什么，懂得什么是道德，什么是非道德，能够正确分辨什么是"是"，什么为"非"。

孔子对曾参说："吾道一以贯之。"即忠恕，"与人忠"。

看待社会万象对与否，只有用道德标准来衡量、来贯穿始终才能看清本质。

参考：

《论语正义》："惟孔子无所不贯，以忠恕之道通天下之志，故无所不知，无所不能，非徒恃乎一己之多学而识也。"

15.4　子曰："由，知、德者鲜矣。"

释义：孔子说："子路，智、德兼备的人太少了。"

"知德者鲜矣"多不断句，解释为："由，懂得什么是道德的人太少了。"

确实，人的道德涵养有多有少，素质有高有低。不管是有多有少，还是有高有低，总的来说都是知道道德的，甚至就是小人，也知道什么是有德，什么是无德，只不过就是不做有德之事。因此，解释为知道道德的人不太确切。

"德"，包括很多方面，但用一个字即可包括："公"。

一个人有公心，即有德。但是有德缺智，就很难把公落到实处，把公众的事情办好。要做好利国利民的行政事务，就要做到正、平、中。能够正确掌握处理问题的不偏不倚、不高不低、不左不右。这句话说得容易，做起来难，缺乏大智的人要做起来更难。

孔子对子路说这句话，含义很明白，告诉子路，你就是一个有德有勇而缺大智的人。子路的结局，就是死在了缺心眼上面，最终证实了孔子的忧虑、预感与警示：若由也，不得其死然。

这句话的"知"通"智"。"智德"是道德的一个重要的组成部分。

参考：

《资治通鉴·周纪》："才者，德之资也；德者，才之帅也。"

15.5 子曰:"无为而治者,其舜也与?夫何为哉?恭己正南面而已矣。"

释义:孔子说:"什么也不做就能治理天下的人,就是舜吧?他的作为呢?修为好自己,面南端坐王位上罢了。"

"无为",说是无为,确实有为,只是不把自己的意愿强加给他人罢了。所谓的无为,其实就是孔子所倡导的:"己所不欲,勿施于人"的领导处事原则。

端坐在王位上天下就能太平,百姓就能安居乐业?这可真的就又误解了孔子的意思。行的直、坐的正,以身作则,是百姓的榜样,才是孔子所说的"恭己正南面而已矣"。

参考:

《论语正义》:"'正南面'者,正君位也。"

15.6 子张问行。子曰:"言忠信、行笃敬、虽蛮貊之邦行矣;言不忠信,行不笃敬,虽州里行乎哉?立则见其参于前也,在舆则见其倚于衡也,夫然后行。"子张书诸绅。

释义:子张问有德之人的行为举止。孔子说:"说话要讲忠诚信义,行为举止要虔诚恭敬,这样做,就是在没有开化的地方,也能畅行无阻。如果说话不讲忠诚信义,行为举止不虔诚恭敬,就是在自己的家乡能行得通吗?站起来准备走之前,这些行为准则就像立在面前一样,坐上车走之前,如同看见这些行为准则写在车辕的横木之上一样,看完之后再行动。"子张把这些话写在自己的衣带上。

参考:

《论语集注》:"笃,厚也。蛮,南蛮。貊,北狄。"

《论语注疏》:"绅,大带。"

15.7 子曰:"直哉史鱼!邦有道如矢,邦无道如矢。君子哉蘧伯玉!邦有道则仕,邦无道则可卷而怀之。"

释义:孔子说:"正直啊史鱼!国家清明他像箭那样直言,国家昏暗时他还是像箭那样直言。君子啊蘧伯玉!国家清明时他就任职,国家昏暗时他就把谏言埋藏在心里。"

史鱼是个正直的官员,他自身正,也要求领导任用贤人,要正直的人任职而驱逐官位上的小人,不管君明还是君昏,至死不渝。他做到了"生以身谏,死以尸谏"。蘧伯玉,也是一个正直的官员,只不过他在政治清明的时候,会发挥自己的才能,提出意见和建议,但是当君主无道之时,他绝对不再张口。

"邦有道则知,邦无道则愚",宁武子装傻、蘧伯玉卷起口舌,不为无道之君出谋划策,不去助纣为虐,不为虎作伥祸害人,这样的君子值得学习。但是,没有史鱼和更多的史鱼,就无法阻止无道昏君这样的人,最后逼迫百姓造反。正直与策略,缺一不可。

参考:

《论语集注》:"如矢,言直也……卷,收也。怀,藏也。"

《韩诗外传》:"卫大夫史鱼病且死,谓其子曰:我数言蘧伯玉之贤而不能进,弥子瑕不肖而不能退。为人臣生不能进贤而退不肖,死不当治丧正堂,殡我于室足矣。卫君问其故,其子以父言闻,君造然召蘧伯玉而贵之,而退弥子瑕。徙殡于正堂,成礼而后去。生以身谏,死以尸谏,可谓直矣。"

15.8 子曰:"可与言而不与之言,失人;不可与言而与之言,失言。知者不失人,亦不失言。"

释义:孔子说:"与应该交谈的人不交谈,就会失去可交谈的对象;与不应该交谈的人去交谈,就会失去交谈的意义。有智慧的人既不会失人缘,也不会失言。"

这句话有点儿绕,什么意思?就是与理解你的人谈话,不要怕说错了而不说,说错了也没关系,他们知道你的本意是对的。但是与小人谈话,就是对的也不能说,对他们来说,对了也是错的,因为他们认为你的出发点就是错的。

参考:

《中论·贵言》:"故君子非其人则弗与之言。"

15.9 子曰:"志士仁人无求生以害仁,有杀身以成仁。"

释义:孔子说:"有志完成大业的仁德之人不会为了求生而损毁仁德,他们即使奉献性命也要保全仁德。"

"杀身",意味着牺牲,为人民连性命都可以牺牲,还有什么个人利益不能牺牲不能舍弃的？可悲可笑的是，小人也讲"牺牲"，只不过是"人为财死""舍命不舍财"。小人就是小人，小账算得精明，只是大账总也搞不清楚。

参考：

《雕菰·楼文集》："杀身成仁，解者引比干之谏，夷、齐之饿，固矣。然杀身不必尽刀锯鼎镬也，舜勤众事而野死，冥勤其官而水死，为民御大灾、捍大患，所谓仁也。以死勤事，即是杀身成仁。"

15.10 子贡问为仁。子曰："工欲善其事，必先利其器。居是邦也，事其大夫之贤者，友其士之仁者。"

释义： 子贡问怎样修为仁德。孔子说："工匠想要做好他的事情，必须先把工具修磨锋利。居住在这个国家，要在贤德的大夫属下做事，要与仁德的士人做朋友。"

通过为贤德的官员做事和与仁德的人士做朋友，可以最贴近他们观察其言行，潜移默化，就能学习到他们的高尚品德，这也是修为自己的一种方式方法。仁人志士，就是修为自己品德的利器。

参考：

《荀子·哀公》："所谓庸人者，不知选贤人善士托其身焉以为己忧。"

15.11 颜渊问为邦。子曰："行夏之时，乘殷之辂，服周之冕，乐则《韶》《舞》；放郑声，远佞人。郑声淫，佞人殆。"

释义： 颜渊问什么是文明城邦。孔子说："像夏代那样按照历法行事，像殷代那样乘坐车辆，像周代那样穿戴服饰，听音乐要听《韶》乐和《舞》乐；放弃郑国乐曲，远离奸佞小人。郑国音乐淫荡，奸佞小人危险。"

有人说，这段话表明孔子就是个复辟狂，就是要复古，就是要倒退，甚至把这段话解释成："现在还要实行夏代的历法，现在还要乘坐殷代时期的车辆，现在还要穿戴周代的服饰……"

社会发展了，进步了，物质丰富了，车辆、服饰都随时代的进步改变了，应该说，现在的生活肯定比过去好，为什么要回到过去？

孔子真的想把这些改变回去吗？错！孔子说的是：像夏代那样规矩地遵守历

法，像殷代那样礼貌地坐车和行车，像周代那样按照礼节穿戴衣帽，听那些让人修身养性的乐曲，抛弃腐蚀人们心灵的靡靡之音，远离奸佞的小人。

就拿历法来说，夏代已经非常完善，二十四节气对于古农业国来说，是不可违背的生产规律。农民根据节气耕耘、播种、浇水、施肥、除草、灭虫，直至收获、储藏。不遵守历法，还能不能吃饭？有官员不顾历法节气，随意征用民众做其他耽误农时之事，是不是祸国殃民？

孔子提倡的只是继承发扬过去好的传统文化，以德治国，那是立国之本，不是复辟和复古物质条件，对不对？

参考：

《论语正义》："殷车曰大辂。"

《论语集注》："郑声，郑国之音。佞人，卑谄辩给之人。殆，危也。"

15.12　子曰："人无远虑，必有近忧。"

释义：孔子说："人如果没有远期规划，必然近期就会出现不测之忧。"

这段话非常著名，几乎人人都会背诵。但是就有这样的"昏君"，居然把这句话忘得干干净净！让民众"暴虎冯河"，失足于悬崖、薄冰，就是没有远虑、没有通盘完善的计划，没有应对可能出现的各种问题的方法、措施，对危险、危害不想不顾，不考虑后果，把国民引向错路乃至绝路，完全是违背社会、反人类的行为方式！看看只要这样做的国家和其社会现象，就知道忧患不但出现了，而且大大麻烦了，会乱国乃至亡国呀。

参考：

《荀子·大略》："先事虑事，先患虑患。先事虑事谓之接，接则事优成；先患虑患谓之豫，豫则祸不生。"

15.13　子曰："已矣乎！吾未见好德如好色者也。"

释义：孔子说："算了吧！我还没有看见谁像好色那样好德的。"

这句话在"子罕"篇里出现过，现在又出现在卫灵公篇，只不过加上了"已矣乎"三个字。什么意思？是不是孔子看到卫灵公宠幸南子而不顾朝政，指责他忘记了自己的职责？算了吧，当一个沉浸在温香暖玉里的人，这时候与他谈什么职责，什么执政为民，无疑是对牛弹琴。

不过，对于卫灵公能够任用贤人主政，孔子还是认为卫灵公算是贤君。

参考：

《孔子家语》："'当今之君，孰为最贤？'孔子对曰：'丘未之见也，抑有卫灵公乎？'"

15.14　子曰："臧文仲其窃位者与？知柳下惠之贤而不与立也。"

释义：孔子说："臧文仲是窃据官位的人吧？他明明知道柳下惠是个贤德的人，但是却不树立他为榜样。"

"不与立"多解释为臧文仲不推举柳下惠做官，有道理，但是与史实有较大差距。因为臧文仲当司寇时，柳下惠是鲁国士师，掌管刑法狱讼之事，还可带兵，职位并不低，臧文仲有事还要同柳下惠商量。柳下惠本身与臧文仲一样已经是鲁国大夫，臧文仲还用推荐柳下惠？另外，推荐某人当官，应该用"举""推"这种字词更合适。

"立"，的本意，不是当官，而是"树立、建立"的意思。如"三十而立""己欲立而立人"等，不能解释成"三十当官""自己想当官得让别人先当官"，很可笑，对吗？因此"不与立"可以解释成"不宣扬、不树立、不确立"。柳下惠品德高尚，甚至可以达到"坐怀不乱"的境界，孔子认为可以为官员、百姓树立光辉榜样，从而对鲁国整体的国民素质提高很有益处。

而能够起到宣传作用的四朝元老臧文仲，掌握着话语权，影响很大，"知柳下惠之贤"，却没有尽心尽力去大力推广他的贤人贤事，孔子感到很遗憾。如果当时臧文仲真的提倡人人都学习柳下惠，到了孔子时代，鲁国国风该是多么清正？

参考：

《淮南·说林训·注》："柳下惠，鲁大夫，展无骇之子，名获，字禽。"

15.15　子曰："躬自厚而薄责于人，则远怨矣。"

释义：孔子说："有了错误，则重重地责备和惩罚自己而轻轻地责罚其他有关人员，就不会被别人怨恨。"

这句话适于民众、同级之间，更适应于上级。

参考：

《吕氏春秋·举难》："故君子责人则以仁，自责则以义。责人以仁则易足，易足则得人；自责以义难为非，难为非则行饰。"

15.16　子曰："不曰'如之何，如之何'者，吾末如之何也已矣。"

释义： 孔子说："不说'怎么办，怎么办'的人，我也不知道拿他怎么办了。"

不管是学生还是当权者，有问题不能藏着掖着，就像病人就是不说自己有病，怎么让医生治疗？学生不说哪里不懂，老师怎么释疑解惑？

参考：

《论语集注》："如之何、如之何者，熟思而审处之辞也。不如是而妄行，虽圣人亦无如之何矣。"

15.17　子曰："群居终日，言不及义，好行小慧，难矣哉。"

释义： 孔子说："整天聚集在一起，胡扯一气但是从不谈道义，喜好耍小聪明，这种人难成大业呀。"

"慧"通"惠"，"好行小慧"也可解释成"喜欢施一点儿小恩小惠"。

这句话应该是说三桓，即孟孙氏、叔孙氏、季孙氏，他们执掌鲁国大权，门客、家臣众多，天天聚在一起，大放厥词，整天琢磨怎样获取更多的财富，却从来不谈怎样以仁义治国。

孔子早就看不惯他们的所作所为，从而痛斥他们的小人行径，只是留了个面子，不提名罢了。

参考：

《史记索隐》："慧，智也。"

15.18　子曰："君子义以为质，礼以行之，孙以出之，信以成之，君子哉。"

释义： 孔子说："君子以大义为做人之本，以礼节行事，以谦虚待人，以诚信铸成成就。这就是君子啊。"

参考：

《礼器》："质犹性也。"

15.19　子曰："君子病无能焉，不病人不己知也。"

释义：孔子说："君子忧虑自己没有德才，不忧虑别人不了解自己。"

"君子病无能焉"，多解释为：君子怕没有才能。

加上一个"德"字，强调一下。不要只顾学技能，忘了修养品德。

参考：

《四书解义》："盖自修之道，原贵实不贵名。有能而求知于人，其心术已坏，况无能而求人之知，其为虚伪可胜道哉？君子反求诸己，唯务暗修。"

15.20　子曰："君子疾没世而名不称焉。"

释义：孔子说："君子担心死后名声大而与实际不相符合。"

"君子疾没世而名不称焉"，多解释为：君子怕到死都没有人称颂，或君子死亡之后他的名字不被人们称颂。

错误！实际上，这就是孔子最忌恨的小人心态。'生不图利，死不图名'，是君子必须遵守的道德规范。君子固然不愿意死后留下骂名，但也不会仅仅为自己死后是不是博得了好名声而忧心忡忡，"君子坦荡荡"，小人才"常戚戚"。

盖棺论定，好人对君子不会有坏的评价，小人也不会对君子有什么好的评价。小人对君子名声的诋毁，君子不会在意，君子更看重的是自己活着的时候实际做了多少有益的事，自己真实的德行有多高，更怕的是名不副实，获得了很高的谥号，但是自己做得还不够，名不副实，让后人数来数去却没有做多少的好事，君子在九泉之下也会觉得惭愧。

孔子这句话在《史记》的全文是："弗夫弗夫，君子疾没世而名不称焉，吾道不行矣，吾何以自见于后世哉？"怕的是"吾道不行矣"，自己的德行活的时候都不被世人所认可，担心的是"吾何以自见于后世哉？"都不知拿什么来见于子孙后代了，再高尚，再荣耀的名声，君子需要吗？

参考：

《庄子·逍遥游》："至人无己，神人无功，圣人无名。"

15.21　子曰："君子求诸己，小人求诸人。"

释义：孔子说："君子严格修为自己，小人苛求别人。"

这句话有的解释为：君子求之于自己，小人求之于他人。

不是君子求之于自己，小人求之于别人。这个"求"，不是帮求，是苛求。

参考：

《论语正义》："君子责己，小人责人。"

15.22　子曰："君子矜而不争，群而不党。"

释义：孔子说："君子自重而不争名夺利，团结而不结党营私。"

"群而不党""和而不同""周而不比"都是孔子强调君子为人处世时的原则，只有小人，才狼狈为奸、同流合污去祸国殃民，以满足自家与小集团的私利。

参考：

《孔子家语·颜回》："子曰'君子以行言，小人以舌言。故君子为义之上，相疾也，退而相爱；小人于乱之上，相爱也，退而相恶'。"

《论语集注》："庄以持己曰矜。然无乖戾之心，故不争。和以处众曰群。然无阿比之意，故不党。"

15.23　子曰："君子不以言举人，不以人废言。"

释义：孔子说："君子不凭借一个人或多人说好话而举荐他，也不因为一个人有缺陷而不采纳他的意见和建议。"

"不以言举人"，也有解释为"不能因为一个人说的好听就举荐他当官"。

那么许多人都说他好呢？小人要当官，采用金钱、地位、美女等手段，拉拢更多的人为他撑腰说话，是不是就会得逞？是不是很可怕？

参考：

《论语正义》："有言者，不必有德，故不可以言举人也。"

15.24 子贡问曰:"有一言而可以终身行之者乎?"子曰:"其恕乎。己所不欲,勿施于人。"

释义:子贡问:"有一个字可以作为人的终身行为准则吗?"孔子说:"那就是'恕'吧。自己不想要的,就不要强加别人。"

"己所不欲",有的解释是:自己做不到的。有道理,但是不全面。

这句话最适合那些特别想欺侮压迫剥削别人的人。想一想欺压掠夺别人之前,自己想不想被欺压掠夺呢?只是这些人想欺负人的时候,心里却想着这不是欺负人,是别人该受欺侮。他想不到的是:欺人必自欺,侮人必自侮。

"己所不欲,勿施于人",在"颜渊"篇里已经表述过。孔子对子贡又说了一遍,就是强调:一个人的地位再高,权力再大,也不能强迫别人去满足自己的私欲。

参考:

《论语正义》:"一言谓一字。"

《孟子·离娄上》:"夫人必自侮,然后人侮之;家必自毁,而后人毁之。"

15.25 子曰:"吾之于人也,谁毁谁誉?如有所誉者,其有所试矣,斯民也,三代之所以直道而行也。"

释义:孔子说:"我对于别人,诋毁过谁、赞美过谁?如果我赞美过谁,是经过实践验试过被民众认可的呀,夏、商、周三代圣主就是这样以正直道德而执政的。"

"如有所誉者,其有所试矣",多断为句号,解释为:如果我赞美过谁,是对那个人经过考验或查验。

这个解释应该是理解错了。

孔子赞美的是夏、商、周三代里的明君,"其有所试矣",是对那些明君采取对民众的道德教化的做法,自己也经过社会实践,效果确实很好。孔子当鲁国司寇的时候,按照三代明君的治国理念去行政,真的做到了"夜不闭户,路不拾遗",民风淳朴,国风清正。

《论语》：一以贯之的民族魂

参考：

《论语集注》："三代，夏、商、周也。直道，无私曲也。"

15.26 子曰："吾犹及史之阙文也，有马者借人乘之，今亡矣夫。"

释义：孔子说："我还看到过史书上缺而不记的事，有马的人把马借给别人骑，现在看不到了。"

"有马者借人乘之，今亡矣夫"，有的解释是自己的马顽劣，借给别人去驯服，比喻执政者驾驭不了政权，就应该让有能力的人来改变。

这个解释寓意很好，但还是有些牵强。因为让他人帮助训马，应该是"请"而不是"借"。

借马骑的人，一是可能自己的马有病或其他原因不能骑，二是有人很穷，根本没有马，要用马时必须借有钱人的马。但是不管哪种原因，互借互用、互通有无、互相帮助，甚至说是均贫富，在一段的历史时期里，应该是社会的普遍现象，也就是说古人并不看重私有财产，即使是相当于法拉利、宝马、奔驰的千里马。这些古人的优秀品德，孔子不仅仅认为是存在的，自己也曾经遇到过，只是没有记载而已。这种可贵的社会风气，到了孔子说这句话的时候，已经不见了，没有了。

孔子就是认为"天下为公"，才是最理想的社会，记得子路说过什么吗？"愿车马、衣轻裘与朋友共，敝之而无憾"！只不过孔子觉得子路的公心还是狭隘了一些，若是与世人皆共，这才是孔子希望子路达到的思想境界吧。

参考：

《论语正义》："古之良史，于书字有疑则阙之，以待知者。有马不能调良，则借人乘习之，孔子自谓及见其人如此，至今无有矣。"

15.27 子曰："巧言乱德，小不忍则乱大谋。"

释义：孔子说："花言巧语淆乱道德，小侮不能容忍就会扰乱大局。"

"小不忍"，多解释为：小处或小事不忍。

小处、小事不是忍不忍的事，小错、小辱才是。

德行、是非需要正确评价。

道德败坏、采取卑鄙手段追求私欲私利，经过小人的花言巧语粉饰，居然成了真理，成了人们追求的目的，对社会的危害极大，不仅可悲，而且可恨！

参考：

《论语集注》："小不忍，如妇人之仁、匹夫之勇皆是。"

15.28 子曰："众恶之，必察焉；众好之，必察焉。"

释义： 孔子说："大家都憎恶的人和事，必定要搞清楚；大家都喜好的人和事，也必定要搞清楚。"

小人惯会拉帮结伙，狼狈为奸，对他们有利的，大肆吹捧，对他们不利的，群起而攻之，以煽动民众，利用民众力量，达到他们自己谋取私利的目的。

参考：

《管子·明法解》："乱主不察臣之功劳，誉众者则赏之；不审其罪过，毁众者则罚之。如此者，则邪臣无功而得赏，忠臣无罪而有罚。"

15.29 子曰："人能弘道，非道弘人。"

释义： 孔子说："人能够弘扬道德，不是道德弘扬人。"

这句话具体体现了孔子的哲学思想，主客观因素表达得清清楚楚。人的道德素质有的有、有的无，有的高、有的低，有的多、有的少，有的大、有的小，全凭自己的修为。

参考：

《汉书·董仲舒传》："夫周道衰于幽、厉，非道亡也，幽、厉不繇也。至于宣王，思昔先王之德，兴滞补弊，明文、武之功业，周道粲然复兴。"

15.30 子曰："过而不改，是谓过矣。"

释义： 孔子说："做了错事不改，才是真正的错误。"

有错误就改正，就是好人，就是坏事变好事，不能算错。但是明知有错，却坚持不改，一而再、再而三地不断错下去，图什么呢？怕别人嘲笑？还是有私利可图？对民众来说是错误的事，但是对小人来说，就是正确的事。

参考：

《谷梁传》："过而不改，又之，是谓之过。"

15.31　子曰："吾尝终日不食，终夜不寝以思，无益。不如学也。"

释义：孔子说："我曾经整天不吃，整夜不睡来思考怎样成为高尚的人，没有用。不如去学习。"

"不如学也"，多又解释为学文化知识，没有错。但是《论语》就是一部道德教科书，强调的就是学道德，不能偏离主题呀。其他学科可以借鉴吧。

参考：

《论语正义》："故曰'思而不学则殆'。"

15.32　子曰："君子谋道不谋食。耕也，馁在其中矣，学也，禄在其中矣。君子忧道不忧贫。"

释义：孔子说："君子谋求道义而不谋求衣食，种地的人有时也会饿肚子，学好道德品质也可以得到俸禄。君子只忧虑道德修养不够，不用忧虑是否贫困。"

有的人说，这句话就是孔子看不起农民，是反对文人参加劳动的又一个铁证，农民是种粮食的，也得饿肚子，当官坐办公室，拿俸禄，旱涝保收。当什么农民呀，还是当官吧。

这种观点，是没有仔细看懂，没有明白什么是"馁在其中……禄在其中"。官员遵守岗位道德，清明廉政，即使是荒年、灾年，民众也能渡过难关，反之，则造反。最忧虑的是官员道德修行不够，否则谁都没有饭吃。这就是"其中"的道理。

"禄"，不仅仅是俸禄啊。"禄"与"谷"古语中相通，甚至读音都一样。

参考：

《论语集注》："耕所以谋食，而未必得食。学所以谋道，而禄在其中。"

15.33　子曰："知及之，仁不能守之；虽得之，必失之；知及之，仁能守之，不庄以涖之，则民不敬；知及之，仁能守之，庄以涖之，动之不以礼，未善也。"

释义：孔子说："聪明才智足以胜任官位，但是不用仁德来维护，虽然可以得到官位，但是必定要失去；聪明才智胜任官位，而且能用仁德维护，但是不用庄重的态度对待百姓，百姓就不会尊敬；聪明才智胜任官位，能用仁德维护，还能用庄重的态度对待百姓，但是不能处处以礼约束自己的行为，还是不完善呀。"

这段话应该就是孔子的为官之道，也应该是今天行政官员的为官之道。

参考：

《大戴礼·武王践阼》："以仁得之，以仁守之，其量百世；以不仁得之，以仁守之，其量十世；以不仁得之，以不仁守之，必及其世'。"

《论语正义》："庄以涖之，谓威仪也。"

15.34 子曰："君子不可小知而可大受也；小人不可大受而可小知也。"

释义： 孔子说："君子不要从小处看他的聪慧和能力但是可以授予大任；小人不可以授予大任而可以在小处发挥他的聪慧和能力。"

对于这句话，有的解释是："君子不能通过小事来察觉，而可授予大任；小人不可以授予大任，但可以从小事来察觉。"这是把"知"理解成"知觉、察觉"的意思了。可是从"知微见著"的角度来说，不管是君子还是小人，都能从小事看到本质，对吧？所以这个理解从逻辑上来说，是有问题的。

还有的解释是："君子不能让他们做小事，而要让他们做大事；小人不能让他们做大事，只能让他们做小事。"这是把"知"引申为"作为"的意思。可是，孔子一贯提倡君子不因事小而不为，小人无论做大事或小事，都是坏事，都不能做。

这种解释不符合孔子的意思。"知"通"智"，才容易理解其中的含义。

这句话读起来有点儿绕，但是主题表达得很清楚，实际就是，君子智慧不表现在小处，所以不可"小智"，但君子的本质是好的，只要德才兼备，就可授予大任。而小人的本质就是自我，自私自利，一切目的都是为自己和小集团牟利，就根本不能授予小人大任，只宜在小处发挥才智。

参考：

《论语正义》："君子所知，皆深远之道。不可以小了之也。小人祇知浅近，故可以小了知。"

15.35 子曰:"民之于仁也,甚于水火。水火,吾见蹈而死者矣,未见蹈仁而死者也。"

释义:孔子说:"民众对于仁政的渴望,甚至要超过水火。我见过赴汤蹈火而死去的人,但是没有见过实行仁政会死人。"

"仁",多直用不加解释。但是"仁"包括:仁义、仁德、仁慈、仁爱、仁厚……含义很多。这句话里,只适用"仁政"一词。孔子教育的目的,就是要为国家培养合格的有道德的行政人员,所以他告诉学生,老百姓最希望的是仁政,而不是暴政,仁政养人,暴政吃人。

人民生活离不开水与火,更离不开的仁政。水能让人生存,也能淹死人,火能让人生活舒适,也能烧死人。仁政有水火之利却没有其害,只有让人民的生活变得更和谐、更美好。

参考:
《礼记·檀弓下》:"苛政猛于虎。"

15.36 子曰:"当仁,不让于师。"

释义:孔子说:"遇到行仁德之事,就是老师在场也不谦让。"

学生行仁道,连老师都不能谦让,老师呢?当然是一马当先,更不谦让。

有人认为儒家就是讲"上尊下卑"的封建王朝的规矩,是误解了儒家。孔子是儒家的鼻祖吧?可看看他的这句话,有哪一点儿"上尊下卑"的规矩?连"师道尊严"都没有了吧?

参考:
《论语集注》:"当仁,以仁为己任也。虽师亦无所逊,言当勇往而必为也。"

15.37 子曰:"君子贞而不谅。"

释义:孔子说:"君子坚守正道但是不固执己见。"

有的解释是:君子固守正道而不拘泥于小信。还有的解释是:君子坚持大义放弃小义。都不正确,是把"谅"误解了。

"谅"有诚信、真诚的意思,如《论语·季氏》中的"友谅",但是还有坚持成见、固执己见的意思，如本文的："不谅"。

君子不管是大的诚信还是小的诚信，不管是大义还是小义，都应该遵守，言而无信非君子，小人才口是心非、翻手为云、覆手为雨，这是做人的本质问题。孔子曰："人而无信，不知其可也？"

参考：

《论语注疏》："贞，正也；谅；信也。君子之人，正其道耳，言不必小信。"

15.38　子曰："事君，敬其事而后其食。"

释义：孔子说："从事君主，敬业为先，然后获取俸禄。"

"事君"，不是伺候或侍奉君王。

"事君"，就是协助国君为国为民做事。

孟子说得更清楚：民为重、社稷为次、君为轻。

"民为重"，为民服务，孟子认为这才是孔子"事君"的内中含义。

做官不是让自己去获利，而是做奉献，这是第一，不能第二，奉献之后，才能够取得俸禄。"敬其事而后其食"与"先难而后获"，是一个道理。范仲淹说：先天下之忧而忧，后天下之乐而乐。

吃苦在前，享受在后，是官员必有的素质。

参考：

《礼记·儒行》："先劳而后禄，不亦易禄乎！"

15.39　子曰："有教无类。"

释义：孔子说："人人都可以接受道德教化，不分他是哪个阶层的人。"

这个表述，还是天下为公观念的体现。人出身不同，社会阶层不同，按照时髦的话说，位置不同，岗位不同，但是同等工作待遇不能不同，否则那就叫作不公平。有钱有势的孩子上贵族学校，无钱无势的孩子上平民学校，同样是不公。

所以，孔子学堂的学生，不分高低贵贱，不分富裕贫穷，都可以受到最好的教育。

参考：

《说文解字》："类，种类相似。"

《论语义疏》:"人乃有贵贱,同宜资教,不可以其种类庶鄙而不教之也,教之则善,本无类也。"

15.40　子曰:"道不同,不相为谋。"

释义:孔子说:"信仰不同,就不要为对方出主意了。"

有的解释说:道不同不相为谋的意思是主张不同,不互相商议。

这样理解孔子,孔子不是太小气了吗?如果仅仅是对某一件事物主张不同,更应该商议才对。

"道",是天命赋予的大义,是君子追求的境界,而小人不讲道,只追求利。君子向往道义,小人向往利益。君子与小人讲怎样施仁义,小人与君子讲怎样牟利,能够说到一起去吗?说不到一起去,还说什么呢?有共同目标追求的人才能相互为谋,没有共同目标追求的人只能不相为谋。没有共同的信仰,没有商议的余地。

参考:

《论语正义》:"不相谋者,道之本能;相为谋者,圣人之用。"

15.41　子曰:"辞达而已矣。"

释义:孔子说:"言辞及义就可以了。"

孔子对语言、文章要求得很高呀!言简意赅容易吗?

说话就怕用了好多修饰词,绕了好多弯,废了半天劲,夸夸其谈却词不达意;又怕文学修养不够,词汇欠缺,言语匮乏,想说的重点说不出来,想表达的意思也表达不出来。

参考:

《仪礼·聘礼记》:"辞多则史,少则不达。"

15.42　师冕见,及阶,子曰:"阶也。"及席,子曰:"席也。"皆坐,子告之曰:某在斯,某在斯。师冕出,子张问曰:"与师言之道与?"子曰:"然,固相师之道也。"

释义:乐师冕见孔子,走到台阶前,孔子说:"到了台阶了。"到了坐席边,孔子说:"到了坐席边上了。"都坐好之后,孔子对师冕介绍说:在场的有这个人,坐在什么地方,有那个人,坐在什么地方。师冕走后,子张问:"这就是与盲人乐师谈话的礼节规矩吗?"孔子说:"对呀,就是这个礼节规矩。"

冕,古代乐官,盲人,见孔子,需要有人搀扶领路。孔子没有架子,亲自给冕当向导,告诉他应该注意的地方,以免磕磕绊绊。明明知道冕看不见,还是为他一一介绍在场的人员,体现了孔子对盲人关怀备至,尊敬所有人员的高尚风格。

参考:

《礼记·乡饮酒义》:"主人拜迎宾于庠门之外,入,三揖而后至阶,三让而后升,所以致尊让也。"

《论语注疏》:"师,乐人,盲者名冕。"

第十六篇　季氏

16.1 季氏将伐颛臾。冉有、季路见于孔子曰："季氏将有事于颛臾。"孔子曰："求，无乃尔是过与？夫颛臾，昔者先王以为东蒙主，且在邦域之中矣，是社稷之臣也，何以伐为？"冉有曰："夫子欲之，吾二臣者皆不欲也。"孔子曰："求，周任有言曰：'陈力就列，不能者止。'危而不持、颠而不扶，则将焉用彼相矣？且尔言过矣，虎兕出于柙，龟玉毁于椟中，是谁之过与？"冉有曰："今夫颛臾，固而近于费。今不取，后世必为子孙忧。"孔子曰："求，君子疾夫舍曰欲之而必为之辞。丘也闻有国有家者，不患寡而患不均，不患贫而患不安。盖均无贫，和无寡，安无倾。夫如是，故远人不服，则修文德以来之。既来之则安之，今由与求也，相夫子，远人不服而不能来也，邦分崩离析而不能守也，而谋动干戈于邦内。吾恐季孙之忧，不在颛臾，而在萧墙之内也。"

释义：季氏要讨伐颛臾。冉有、子路去见孔子说："季氏要讨伐颛臾了。"孔子说："冉求，这件事你没有过错吗？这个颛臾，以前是周王委任的东蒙主持，而且是在鲁国的境内，是担当重任的臣属呀，为什么要讨伐他呢？"冉有说："季孙大夫想去攻打，我和子路两个人都不想打。"孔子说："冉求，周任说过一句话：'凭你的能力可以跻身于大臣之列，没这个能力就自己主动退出去。'人有危险你不去帮助，人要摔倒了不去搀扶，那么要辅佐的人干什么呢？而且你说错了，老虎、犀牛跑出笼子，龟甲玉器在盒子里损毁了，是谁的过错呢？"冉有说："现在的颛臾，城墙坚固而且临近费邑，现在不夺取，将来一定是子孙的后患。"孔子说："冉求，君子痛恨那种嘴上说不要但是心里必定要得到的诡辩之词。我孔丘听说过，有封土封地的王侯大夫，不怕物质匮乏但是怕分配不均，不怕贫穷怕不能安居乐业，因为物质均分就没有富与贫，和睦相处就不会孤独，社会安定就不会动乱。如果这样，远处的人不服气，可以以文明道德吸引他们过来，他们既然过来了，就要他们安心生活。现在子路和冉求你们俩，辅佐季氏，远处的人不服你们，不愿意过来，国家分崩离析没能力守护，还要想着在国内动用武力，我怕季氏的忧患不在于颛臾，而是在自己家里呀。"

"不患寡而患不均，不患贫而患不安，盖均无贫，和无寡，安无倾""既来之，则安之"，这两句流传万古的名言，就是孔子"天下为公"思想的具体描述。

有的解释说"均贫富"不是孔子的理想，因为财富少的时候，怎么均都不够。孔子的均贫富是这么狭隘吗？只均不产，大家都混吃等死？更可笑的是，财富少就不能均分？原始社会生产力低下，财富极少，如果不均分，只有少数人掌握，种群就会大大减少，没有足够的数量，人类还能生存吗？其实孔子说的是生产资料的公有，就像借马一样，任人所用。没有这个前提，有什么资格平均分配？"均贫富"是果，"均公正"是因。

参考：

《论语集解》："兕，野牛也。柙，槛也。椟，匮也。言在柙而逸，在椟而毁，典守者不得辞其过。"

《论语读训》：冉有以为颛臾不恭顺，且其疆域接近于费，日后颛臾强大恐为季氏子孙之患，是诚"欲加之罪"，君子病之。

16.2 孔子曰："天下有道，则礼、乐、征、伐自天子出；天下无道，则礼、乐、征、伐自诸侯出。自诸侯出，盖十世希不失矣；自大夫出，五世希不失矣；陪臣执国命，三世希不失矣。天下有道，则政不在大夫。天下有道，则庶人不议。"

释义： 孔子说："天下有道，那么礼法、作乐、征讨、杀伐由天子下令；天下无道，那么礼法、作乐、征讨、杀伐由诸侯下令。诸侯掌权，大概不会超过十代；大夫掌权，不会超过五代；家臣掌权，不会超过三代。天下有道，政权不会由大夫执掌。天下有道，百姓也不谈国事。"

只要有势力，谁都可以礼、乐、征、伐，天下必定大乱，但是因此而掌握的权势，不会延续很久，因为这些权势都是搜刮百姓得来的，百姓不可能长期忍受剥削和压迫，必然会有造反和推翻他们的一天。

天下有道，权力掌握在天下人的代表手里，会为百姓着想办事，百姓能够安居乐业，也就没有异议，"天下有道，则庶人不议"，诸事公允，老百姓还谈论什么国事？

参考：

《论语偶记》："有道之世，野无遗贤，俊杰在位，自不下资于庶人之议。"

16.3 孔子曰："禄之去公室五世矣，政逮于大夫四世矣，故夫三桓之子孙微矣。"

释义：孔子说："鲁国国君失去权力已经五代了，大夫掌权已经四代了，所以孟孙、叔孙、季孙的子孙要衰微了。"

历史证明，孔子根据社会发展规律做出的判断是正确的。

参考：

《论语正义》："三家微于定、哀之时，至后益衰，不复自振矣。"

《论语注疏》："于是政在大夫，爵禄不从君出。"

16.4 孔子曰："益者三友，损者三友。友直、友谅、友多闻，益矣；友便辟、友善柔、友便佞，损矣。"

释义：孔子说："益于人的三种品质要追求，损于人的三种恶行不能接受。追求正直、诚信、博学多闻，对人有益；歪门邪道、诌媚奉承、巧言善变的恶行，对人有损害。"

"友"，多作为名词解释为朋友，即：有三种人是益友，三种人是损友。能通，意思也好，只是不全面。因为，与人交友，是双方面的事，自己愿意，别人愿意吗？你认为别人正直，愿意交为朋友，别人认为你正直吗？值得交吗？除了正直之外，兴趣、爱好不相同，也成不了朋友吧？

这里的"友"，是动词，是主观的"友"，是自己追求、结交、热爱的意思，这个想去"友"的对象，绝对不会有任何理由拒绝你。孔子是教导学生，与"正直、诚信、博学多闻"直接做朋友吧，让这些优秀思想品德一辈子与自己紧密相伴，永不分离。

与"益"结交，还是"有益的朋友"，有没有区别呢？

参考：

《论语集注》："便辟，谓习于威仪而不直。善柔，谓工于媚悦而不谅。便佞，谓习于口语，而无闻见之实。"

16.5　孔子曰："益者三乐，损者三乐。乐节礼乐、乐道人之善、乐多贤友，益矣；乐骄乐、乐佚游、乐晏乐，损矣。"

释义： 孔子说："有益处的喜好有三种，有损害的喜好有三种。喜好以礼乐节制自己、喜好称道别人的好处、喜好多交贤德朋友，对人有益。喜好骄纵、喜好恣意游荡、喜好大吃大喝，就是损人。"

有的解释说这段话与上一篇不同的是，三友是对外交友，三乐是对自己的兴趣爱好。仔细琢磨琢磨，其实都是对自己，让自己能够正确处世而已。

参考：

《论语正义》："佚游，出入不节。"

16.6　孔子曰："侍于君子有三愆：言未及之而言谓之躁，言及之而不言谓之隐，未见颜色而言谓之瞽。"

释义： 孔子说："与君子相处有三个要避免的过失：一是还没到该说的时候就说，这叫急躁，二是到应该说的时候不说，就叫作隐瞒，三是不看对方的脸色而贸然说话只能说是瞎子。"

"言未及之而言谓之躁"，有的解释是：别人没说你先说就是骄傲，就是傲人不知呀，鲁人"躁"的发音就是"傲"，意思也很好。

参考：

《荀子·劝学》："君子不傲，不隐，不瞽，谨顺其身。"

《说文》："愆，过也。"

16.7　孔子曰："君子有三戒：少之时，血气未定，戒之在色；及其壮也，血气方刚，戒之在斗；及其老也，血气既衰，戒之在得。"

释义： 孔子说："君子有三项戒忌：一是少年时，身体尚未发育成熟，要禁戒女色；二是到了成年人，精力充沛，要禁戒好胜斗勇；到了老年，身心衰弱，就要戒除贪欲。"

三戒如有三德,即青少年有性爱之德;成年人有隐忍之德;老年人有清廉之德。有德者,既不自伤,又不伤人,有益于社会而不会祸害社会。

参考:

《淮南子·诠言》:"凡人之性,少则猖狂,壮则强暴,老则好利。"

16.8 孔子曰:"君子有三畏:畏天命、畏大人、畏圣人之言。小人不知天命而不畏也,狎大人,侮圣人之言。"

释义:孔子说:"君子有三个敬畏:敬畏天命,敬畏道德高尚的人,敬畏圣人的话。小人不知道什么是天命而不敬畏,所以他们轻视道德高尚的人,亵渎圣人的话。"

"畏大人""狎大人",有的解释是敬畏或轻视地位高的人,有的解释是敬畏或轻视圣人,都不对。孔子从来就不敬畏什么地位在上的人,清高是君子的本质。所谓地位,就是一个岗位,干的好的是君子官,干不好的是小人官,如此而已。只有小人,才畏惧地位高的人而不敢不敬。至于圣人么,小人也见不到,没法轻视。对那些圣贤之言,他们知道对小人不利,但因为圣贤不会报复小人,所以他们可以极尽恶毒污蔑之能量,肆无忌惮地大放厥词,以抹黑践踏为快事。

参考:

《谷梁传·襄公二十九年》:"礼,君不使无耻,不近刑人,不狎敌,不迩怨。"

16.9 孔子说:"生而知之者上也,学而知之者次也,困而学之又其次也,困而不学,民斯为下也矣。"

释义:孔子说:"天生就能看清事物本质的人,具有上等的聪明智慧,通过学习而明辨是非的人差一些,在困惑中通过学习了解脱困方法的人又差了一些,在困惑中也不知道通过学习解决问题的人,就是下等愚蠢的人了。"

"困而不学,民斯为下也矣",有的解释是在困难时还不学习,是下等愚蠢的民众,不包含贵族,因为贵族都受过教育,所以孔子用"民"来说明。

这个解释是对孔子原意的歪曲。"民"只对"官"而言,没有当官的贵族,也是"民",不管是不是受过教育。到了困境甚至危境啦,不知道为谁所困,为何所危，还拒绝学习道德，不去了解道德到底是什么，不知道以德修身，以德待人，更不知道以德治国，真是至死不渝呀，可结果就是世道的轮回，朝代的变迁，贵族的没落。

"生而知之"，不是知道世界万物，不是阳光雨露、动物植物、大地山水、湖泊海洋、各行各业、科学文化……想生来就知道这一切，什么上知也做不到。

所知者，"天道""天命"，即人类的社会，怎样才是按照老天所制定的道德规律发展运行的，这才是孔子说的天生或要后学的知识。不懂这个知识，就永远分不清是非对错，社会就会周而复始动荡不安。孔子是五十岁才明白这个道理，"五十而知天命"啦。

参考：

《道德经》："上士闻道，勤而行之；中士闻道，若存若亡；下士闻道，大笑之。"

16.10 孔子曰："君子有九思：视思明、听思聪、色思温、貌思恭、言思忠、事思敬、疑思问、忿思难、见得思义。"

释义：孔子说："君子有九项要思考的事：看到问题的表面要了解问题的本质，听到人家说的话要明辨是非，与他人相处的时候先想到神态要温和，面色要恭敬，言谈要中肯，办事时想的是要敬业，有不懂的事想的是要虚心求教、愤怒的时候要冷静考虑后果，利益面前先衡量符不符合道义。"

有的解释说这一段话是关于求学的人，没有错，还是不全面，没有强调学的就是有德之人。

从句子里"聪、恭、忠、敬、义"来看，这就是孔子对有德之人言行举止、思想动态等各个方面的描述，是成熟的君子所为。也就是说，有的人已经就是这样做，有的人要学习这样做。

参考：

《论语义疏》："一朝之忿，忘其身以及其亲，是谓难也。"

16.11 孔子曰："'见善如不及，见不善如探汤，'吾见其人矣，吾闻其语矣。'隐居以求其志，行义以达其道，'吾闻其语矣，未见其人也。"

释义：孔子说："'看见需要行善的时候就怕赶不上，看见作恶的事情，就像把手伸进开水里那样唯恐避之不及。'我见过这样的人，我听到过这样的话。'用隐居的方式来追求达到自己的志向，用施行大义来完善自己的道德。'我听说过这样的话，但是没有见过这样的人。"

"见不善如探汤"，多解释为"看见不善良的事情唯恐躲避不及"，这个解释有问题。看见有坏人抢劫、强奸、杀人、防火，是逃走躲避呢还是制止？孔子提倡的是"见义勇为"还是"禽奔兽遁"？孔子说："见义不为无勇也！"

参考：

《论语正义》："探汤，言其除难无所避也。与去疾义同。"

16.12 齐景公有马千驷，死之日，民无德而称焉；伯夷、叔齐饿于首阳之下，民到于今称之。其斯之谓与？

释义：齐景公拥有几千匹马，死的时候，老百姓不知道他有什么德行可以称道的；伯夷、叔齐饿死在首阳山下，老百姓到现在还称颂他们。这个现象应该怎样评说呢？

富甲天下而无德，会被百姓唾弃；贫穷至死而有德，千秋万代会被百姓铭记。为官想留什么名呢？

参考：

《孟子·滕文公上》："为富不仁矣，为仁不富矣。"

《论语注疏》："千驷，四千匹。"

16.13 陈亢问于伯鱼曰："子亦有异闻乎？"对曰："未也。尝独立，鲤趋而过庭，曰：'学《诗》乎？'对曰：'未也。''不学《诗》无以言。'鲤退而学《诗》。他日，又独立，鲤趋而过庭。曰：'学《礼》乎？'对曰：'未也。''不学《礼》，无以立。'鲤退而学《礼》。闻斯二者。"陈亢退而喜曰："问一得三，闻《诗》闻《礼》，又闻君子之远其子也。"

释义：陈亢问孔子的儿子伯鱼："先生有没有给你特殊的教诲呢？"伯鱼说："没有。父亲曾经自己站在院子里，我想快步穿过去，他问我：'学《诗》了吗？'我说：'没有。'他说'不学《诗》就不懂得怎样说话'，我就回去学《诗》。另外一天，父亲又在院子里自己站着，我还是想快步穿过去。他问我：

'学《礼》了吗？'我说：'没有'，他说：'不学《礼》就不知道怎样在社会上立足。'我就回去学《礼》了。听得到的就是这两件事了。"陈亢告辞后高兴地说："我想问一件事却得到了三个收获，知道了要学《诗》、要学《礼》，还懂得了君子怎样教孩子能前行的更远。"

"远其子"，有的解释是君子不偏袒、不偏爱自己的孩子。

如此理解不是错误，但是勉强。不偏袒、不偏爱自己的孩子，用不着"远"，"远"了自己的孩子，近了别人的孩子，也是偏袒。

孔子之所以只对孩子强调学《诗》学《礼》，也就是让孩子拥有君子最基本最关键的素质，教育孩子不做那种胡言乱语、胡作非为的熊孩子，走向社会时，已经掌握了基本的道德规范，懂得用什么样的方式与人交谈，懂得怎样爱岗敬业。

陈亢认为伯鱼是孔子的儿子，必然会得到更多、更异于他人的教诲。但是当他知道孔子在浩繁的书库典藏中，只选择《诗》和《礼》这两个最直接、最有效的教材，而不是选择更多的典籍和自己没有透露给他人的思想，作为孩子的学习基础，并没有对自己的儿子下更多的功夫，感悟到孔子在教育方面因人施教的英明睿智，陈亢得到的收获意外呀。

参考：

《说苑·建本》："孔子曰'鲤，君子不可以不学，见人不可以不饰。不饰则无根，无根则失理，失理则不忠，不忠则失礼，失礼则不立'。"

16.14 邦君之妻，君称之曰夫人，夫人自称曰小童，邦人称之曰君夫人，称诸异邦曰寡小君，异邦人称之亦曰君夫人。

释义：国君的妻子，国君称她为夫人，夫人自称为小童，老百姓称为君夫人，称其他国家的国君夫人为寡小君，其他国家的老百姓称呼自己的国君夫人也叫君夫人。

这一段话，没有说明是孔子说的还是别人说的。多解释为：当时嫡妾之礼不正，孔子正之。

更有可能的是，孔子及学生去各国见国君及夫人，由于国君的妻妾不是一个，孔子要求学生对应有的称呼要学会，否则失礼。

参考：

《礼记·曲礼下》："公侯有夫人、有世妇、有妻、有妾。"

第十七篇　阳货

17.1　阳货欲见孔子，孔子不见，归孔子豚。孔子时其亡也而往拜之。遇诸涂，谓孔子曰："来，予与尔言。曰：'怀其宝而迷其邦，可谓仁乎？'"曰："不可。""好从事而亟失时，可谓知乎？"曰："不可。""日月逝矣，岁不我与。"孔子曰："诺，吾将仕矣。"

释义：阳货想见孔子，孔子不见，阳货就把一头烹熟的小猪当作礼品赠送给孔子。孔子故意等阳货不在家时去拜访还礼，没想到在路上遇见了。阳货对孔子说："来来来，我跟你聊聊。"说："身怀治国的才能却听任国家乱象丛生，可以称他是仁者吗？"孔子说："不可以。"阳货又说："喜好关心政务但是却屡次错过机会，可以称他是睿智的人吗？"孔子说："不可以。"阳货说："岁月在不停地流逝，我们无法让时光停留。"孔子说："是了，我将会去任职。"

记得在"子罕"篇里，有的人解释说孔子是个待价而沽的官迷，连孟子都说孔子几个月不当官，就惶惶不可终日。孟子是说孔子呢还是说孔子为弟子而惶惶呢？此话以后再论。可是，在阳货多次请孔子出仕当官，孔子却推三阻四，虚与委蛇。这一段里，阳货说的让孔子当官的理由有根有据，无可辩驳，孔子居然无以应对，只得答应。但是说是说，就是不去。谁要还说孔子是个官迷，不是打脸吗？

孔子认为，教书育人，广泛播撒高尚的道德种子，让更多的有德之人执政，比他一个人当官的作用大得多。

参考：

《论语新解》："归读如馈，以物相赠。古礼，大夫有赐于士，士拜受，又亲拜于赐者之室。阳货故遗孔子豚，令孔子拜而见之。"

17.2　子曰："性相近，习相远也。"子曰："唯上知与下愚不移。"

释义：孔子说："人的天性差距不大，但是日后的环境与教习对人产生的影响差距就太大了。"孔子说:"只有上等的智慧与低下的愚蠢这两个位置是不可颠覆的。"

对第一句话理解都没有问题,而第二句话,许多解释成:位于社会"上"层的皇帝老子、达官贵人是智者,位于社会"下"层的老百姓是愚民,这个位置不能改变。说这是孔子看不起劳动人民,完全不对!

什么是可以改变的?贫富、地位在孔子看来都可以改变,什么是不可改变的?唯有智慧与愚蠢的上下位置不能改变。孔子不是看不起人民而是看不起愚人,并且这些愚人里不但包括而且主要是那些位极人臣的君王和骑在百姓头上的贵族、官宦。

高贵者最愚蠢的是指什么?就是认为天生他们就是为了剥削压迫别人,只要灌输被剥削压迫者接受天生就该被压迫的思想,天下就会太平。只是事与愿违,天翻地覆的改朝换代证明,谁造成的天下不公,谁就要为此付出惨痛的代价。

这句话,孔子强调的是人的智德。智德不足的人,别说是小人,即使是好人出自好心,也会办错事,甚至会办缺德事。

参考:

《论衡·本性篇》:"夫中人之性,在所习焉,习善而为善,习恶而为恶也。"

17.3 子之武城,闻弦歌之声。夫子莞尔而笑,曰:"割鸡焉用牛刀?"子游对曰:"昔者偃也闻诸夫子曰:'君子学道则爱人,小人学道则易使也。'"子曰:"二三子,偃之言是也,前言戏之耳。"

释义:孔子到了武城,不断听到礼乐之声,他微微一笑,说:"杀鸡何必用宰牛刀呢?"子游说:"过去我曾经听到先生您说过:'君子学习道德会关爱他人,就是小人学习了道德,也会不自觉的运用啊。'"孔子说:"同学们,子游说得对,我前面说的是开玩笑的话。"

"闻弦歌之声",听到了到处都是用礼乐教化民众的声音,孔子认为这是过分张扬了,似乎是在搞运动。

有的解释说:"小人学道则易使。"是小人学习了道德就容易被役使。不对,学道德就为了役使小人,那么这个道德还是道德吗?学习了道德的小人就会容易役使吗?恐怕不会。道德观念的改变是思想上的改变,所以,这个"使"是主动的使，是道德规范的潜移默化使小人的行为跟从道德规范，是让他们学以致用，从而褪去小人思想进化成君子，与君子一样会抛去自我、放弃私利，也会主动去关爱他人。

还有的解释说小人就是百姓，更不对，王公大臣里有君子有小人，百姓群里也有君子有小人。君子与小人只是在思想境界上的高低贵贱之分，没有社会地位的高低贵贱之分。

"使"，多解释为"役使、使唤"之义。但是"使"，还有"运用、从人、从事"等意思。

参考：

《礼记·乐记》："君子乐得其道，小人乐得其欲。"

17.4 公山弗扰以费畔。召，子欲往。子路不说，曰："末之也已，何必公山氏之之也？"子曰："夫召我者而岂徒哉？如有用我者，吾其为东周乎？"

释义： 公山弗扰在费城叛乱。召孔子参与，孔子想去。子路不高兴，说："没地方去就算了，何必应公山弗扰的召请去他那儿呢？"孔子说："召唤我的人岂能没有他的图谋？但是如果有人要用我，我不是能够在东方建成周代那样的礼仪制度了吗？"

子路正直而单纯，缺乏经验，埋怨孔子不该因公山弗扰招募，就去为他工作，不知道孔子的意图是怎样利用权势者的矛盾，达到为国为民的目的，也没有搞明白孔子对小人是"言不必信、行不必果，唯义是从"的策略。

参考：

《论语正义》："兴周道于东方，故曰东周。"

《盐铁论·褒贤第十九》："孔子曰'如有用我者，吾其为东周乎！'庶几成汤、文、武之功，为百姓除残去贼，岂贪禄乐位哉？"

17.5 子张问仁于孔子，孔子曰："能行五者于天下为仁矣。"请问之，曰："恭、宽、信、敏、惠。恭则不侮、宽则得众、信则人任焉、敏则有功、惠则足以使人。"

释义：子张问怎样施仁政。孔子说："能做到五个方面就可以天下归仁了。"子张请孔子详细说说是哪五个方面。孔子说："恭、宽、信、敏、惠。恭敬待人就不会受到轻侮、宽厚处世就会得到众人拥戴、诚信行事就会得到信任、办事聪慧敏捷才能建功立业、施恩惠才能政通人和。"

"惠则足以使人"，多解释为：施恩惠足以役使他人。

仔细琢磨琢磨，如果真的是这种意思，说这种话的人是不是无德？施恩惠是为了役使人？"小人怀惠"，为了恩惠而甘愿被人役使，不是小人是什么？"君子怀德"，君子受恩惠只是以恩惠报答，而绝不会因恩惠而被役使。

"惠"，是执政者要向全民普施恩惠，而不是为部分人，更不是为少数人。孔子教育学生培养学生是为了让他们执政为公，是要让"天下为仁"。

参考：

《论语注疏》："此章明仁也。"

17.6 佛肸召，子欲往。子路曰："昔者由也闻诸夫子曰：'亲于其身为不善者，君子不入也。'佛肸以中牟畔，子之往也，如之何？"子曰："然有是言也。不曰坚乎，磨而不磷；不曰白乎，涅而不缁。吾岂匏瓜也哉，焉能系而不食？"

释义：佛肸召请孔子，孔子想去。子路说："以前我听老师说过：'亲自投怀送抱到坏人那里，君子是绝对不去的。'佛肸在中牟反叛，老师却要去，如何解释你说过的话呢？"孔子说："确实我说过那样的话。不是说坚固的东西，怎么磨都不会薄，不是说洁白的东西，怎么去染都不会变黑。我不是做酒壶水瓢的匏瓜，怎么能老长在藤上不摘下来吃呢？"

公山弗扰请孔子去帮忙，孔子答应了，没去。佛肸请孔子去帮忙，孔子也答应了，没去。与阳货请孔子去一样，孔子嘴上答应去，但是就不去。说孔子迂腐，儒家是腐儒，看看孔子是怎样处理与占据高位的小人的关系。

《论语》：一以贯之的民族魂

有意思吧？孔子其他的弟子都没有问孔子，因为他们知道孔子根本就没有把这些权臣小人看在眼里，就不会当真。只有子路头脑比较简单，不知孔子用心，才会一问再问。孔子也不好把话说得太深，只是用比喻来告诉子路，本质清洁，不会跟着坏人学坏，而是像匏瓜那样，成熟了就该吃了，与小人相处需要斗勇，更需要斗智。

参考：

《论语正义》："磷，薄也。涅可以染皂，言至坚者，磨之而不薄，至白者，染之于涅而不黑。喻君子虽在浊乱，浊乱不能污。"

17.7 子曰："由也，女闻六言六蔽矣乎？"对曰："未也。""居，吾语女：好仁不好学，其蔽也愚；好知不好学，其蔽也荡；好信不好学，其蔽也贼；好直不好学，其蔽也绞；好勇不好学，其蔽也乱；好刚不好学，其蔽也狂。"

释义： 孔子说："由呀，你听到过六种美德和六种弊病吗？"子路答："没有。"孔子说："坐下来，我告诉你：喜好仁德但是不学习，产生的弊病就是愚蠢；喜好聪明才智但是不学习，产生的弊病就是随心所欲；喜好诚信而不学习，产生的弊病就是危害自身；喜好正直而不学习，产生的弊病就是语言刻薄；喜好勇敢而不学习，产生的弊病就是任性胡为；喜好刚强而不学习，产生的弊病就会狂妄伤人。"

这段话里要注意的是"好学"，许多解释没有注明好学些什么，容易被误解成学习一般文化，就会曲解了孔子的原义。而这个"好学"，不是泛指别的学科的学习，仅仅就是如何与运用六德相对应的学习，学习其他知识不是孔子的意思，这样理解也没有用处，如学习六艺与六德关系有多密切？就是在别的领域学富五车，也解决不了正确运用六德的现实问题。

有的人是"学了数理化，走遍天下都不怕"的纯学习观念，可是如果缺乏道德方面的修养呢？走遍天下会找到尊敬你的人吗？如果这样的人真的走向社会、走向世界，除了小人之外，还会被什么地方的人、会被什么样的人尊重？会被什么样的人所利用呢？

只有学习了系统的道德文化，学会并掌握了正确实施道义的方法，才能把自己的本领和能力用于造福社会而不是危害社会。

参考：

《论语正义》："六言六蔽是古成语，夫子以其义问子路也。"

17.8 子曰："小子何莫学夫《诗》？《诗》可以兴、可以观、可以群、可以怨。迩之事父、远之事君，多识于鸟兽草木之名。"

释义： 孔子说："弟子们为什么不学《诗》呢？《诗》可以激发你的高尚情操、可以引导你正确观察了解世界万物、可以让你们友爱团结、可以学会谏讽社会不良风气和事物。往近了说可以教育你怎样侍奉父母，往远了说可以指导你怎样担任公职，最起码可以多学一些鸟兽草木的名称。"

孔子教育弟子的方式，诱导、风趣、幽默。《诗经》的教化意义很深刻，弟子们通过学习鸟兽草木之名，逐渐学会怎样见喻社会之风，从而学习了怎样以德处世。

参考：

《诗·序言》："正得失、动天地、感鬼神，莫近于《诗》。"

《说文》："迩，近也。"

17.9 子谓伯鱼曰："女为《周南》、《召南》矣乎？人而不为《周南》、《召南》，其犹正墙面而立也与？"

孔子问伯鱼："你研修过《周南》、《召南》吗？人若没有用《周南》《召南》修为过自己，就像一堵墙立在面前无法前行。"

一个人先修为好自己，做家庭的表率。每一个家庭都修为良好，社会才会风清气正。

参考：

《论语正义》："向墙面之而立，言不可行也。"

17.10 子曰："礼云礼云，玉帛云乎哉？乐云乐云，钟鼓云乎哉？"

释义： 孔子说："礼呀礼呀，说的是玉帛之类的祭品吗？乐呀乐呀，讲的是钟鼓之类的乐器吗？"

礼乐就是贡品和乐器吗？讲礼乐不讲实质，只讲器物，做表面文章，是不明白礼乐的真谛。

参考：

《汉书·礼乐志》："乐以治内而为同，礼以修外而为异。"

17.11 子曰："色厉而内荏，譬诸小人，其犹穿窬之盗也与？"

释义： 孔子说："表情严厉但是内心胆怯，比如小人，不就像穿墙偷盗的贼子吗？"

盗贼好不容易挖穿人家的墙壁钻了进去，刚拿到一两件值钱的赃物，可没想到主人就站在面前，心里害怕得不行了，赶紧又从洞子里爬出来逃跑。

参考：

《论语集注》："荏，柔弱也。小人，细民也。穿，穿壁。窬，踰墙。"

17.12 子曰："乡愿，德之贼也。"

释义： 孔子说："只图人情，就是败坏道德。"

"乡愿"，本意是一乡皆为原人、同乡。引伸义就是都是老乡，你好我好不讲原则，只维护，不拆台。

"乡"有的解释是"向"的通假，"乡愿"是一厢情愿，意思是为人不正直，对自己认为不正确的人和事也不反驳，而是附和。引申为唯唯诺诺的老好人，见什么人说什么话，对谁人能合得来，对谁都不得罪，没有原则，更不讲道德。

参考：

《论语正义》："乡，向也。古字同。谓人不能刚毅，而见人辄原其趣向容媚而合之。"

17.13 子曰："道听而途说，德之弃也。"

释义： 孔子说："在路上听到传言自己也沿途乱传，是道德所唾弃的（或背弃道德）。"

"道听而途说"，有的解释"道"是大道，正道，道德。听到一个新的道德思想，尚未吸收、消化，就糊里糊涂地传播给他人，对自己和他人都不负责。

"道"与"途"相连，这个"道"应该就是道路的"道"，不是"道德"的道。道路上刚听说一件事，不管对、错、真、假，不去了解证实，马上就在途中到处散布。至于有什么影响，又对他人和社会有什么危害，绝对不考虑。这种人，就是自弃道德，也是被道德所唾弃的小人。

参考：

《荀子·大略》："君子疑则不言，未问则不立，道远日益矣。"

17.14 子曰："鄙夫可与事君也与哉？其未得之也，患得之；既得之，患失之。苟患失之，无所不至矣。"

释义： 孔子说："卑鄙的小人可以担任官位吗？当他没有得到自己想要的官位，忧虑的是怎样才能得到；在得到之后，又怕失去。如果担心得到又失去，就会什么无法无天的事都能做出来。"

"鄙夫可与事君也与哉"，多解释为：可以和那些卑鄙的家伙一起侍奉国君吗？

一起侍奉国君是说已经当了官，得到了官位，与后文的"患得"，即没有得到相悖。

"得"与"失"，有的解释是说得到官位和失去官位，这个解释不错，但是不全面，不足以说明卑鄙小人对利益更多的欲望。孔子问能够让小人做官吗？为什么不能让小人做官？因为小人可以利用官职为自己谋利，更可以利用官职做践踏法律制度的事，是说小人做官之后的危害。

"鄙夫"，因为含有城外、乡下人、没有受过教育的人的意思，往往被解释成社会低下的人。

孔子也曾经说过自己"故多能鄙事"。而孔子称自己做的"鄙事"，是做城外工作，也是自谦自己工作的不完美，孔子甚至自谦到自称"小人"。

这段话中的"鄙夫"含义不同，是小人的意思，是自私自利的人，包括王公贵族，都是鄙夫，可是这样的人又最容易当官。

但是真正的城外、乡下、郊野、没有文化之人，只要不是小人，孔子并不认为不可当官，只是用之前，要"先进于礼乐"，进行礼节教育后再任职。

参考：

《汉书·朱云传》："云曰'今朝廷大臣上不能匡主，下亡以益民，皆尸位素餐。'。"

17.15 子曰:"古者民有三疾,今也或是之亡也。古之狂也肆,今之狂也荡;古之矜也廉,今之矜也忿戾;古之愚也直,今之愚也诈而已矣。"

释义:孔子说:"古代人有三种毛病,现今可能是难找了。古时候人的狂只是根据事实肆意敢言,现今人的狂是肆无忌惮胡说八道;古时候人的矜持是令人敬畏,现今人的矜持是傲慢无礼;古时候愚钝的人也要正直,现今的蠢人都有欺诈之心罢了。"

孔子说的古代人,估计怎么也得是西周之前。那时的小毛病、小错误经过几百年的发展到春秋,简直就是作恶了。

参考:

《论语集注》:"狂者,志愿太高。肆,谓不拘小节。矜者,持守太严。"

17.16 子曰:"巧言令色,鲜矣仁。"

释义:见《学而篇》(1.3)。

17.17 子曰:"恶紫之夺朱也,恶郑声之乱雅乐也,恶利口之覆邦家者。"

释义:孔子说:"厌恶用紫色代替红色,厌恶用郑声扰乱雅乐,厌恶那些哗众取宠祸国殃民的小人。"

"恶紫之夺朱也",多未解释。孔子既然说了,就要搞明白他的用意。"朱",本是周人喜欢的颜色,每逢大事都要在清晨太阳刚露出地面、天色通红的时候开始举行,穿朱红色衣服,骑红色的马,所用的牲畜也是红色。古人认为朱是正色,紫非正色,是杂色,但是后来社会风气以紫色为潮流,代替了红色。

参考:

《困学纪闻》:"周衰,诸侯服紫。"

17.18 子曰:"予欲无言。"子贡曰:"子如不言,则小子何述焉?"子曰:"天何言哉?四时行焉,百物生焉,天何言哉?"

释义:孔子说:"我不想再讲说了。"子贡问:"老师如果不说了,那我们这些学生怎能得到传授呢？"孔子说："老天什么时候说过话？但是一年四季照样轮回，世界万物照样生长，上天为此说过什么话了吗？"

孔子是意思是："道德"即使不用人传授，照样存在，照样规范着人们的行为，就是有反常的暖冬冷夏，也只是暂时的现象，就像人世间也会有缺德的小人掌权，但时间也不会长久。

道德存在世界各个方面，老师想讲也讲不完。

好的老师就是给予学生一个整体概念，其他，就是教育学生们要学会主动去观察世界、分析、思考社会上各种行为与思潮的对错、优劣，才能够掌握正确的世界观、人生观。

参考：

《毛传》："述，循也，言弟子无所遵行也。"

17.19 孺悲欲见孔子，孔子辞以疾。将命者出户，取瑟而歌，使之闻之。

释义： 孺悲想要见孔子，孔子推辞说自己得了病不能见，等传话的人出门告诉孺悲时，孔子拿出瑟又弹又唱，让孺悲清清楚楚地听见。

"孺悲欲见孔子，孔子辞以疾"，多解释为孔子之所以不见孺悲，是因为孺悲没有人介绍就登门拜访，失礼了。

可孔子有三千弟子，有多少是孔子认识的人介绍的？而孺悲是鲁哀公的礼仪大夫，哀公的面子不算小了吧？不合理。

还有的解释是孔子因为子路死了，很悲痛，所以不想见人。

人死了，用弹琴唱歌来表达悲痛，更不合理。有人办丧事，孔子就是"子于是日哭，则不歌"，子路是他心爱的学生，暴亡惨死，孔子更不会因为他的死而唱歌了。

孺悲肯定做了孔子不满意的事情，致使孔子不愿意见他，只是不想明说，让他自己好好想一想，深刻反省一下，到底做错什么了？孔子是教孺悲学习自省啊，知错了，认个错，你也听见我又弹琴又唱歌，知道我没有病，就是不愿见你。

什么是不教而教？这就是！

参考：

《论语会笺》："夫子不见孺悲，亦是教诲。"

17.20　宰我问："三年之丧，期已久矣。君子三年不为礼，礼必坏；三年不为乐，乐必崩。旧谷既没，新谷既升，钻燧改火，期可已矣。"子曰："食夫稻，衣夫锦，于女安乎？"曰："安。""女安则为之。夫君子之居丧，食旨不甘，闻乐不乐，居处不安，故不为也。今女安，则为之。"宰我出，子曰："予之不仁也，子生三年，然后免于父母之怀。夫三年之丧，天下之通丧也，予也有三年之爱于其父母乎。"

释义： 宰我问孔子："三年服丧，时间太长了。君子三年不修为礼节，礼节就会败坏；三年不修为音乐，音乐素养就会崩溃。旧的粮食吃完了，新的粮食打上来，用作取火的木头轮换了一遍，用一年的时间服丧就可以了。"孔子说："服丧一年之后就吃大米饭，穿锦缎衣服，对你来说安心吗？"宰我说："安心。"孔子说："你如果安心你就这么做。君子在服丧期间，吃再香的饭也觉得没有味道，听再美妙的音乐也不觉得快乐，怎么待着都不安宁，所以什么都不能做。现在你能安心，你就去做吧。"宰我走后，孔子说："宰我不仁义呀，孩子出生三年后，才能离开父母怀抱，所以三年服丧是天下共通的丧期，宰予对他父母有三年之爱吗？"

宰我是个混淆概念的大师。他把服丧期间不能享受，与不能礼乐修为并为一谈，这是一回事吗？服丧期间谁不让你修为了？不让你吃点儿美食佳肴，不让你穿点儿绫罗绸缎，就是不让你修为了？你就该礼崩乐坏了？怀念父母的养育之恩，思念父母在世时的辛劳之德，这本身不就是修为吗？

参考：

《礼·问丧》："夫悲哀在中，故形变于外也，痛疾在心，故口不甘味，身不安美也。"

《说文》："旨，美也。"

17.21 子曰："饱食终日，无所用心，难矣哉。不有博弈者乎？为之，犹贤乎已。"

释义：孔子说："每天酒足饭饱，不为任何事情费心费力，这样不行啊！不是还可以游戏下棋吗？就是做那些事都比闲待着强。"

"难矣哉"，多解释为难以相处，难以教诲，难有成就，难以得见，等等，都说的通，只是又与道德这个主题中心差了一点点。

"饱食终日，无所用心"，说是无心，终会"饱暖思淫欲"。孔子恐怕担心的是这个。

"犹贤乎"，比……强（好）的意思。

参考：

《荀子·修身篇》："偷儒惮事，无廉耻而嗜乎饮食，则可谓恶少者矣。"

《论语正义》："贤，胜也，已，止也。"

17.22 子路曰："君子尚勇乎？"子曰："君子义以为上。君子有勇而无义为乱，小人有勇而无义为盗。"

释义：子路问："君子崇尚勇敢吗？"孔子说："君子以道义为上。君子有勇气而无道义就会给社会添乱，小人有勇气而无道义就会成为盗贼。"

有的解释这段话里的"君子"是指国君，"小人"是指老百姓。理解错误，而且非常错误。君子包括国君，也包括百姓；小人包括百姓，也包括国君。

人有五德：仁、义、礼、智、信。无私者为君子，自私者为小人。但无私的君子，五德中缺"义"德，不明白何为大义，就会乱作为，也会危害社会。

参考：

《荀子·荣辱》："为事利，争货财，无辞让，果敢而振，猛贪而戾，恈恈然惟利之见，是贾盗之勇。"

17.23 子贡曰："君子亦有恶乎？"子曰："有恶。恶称人之恶者，恶居下流而讪上者，恶勇而无礼者，恶果敢而窒者。"曰："赐也亦有恶乎？""恶徼以为知者，恶不孙以为勇者，恶讦以为直者。"

释义：子贡问："君子也有厌恶之心吗？"孔子说："有啊。厌恶称赞别人恶行的人，厌恶道德低下但是却诽谤道德高尚的人，厌恶只讲勇敢不讲礼节的人，厌恶办事果断但是固执己见的人。"孔子问子贡："你也有厌恶的事吗？"子贡说："我厌恶窃取他人的思想成果作为自己智慧结晶的人，厌恶把傲慢当作勇敢的人，厌恶以揭露别人隐私作为正直的人。"

"居下流而讪上者"，多解释为：官位低下的人毁谤上级，不对。"居下流"是指思想道德低下，不是做官的地位居于下位，"下属"不见得"下流"。孔子也不可能用"下流"这样的词汇替代"下属"。在《子张篇》，有"是以君子恶居下流"，这句话就可以解释，"居下流"就是当今理解的下流，道德低下之人之事，不是处于位置低下的属员。

如果官位居于上位而诽谤下属的人，但是人格却是居于"下流"，不是君子所为，同样会被君子所厌恶。

"讪上"与"犯上"的"上"同意义，《学而》篇就解释过，再次重申一遍，"上"不是上级，也不是君主，不是诽谤污蔑上级！是诽谤污蔑有德之人，有德之事！

有些人往往把孔子看成尊崇社会地位的马屁精，说实话，就是以小人之心度君子之腹，败坏孔子的名誉。孔子认为地位高低仅仅是社会的秩序，但人品的高低是道德素质，是两个范畴的概念，怎么可以混为一谈？

参考：

《说文》："窒，塞也。"

《论语正义》："缴，抄也，抄人之意以为己有"

17.24 子曰："唯女，子与小人为难养也，近之则不孙，远之则怨。"

释义：孔子说："唯你（汝），先生与我这个小人难以相处呀，你对我亲近，我就会不尊敬你，你要疏远我，我就会怨恨你。"

这句话如果按照字面加上省略的部分直接解释，应该是："唯你，您这位先生和我这个小人的修为难能养成同一境界而不好相处。您对我亲近，我就对您不敬；您对我疏远，我就怨恨您。"

"唯女子与小人为难养也"，历代解释多未断句，成了：唯有女子与小人难养活或者是难以相处。

这与孔子的原意差之千里。孔子不想与小人共处的托词，居然被历代儒学家编造成了孔子看不起、甚至是污蔑女人的千古流言。

还有的给孔子一个体面，加以解释孔子说的不是全体妇女，是特指某些女人。更有的是好心为给孔子遮羞，甚至删去这一段话，真是大错特错，多此一举。孔子说的这句话，与女人一点儿关系都没有！

断句后的意思是：唯你，（不是女，是"汝"，"女"通"汝"。直呼对方"你"表示出自己蔑视，停顿一下后，改为尊称"子"，给阳货一点儿面子）先生与我这个小人难以相处呀（君子与小人难以具有相同的修养、素养）。

有人曾经问孔子"有讪乎"？答："於阳虎所欲不敬也。见所不见，敬所不敬，不讪如何？""惟女（汝）""子"这样改变称呼，把孔子不想敬而又不得不敬的曲意情感表现的淋漓尽至。

"养"，意思是养成、修养、素养，引申为相处、相待。有的解释把"养"说是养活、供养、养育，可是谁想养小人呢？养活小人说不通，只好把小人解释成小孩，但又对后面的话无法相接。后面接的话是"近之则不孙，远之则怨"，父母对孩子都是亲近怎么可能远？再者，孩子们都很天真纯洁，也没有小人那种近不逊远则怨的复杂情感。

所以"难养"只能解释为"相处"，不同素养的人难以相处就说得通了。"小人"是孔子的自谦，这两个字不搞清楚，整段话怎么能搞清楚？

这句话在阳货篇，与本篇第一章相对应，应该是与阳货在路上把孔子堵住对话的后续。因为孔子已经答应去做官了，但就是不去任职，可总要给催问的阳货一个不去的理由吧？阳货是想要孔子陪他当官，可以用孔子的名声威望拉大旗做虎皮，给自己装门面。但是孔子虽然想出任官职，去实现自己的理想，却不想与这小人朋比为奸，从而以道德水平不同为托词，而实际上孔子话里明着是自谦为小人，却暗指对方不是君子，不可为伍，只不过话是倒着说，把阳货调侃一通罢了。

孔子对待小人，不管是国君、大臣还是巨贾，不管地位多高、势力多大、财富多少，一律蔑视，他也绝对不会对这类强权者讲什么"忠、恕"。虚与委蛇、顾左右而言他等，就是孔子用来对付这些小人的策略。

卫灵公问他兵法，他就说不懂，卫灵公若不是知道孔子带过兵打过胜仗，怎么会请教他这方面的知识？佛肸、公山不狃请他去做官，他都答应，可就是不去。更有趣的是孔子在蒲地被迫签订盟约，不能去卫国国君那里告状，可孔子出了蒲地就去卫国告状去了，弄的其弟子非常不解，责问他为何不守信，孔子说，对那种人守信老天不答应呀。

这句话，本是孔子应付小人的推脱之词，却由于错误的解释，把孔子说成是看不起妇女，把妇女贬低与小人归于一类的大男子主义者，真是对孔子极大的亵渎。

真实的孔子说:"子生三年，然后免于父母之怀……予也有三年之爱与其父母乎？""父母之年，不可不知也""父母之所爱亦爱之，父母之所敬亦敬之"。

要孩子敬重父母、挚爱父母，怎么可能把自己的母亲与所有的女性都污蔑成小人的同类？

孔子不仅从来就没有歧视过女人，而且是非常尊敬女人！

鲁哀公娶妻，问孔子说：我是一个穿着王服、戴着王冠的国君，去迎接新娘，是不是过于看重女方啦？孔子说：两个不同姓氏的人结合在一起，就是大事了，不该隆重吗？传宗接代、生儿育女都要靠妻子，那是有关每个家庭、乃至国家和民族存亡，对待妻子怎么隆重都不过分吧？你能不尊敬妻子吗？

参考：

《孔子家语》：昔三代明王之必敬妻子也，盖有道焉。妻也者，亲之主也，子也者，亲之后也，敢不敬与？"

17.25 子曰："年四十而见恶焉，其终也已。"

释义：孔子说："人若年过四十还有恶习，这辈子算完了。"

有的解释说这是孔子在激励那些有恶行的人，改正错误，争取上进吧。

还来得及吗？古人那时的平均寿命也不过三、四十岁，可不就是完了吗？不要说孔子活了七十三岁，那可是凤毛麟角，人生七十古来稀呀。

参考：

《论语正义》："年在不惑，而为人所恶，终无善行。"

第十八篇　微子

18.1　微子去之，箕子为之奴，比干谏而死。孔子曰："殷有三仁焉。"

释义：微子辞官走了，箕子装疯自甘为奴隶，比干因强谏而死。孔子说："殷代有三个仁人呀。"

微子、箕子、比干，都是纣王的至亲。只是纣王干起缺德事来，可不管什么兄弟、叔伯，只要是敢劝谏，照样挖心剖肝。小人在位，为满足私欲敢于冒天下之大不韪，无所不用其极，可怕！

参考：

《史记·殷本纪》："纣愈淫乱不止。微子数谏不听，乃与大师、少师谋，遂去。比干曰'为人臣者，不得不以死争。'乃强谏纣。纣怒曰'吾闻圣人心有七窍。'剖比干，观其心。箕子惧，乃佯狂为奴，纣又囚之。"

18.2　柳下惠为士师，三黜。人曰："子未可以去乎？"曰："直道而事人，焉往而不三黜？枉道而事人，何必去父母之邦？"

释义：柳下惠担任典狱官，多次被罢黜。有人说："先生为什么不去别的国家做官呢？"柳下惠说："以正直的道义就会得罪人，去哪个国家又不会被多次罢免？如果用邪门歪道的渎职行为取悦人，又何必离开祖国呢？"

柳下惠说的是至理名言，天下乌鸦一般黑的社会状态下，正直的人到哪里都会受排挤。在鲁国还能够三起三落，已经是还算清明尚存的国家了。

参考：

《论语集解》："士师，典狱之官。"

18.3　齐景公待孔子曰："若季氏，则吾不能。以季、孟之间待之"。曰："吾老矣，不能用也。"孔子行。

释义：齐景公被问到给孔子什么样的待遇时说："如果像给季氏那样的地位，

我给不了，给以季氏与孟氏之间的待遇吧。"齐景公说："我老了，没什么作为了。"孔子离开齐国。

"吾老矣，不能用也"，多解释为：我老啦，不能用你孔子了。也有的解释是不用孔子的治国之道。

齐景公能够给孔子高达鲁三桓之间的待遇，不低了。可当孔子听到齐景公说"我老了，不能用了"，孔子行，走了。

孔子理解成什么意思才离开了齐国？不用孔子？老了就不能用孔子了？不能用孔子的治国之道？必须年轻才能用孔子？才能用孔子的治国之道？是不是不合理、很纠结？

史记说得很清楚，有齐国大夫要害孔子，孔子听说了，告诉齐景公，齐景公回答：我老了，没有用啊。意思是无能力管束和制止那些胡作非为的大夫啊。孔子要是不走，等死呢。

参考：

《史记·孔子世家》："齐大夫欲害孔子，孔子闻之。景公曰'吾老矣，弗能用也。'孔子遂行，反乎鲁。"

18.4 齐人归女乐，季桓子受之。三日不朝，孔子行。

释义： 齐国赠给鲁国女伎，季桓子收下后，多日不上朝，孔子辞职走了。

夏桀荒于妹喜，商纣荒于妲己，周幽王荒于褒姒。前朝国君的荒淫误国悲剧，又要发生在当今的鲁国，让孔子心惊肉跳，怎么还能待得住？

参考：

《论语新解》："齐人谋沮之，馈鲁以女乐，定公与季孙君臣相与观之，废朝礼三日，孔子遂行。"

18.5 楚狂接舆歌而过孔子曰："凤兮凤兮，何德之衰？往者不可谏，来者犹可追。已而已而，今之从政者殆而。"孔子下，欲与之言，趋而辟之，不得与之言。

释义： 楚国狂人接舆唱着歌从孔子的车边走过："凤凰啊凤凰，你的德运为何如此衰弱？过去的事没得可说了，以后的事还是可以做的。算了算了，现在的执政者危险了。"孔子下车，想和他谈谈，可是接舆迅速躲避了，孔子没有得到与他谈话的机会。

"楚狂"，多解释为楚国狂人。

如果这个人狂得已经达到国家级别，他的狂事史册却没有任何记载，这就不正常了。而且所谓狂人，就是说话做事、处理任何事物，都直来直去，任性妄为，不管后果，无所顾忌，从接舆对孔子的表现，却是小心而又谨慎。

他用歌这个形式告诉孔子，用凤这个鸟中之王来比喻楚国执政者，又用躲避不见来置之身外。这种人与其说是"狂"，不如说是"智"！而且是非常智慧！

"楚狂"，也有说一个姓狂的楚人，工作是接舆。他唱着歌，走过孔子的车旁，告诉孔子楚国的现状，却在孔子下车要与他交谈的时候，跑了。可能他认为自己没有解决楚国道德衰落的能力，孔子也不可能从他那里得到什么有益的意见和建议，所以只告诉孔子目前的现状，让孔子自己去想一想，应该怎样与楚国国君谈以德治国、以道施政罢了。

参考：

《论语集注》："凤有道则见，无道则隐。接舆以比孔子，而讥其不能隐为德衰也。"

18.6 长沮、桀溺耦而耕。孔子过之，使子路问津焉。长沮曰："夫执舆者为谁？"子路曰："为孔丘。"曰"是鲁孔丘与？"曰：："是也。"曰："是知津矣。"问于桀溺，桀溺曰："子为谁？"曰："为仲由。"曰："是鲁孔丘之徒与？"对曰"然。"曰："滔滔者天下皆是也，而谁以易之？且而与其从辟人之士也，岂若从辟世之士哉？"耰而不辍。子路行以告，夫子怃然曰："鸟兽不可与同群，吾非斯人之徒与而谁与？天下有道，丘不与易也。"

释义：长沮、桀溺一同耕田。孔子路过，让子路问他们渡口在哪里。长沮问："给谁驾的车呀？"子路说："是孔丘。"问："是鲁国的孔丘吗？"子路说："是的。"长沮说："他应该知道渡口在哪儿呀。"子路又问桀溺，桀溺反问："先生大名?"子路说:"我叫仲由。"桀溺问:"是鲁国孔丘的学生吗?"子路说:"没错。"桀溺说:"无德的人和事如滔滔洪水一样天下到处都是,谁想着去改变它?况且与其追随逃避乱政坏人的人,不如追随那些直接避开世道的隐士不是更好吗?"说完接着继续耕作。子路回去告诉孔子,孔子怅然若失地说:"人与鸟兽不可能同群,我不与人打交道又和谁打交道呢?天下自有为人处世之道,我孔丘不会去改变自己的做法。"

滔滔黄河到处泛滥,祖先袖手旁观了吗?多少代不是都在治理吗?到了大禹时代黄河已经驯服多啦。"汤放桀、武王伐纣",不是有人去消除人祸吗?天下无道,小人众多,势如水火。大家若都避世隐居山林,就要与鸟兽同群,而只管自己吃饱肚子,管他是谁在祸害天下,谁在受苦,说是高尚的隐士,其实就是典型的利己主义者,为孔子所不为。孔子认为贤德的人,确实不能与无道之人为伍,不能为虎作伥,但是不能抛弃力求改变的责任。

参考:

《论语集注》:"耦,并耕也。"

《论语集解》:"士有辟人之法,有辟世之法。长沮、桀溺谓孔子为士,从辟人之法;己之为士,则从辟世之法。"

18.7 子路从而后,遇丈人,以杖荷蓧。子路问曰:"子见夫子乎?"丈人曰:"四体不勤,五谷不分,孰为夫子?"植其杖而芸。子路拱而立。止子路宿,杀鸡为黍而食之。见其二子焉。明日,子路行以告,子曰:"隐者也。"使子路反见之,至则行矣。子路曰:"不仕无义。长幼之节不可废也,君臣之义如之何其废之?欲洁其身而乱大伦。君子之仕也,行其义也,道之不行已知之矣。"

释义:子路随着孔子出行掉了队,遇见一位老人,用拐杖挑着农具,子路问他:"先生看见我的老师了吗?"老人说:"我的手脚不灵活了,眼睛也花得分不清五谷了,哪个路过的人是你的老师呀?"把拐杖插在地里除草去了。子路拱手站立等待。老人留子路在他家住宿,杀鸡做饭给子路吃,还叫自己的两个儿子与子路相见。第二天,子路赶上孔子并且告诉了昨天遇见老翁的事。孔子说:"这是个隐士呀。"让子路回去看看他。子路回到昨天遇见老翁的地方，老翁一家已经走了。子路说："有才能却不担任职责就是不讲道义。长辈与晚辈的辈分不可以废除，君臣所担负的道义怎么能废除呢？本想自身清白却扰乱了大伦理。君子任公职，是为了实行道义，许多人不遵守道义，我早就知道了。"

"四体不勤、五谷不分"历代解释都是老翁对孔子的评价与不满，这是不对的。不同的职业有不同的勤奋，孔子为推行德政，不论寒冬酷暑，不分春夏秋冬，不管风狂雨暴，艰难困苦，四处奔波行走列国，怎能说是四体不勤呢？

如果说"五谷不分"更不能用于孔子，孔子虽然不是农业专家，但是却担任过"委"吏，"乘田（司职）"吏，负责管理粮仓，各类粮食都登记得清清楚楚（料量平），怎么可能分不清五谷？负责管理牧场，牛羊满圈（蓄蕃息），连五谷之苗都能分得清清楚楚。孔子更精通祭祀，用于祭典场合的粮食，是有严格的分类要求的。所以，说孔子五谷不分不符合事实。

老农留下子路在家里过夜足以体现信任，更是不惜杀了农家舍不得的鸡给子路当晚餐，还把自己的两个儿子介绍给子路，展示了老农对孔子弟子的浓浓情意。对孔子的弟子都这样以礼相待，怎么会对孔子如此无礼呢？他又是出于什么目的、怎么可能凭空捏造、颠倒黑白污蔑孔子呢？

人家老农形容自己的话，就因为没有主语，错以为是说孔子，着实让人哭笑不得。老农只是回答看没看到，为什么没有看到，不是品评孔子。

而更重要的是，"四体不勤，五谷不分"本不是本节的重点，而是"子路曰'不仕无义。长幼之节不可废也，君臣之义如之何其废之？欲洁其身而乱大伦'。"

"天下兴亡，匹夫有责。"为了洁身自好而逃避责任，还是有德之君子吗？这才是本节的主要意义。

参考：

《论语集注》："蓧，竹器，……植，立之也。芸，去草也。"

18.8　逸民：伯夷、叔齐、虞仲、夷逸、朱张、柳下惠、少连。子曰："不降其志，不辱其身，伯夷、叔齐与。"谓柳下惠、少连"降志辱身矣，言中伦，行中虑，其斯而已矣。"谓虞仲、夷逸"隐居放言，身中清，废中权。""我则异于是，无可无不可。"

释义：品节超凡脱俗，不为权势所颐指气使的人：伯夷、叔齐、虞仲、夷逸、朱张、柳下惠、少连。孔子说："不降人格志气、不辱没自身的是：伯夷、叔齐。"说柳下惠、少连是"虽然降低人格辱没自身，但是说话讲道理，行为中规中矩，还是可以吧"。说到虞仲、夷逸："隐居避世不再谈论政事，保持自身清白，自废权势。""我则和他们不一样，只要能够实现推行道德的理想，没有什么可以的或者不可以的。"

"隐居放言"，多解释是隐居但是随便发议论，或是放肆直言。都隐居了，谁知道他们怎样说话？怎么又知道直言什么？"放言"，是放弃谈论时政，对于社会而言，就是听不到他们的声音了，不是放声高谈。

参考：

《论语集注》："伦，义理之次第也。虑，思虑也。中虑，言有意义合人心。"

《论语集解》："遭乱世，身废弃以免患，合于权也。"

18.9　太师挚适齐，亚饭干适楚，三饭缭适蔡，四饭缺适秦，鼓方叔入于河，播鼗武入于汉，少师阳、击磬襄入于海。

释义：负责奏乐的乐官长太师挚到了齐国，负责第二餐奏乐（亚饭）的干到了楚国，负责第三餐奏乐（三饭）的缭到了蔡国，负责第四餐奏乐（四饭）的缺到了秦国，负责击鼓的方叔去了黄河边，负责弦乐的武去了汉水，副乐师阳、击磬的襄去了海边。

礼节不讲了，宣传礼仪的队伍也就被解散了。文艺宣传的重要性，往往从世道可以看出。

参考：

《礼记·乐记》："故礼以道其志，乐以和其声，政以一其行，刑以防其奸。礼、乐、刑、政，其极一也，所以同民心而出治道也。"

18.10 周公谓鲁公曰："君子不施其亲，不使大臣怨乎不以，故旧无大故则不弃也，无求备于一人。"

释义：周公对鲁公说："君子不能放松放弃亲和力，不要使大臣们对自己有怨气，老臣属没有大的错误不要弃用，不要对一个人求全责备。"

"施"通"弛"，"不施"，是不放松的意思。"其亲"不是其亲戚或亲属。

有的解释说"君子不施其亲"，是君子不怠慢或不疏远自己的亲属。

君子只亲近自己的亲属，是不是太狭隘了？亲属，也有亲有疏呀。支持你以德敬岗敬业的，有困难相助的就是亲；求你要官做，要贪污，就是亲属也会避之不及，能不疏远吗？

"其亲"指的是"自己的亲和力"，论语主要讲的是公职人员的道德，这句话是说君子本人对同事或员工的亲和力，也是对公职人员所用，上下文才能对应。

参考：

《礼记·坊记》："弛，弃忘也。"

《论语集注》："以，用也。"

18.11 周有八士：伯达、伯适、仲突、仲忽、叔夜、叔夏、季随、季騧。

释义：周代有八个贤士：伯达、伯适、仲突、仲忽、叔夜、叔夏、季随、季騧。

孔子为什么要提出这八个周朝贤人？多无解释，因为没有详细资料。据《逸周书》记载，这八名德才兼备之人，各有所长。伯达通义达理，伯适大度能容，仲突有御难之才，仲忽有综理之才，叔夜柔顺不迫，叔夏刚明不屈，季随有应顺之才，季騧有良马之德。

这八人按照伯、仲、叔、季排列各两对，据说是一母所生四胞胎，都是周代早期贤人，辅助周朝昌盛繁荣。

参考：

《春秋繁露·郊祭传》："周国子多贤，蕃殖至于骈孕男者四，四产而得八男，皆君子俊雄也。"

第十九篇　子张

19.1　子张曰："士见危致命，见得思义，祭思敬，丧思哀，其可已矣。"

释义：子张说："有德的人看见大众有危难可以贡献自己的生命，看见可以获得的利益时先去想符不符合道义，祭奠先人时诚心敬重，亲友去世时痛苦哀伤，这就可以了。"

"士"有多种解释，子张所说的士，根据前后文来看，指的是"品德好、有学识、有技艺"的人的美称，包括出仕做官的士。

参考：

《史记·魏公子列传》："公子为人，仁而下士，士无贤不肖，皆谦而礼交之。"

19.2　子张曰："执德不弘，信道不笃，焉能为有？焉能为亡？"

释义：子张说："有了道德观念却不去身体力行、弘扬光大，信奉道义但是又不坚定，怎么能说他有德？又怎么说他无德？"

"焉能为有？焉能为亡？"多解释为这样的人在社会上多一个或少一个都无足轻重。有点儿偏激，过重了。人是世间最宝贵的，即使是"执德不弘，信道不笃"。

虽然观念不牢固，做的好事不多，对社会贡献不大，但最起码他没有做小人做坏事，是社会的稳定力量，这种人多一点是好事，可不能让这些人都"为亡"。

子张说的有与无，是道德。一个人要为社会、为民众多做好事，必须要有坚定的、深厚的、高尚的道德信念，并且去发扬光大，才是一个摆脱了平庸、具有高尚道德的贤人。

参考：

《论语注疏》："人执守其德，不能弘大，虽信善道，不能笃厚。"

19.3 子夏之门人问交于子张。子张曰:"子夏云何?"对曰:"子夏曰:'可者与之,其不可者拒之。'"子张曰:"异乎吾所闻。君子尊贤而容众,嘉善而矜不能,我之大贤与,于人何所不容?我之不贤与,人将拒我,如之何其拒人也?"

释义:子夏的门人向子张请教怎样与人交往。子张问:"子夏是怎么说的?"门人答道:"子夏说:'可以交往的就交往,不可交往的就拒绝交往。'"子张说:"我听说的不是这样的。君子尊重贤德而能够容纳众人,赞美良善而怜惜弱者,我要是个有贤德之人,人家为什么不能容我?我如果是个无贤德之人,别人会拒绝与我交往,我怎么能够拒绝与他人交往呢?"

有的解释说子夏的交友是论党派交友,子张是论地位尊卑交友,子夏是友交,子张是泛交。此说误。孔子的学生都知道,人是不以地位区分尊卑的,人的尊卑,区分的标准是道德的高低。

子张很有意思,自己与人交往的原则与子夏一样,但是就说不一样。哪里不一样?子夏说能交的就交,说的是与自己三观一致的人交往,不能交的就不交,与自己三观不一致的就不交往,是说自己从主观出发去主动交友。子张说,道德观念一样的人会主动与我交往,道德观念与我不一样的人,会拒绝与我交往。与子夏交友有什么"异"?与子夏的不同,只不过就是被动与主动交友而已,都没有离开"人以群分"这个范畴吧?

参考:

《孟子·万章章句下》:"不挟长、不挟贵、不挟兄弟而友。友也者,友其德也,不可以有挟也。"

19.4 子夏曰:"虽小道必有可观者焉,致远恐泥,是以君子不为也。"

释义:子夏说:"有的道义虽然小,但是必定也有可以欣赏学习的地方,不过要达到更高的思想境界恐怕有碍,所以君子不能只修为成小道。"

有的解释"小道"是小的技艺,不对。技艺只是谋生的手段,而道义是为人的根本。"君子不为也",是君子不能只修为成小有道德之人。与君子对应的只能是道义,与谋生手段为对应的,是各种匠人。

参考：

《论语集注》："泥，不通也。"

19.5　子夏曰："日知其所亡，月无忘其所能，可谓好学也已矣。"

释义：子夏说："每日学习了自己缺少的道德知识，每日习练实践不要忘记自己已经掌握的道德知识，就可以说是好学了。"

"日知其所亡，月无忘其所能"，可以用熟能生巧这个成语概括，但是这个"熟"，需要身体力行。有的解释是：每天都学习自己不知道的，每个月不遗忘所学的。每天都学新知识，还要每个月不忘所学的，能办得到吗？没有复习巩固的时间，学了也记不住。

更何况"学"的是德育，而且要"时习之"，不断用于提醒、反省自己的所作所为是否符合道德规范和用于社会实践，才能牢记。

"能"，指的是"所亡"里包含的还没有学习的道理，引申来说，就是学习了每一个具体的道德观念，你就应该懂得这方面的道德规范、能去指导你在社会上做什么，怎么做。

参考：

《论语集注》："好学者，日新而不失。"

19.6　子夏曰："博学而笃志，切问而近思，仁在其中矣。"

释义：子夏说："广泛深入地学习道德文化从而坚定自己的志向，深入探讨但是首先要考虑目前要解决的问题，仁德就在其中了。"

有的解释博学就是学识广，不错，但不全面更不具体，学识再广，文学科目及数、理、化等专业水平再高，就会自然成为仁德的人了吗？一个人的学识即使再广，学问再大，只要道德观念低下，会有什么志向？志向能有多高？

知识不缺但是无德，这种人考虑与达到的志向是只为自己升官、发财、搞女人、谋福利，这样的志向对社会对民族、民众有什么好处呢？尤其是"仁"体现在哪里的"其中"呢？

所以，强调这个"博学"，就是仁德之学，是修为心灵的"仁德"的思想文化知识，才是对社会有益、对民众有益、对国家有益，才是处世最重要、最根本的知识。只有这个知识,才能正确立志,才能正确考虑和解决现实存在的问题,才能施仁德于天下万物。

参考:

《礼记·大学》:"自天子以至于庶人,一是皆以修身为本。"

《论语集解》:"博学而笃志,广学而厚识之也。"

19.7　子夏曰:"百工居肆以成其事,君子学以致其道。"

释义:子夏说:"各种工匠在作坊里制作完成他们的产品,君子学道德才能情操高尚。"

工匠只能在车间里才能完成产品,君子只能在道德文化学习中完成高尚道德修养。

要达到目的,就要各得其所。离开正确的路,就会越走越偏,子夏的比喻恰如其分。

参考:

《论语注疏》:"百工处其肆则能成其事,犹君子勤于学,则能至于道也。"

19.8　子夏曰:"小人之过也,必文。"

释义:子夏说:"小人做了坏事,必定要粉饰掩盖。"

只要是知错不改、文过饰非,甚至是错上加错,必定是小人。没错!

参考:

《论语集注》:"文,饰之也。"

19.9　子夏曰:"君子有三变:望之俨然,即之也温,听其言也厉。"

释义:子夏说:"君子有多种不同的表现:远看庄严肃重,接触时温和可亲,听他说话切中时弊。"

"听其言也厉",多解释为:听他说话严厉。

"厉"不是厉害、严厉,因为君子没有必要对谁、对什么事说话都厉害、严厉,而是分析问题清晰、锐利。

参考：

《论语正义》："即，就也。"

19.10 子夏曰："君子信而后劳其民，未信，则以为厉己也；信而后谏，未信，则以为谤己也。"

释义：子夏说："君子取得信任后才能动员民众，没有获得信任，百姓就以为是祸害自己；君子要取得他人信任后才能提出意见、建议或规劝，未得到他人信任，就会使人感到你在毁谤人家。"

"君子信而后劳其民"，多解释为：君子取得信任后才能役使民众。这种解释有让百姓为某个人干活出劳役的意思，甚至还有强迫的意味，与取"信"之后，百姓自愿出力不符。"信"后"劳其民"，是使百姓认为，此事对自己和大家都好，才心甘情愿的出劳献力。

"则以为谤己也"，解释为：多以为毁谤自己。这个解释没有说清楚，是毁谤进谏之人自己，还是纳谏之人自己感到受到毁谤呢？

参考：

《论语注疏》："君子若在上位，当先示信于民，然后劳役其民，则民忘其苦也。"

19.11 子夏曰："大德不逾闲，小德出入可也。"

释义：子夏说：（对他人的要求）"大的道德规范不能逾越，小的操守错误可以容忍。"

注意：这句话没有主语，有的人会误以为这是对自己的要求，错了。

这句话是对别人的要求。周围的人都道德高尚、连小错误从来都不犯，固然好，只是办不到。对别人的品行要求那么高，就会水至清而无鱼，人至清而无友，对他人要求不能太严格，不能拿对自己的要求来要求别人。

对自己要"日三省吾身"，小德也不出入，不能有一点点放松，才能成为高尚君子。

参考：

《论语集注》："闲，阑也，所以止物之出入。"

《新序·节士》:"山锐则不高,水狭则不深。"

19.12　子游曰:"子夏之门人小子,当洒扫应对进退则可矣。抑末也,本之则无,如之何?"子夏闻之,曰:"噫!言游过矣。君子之道,孰先传焉?孰后倦焉?譬诸草木,区以别矣。君子之道焉可诬也?有始有卒者,其惟圣人乎?"

释义:子游说:"子夏的门人学生,打扫打扫庭院,接待接待客人没问题,但这只不过是做人的旁枝末节,没有学到做人的根本,怎么能行呢?"子夏听到后,说:"噫!子游错了。君子的道德修养,哪个方面先传授,哪个方面又后传授?比如拿识别草木来说,也都分类区别讲解。君子的道德教育方法怎么可以歪曲呢?能知道从哪个地方开始传授,到哪个地方结束,只是圣人才能做到的吧?"

"有始有卒者,其惟圣人乎?"多解释为:能够从头到尾完成教育的,只有圣人吧?应该说得通,但是与上文中人的教育起点不同,有自我否定的嫌疑。

因人施教,起点高低不同,不能认为不是开始;不同时间结束,也不能认为是没有完成。从上下文来分析,子夏认为,不仅仅是圣人才能知道谁应该从哪里开始,又该从什么时候结束。一个好的老师,就能根据学生自身的道德修养起点,给予不同的教学内容和教学的时间,这一点,只有圣人才能做到吧?如果把不同水准的学生统一教学起点和结点,恐怕是圣人也做不到的。

参考:
《四书集注》:"圣人施教,各因其材,小以小成,大以大成,无弃人也。"

19.13　子夏曰:"仕而优则学,学而优则仕。"

释义:子夏说:"要做优秀官员就要修养好道德,修养好的人可以担任官员。"

"优"还有"余力"的意思。

有的解释成"官员有余力就去学习",还说得通,只是牵强,因为道德修养是时时事事都要想到、做到,工作实践中也要培养,而不是等到有余力。

后一句再解释成有余力就有点儿让人莫名其妙,"学习有余力可以做官",用余力去做官?

所以，这句话里的"优"，就是胜过、比别人强、比别的学生优秀的意思。这样品学兼优的有德之人，才能够出仕做官，不是用余力去做官，做官就要竭尽全力做好官。

参考：

《论语或问》："仕优则学，为已仕者言也……学优而仕，为未仕者言也。"

19.14　子游曰："丧致乎哀而止。"

释义：子游说："居丧致意已达到哀伤的程度就可以了。"

不管对自己还是别人的亲人离世，参加丧事表示出自己的悲伤之情就可以了，不可过分。故意哭天抹泪号啕得比其他人声音大，甚至满地打滚或至自残等，那就不是真心哀痛，而是给别人表演看的行为。

这些人，往往在死者生前不亲、不忠、不孝，丧事却大办厚葬，表现得痛不欲生，真应了那句俗话"生前不孝、死后哭闹"，糊弄人还是鬼呢？

参考：

《孝经·丧亲章》："三日而食，教民无以死伤生，毁不灭性，此圣人之政也。丧不过三年，示民有终也。"

19.15　子游曰："吾友张也为难能也，然而未仁。"

释义：子游说："我的朋友子张已经做得难能可贵了，只是还没有修为成仁德的最高境界。"

"未仁"不是不仁、没有仁，否则子游也不会说他"为难能也"。意思是修为自己的"仁德"已经到了难能可贵的程度了，虽然还是没有达到圣人博爱的地步。

子张是一个见危致命、见得思义、祭思敬、丧思哀的有德君子，唐代被追封为陈伯，宋又多次加封为宛丘侯、颖川侯、陈国公，升十哲位，孔子的门生享此尊荣的不多呀。

参考：

《孔子家语·弟子行》："美功不伐，贵位不善，不侮不佚，不傲无告。"

19.16 曾子曰:"堂堂乎张也,难与并为仁矣。"

释义:曾子说:"仪表堂堂的子张呀,难以达到他仁德的高度。"

这段话,有的解释是相貌堂堂,但仁德不够高尚。有的解释是子张的容仪威严,仪表容貌他人难以企及,与仁德不相称。这是什么话?嫉妒?人长得好,服饰得体,以长相服饰论人,不是道德修养的重要标准吧?

曾子与子游对子张的不同评价,是每个人看人的角度不同。子游说他的仁德修养还未尽善尽美,但并不是说子张没有道德修养,也不能说子游自认为自己的道德修养就比子张高。曾子说得更清楚,子张的仁德自己难以比肩。

不过,不仅这两个人,还有孔子对子张的评价来看,子张的形象在其他学生的印象中各有不同,子张是庄重有余,活泼、活跃不足,使人有拒之千里的感觉,确实有与他人交流不善的问题。

参考:

《论语训》:"亦言子张不可及也。难以并,不能比也。"

19.17 曾子曰:"吾闻诸夫子,人未有自致者也,必也亲丧乎。"

释义:曾子说:"我听夫子说:'人没有感情彻底坦露的时候,如果有也是在亲人去世的丧事上。'"

"自致",有的解释是人未必在其他事情上尽全力,只有在亲人的丧事才会致尽。这个解释,对于某些无道德的人恐怕名不副实。丧事上人的感情流露才是最真实的。痛苦、痛心、虚情、假意,一目了然。而现在甚至连僧哭、陪哭都光明正大地出现了,人的无情冷漠也不过如此了吧?

参考:

《论语集注》:"致,尽其极也,盖人之真情所不能自已者。"

19.18 曾子曰:"吾闻诸夫子,孟庄子之孝也,其他可能也,其不改父之臣与父之政,是难能也。"

释义:曾子说:"我听夫子说,孟庄子的孝顺,其他都可能做得到;但是他即位后不辞换父亲掌政时的旧臣,不改变父亲颁布施行的政令,难能可贵呀。"

被孔子称为孝子的孟庄子,不辞退父亲的旧臣,不改父亲施行的政策,就会被孔子称为"孝"？封建社会，越往后发展，私心私欲也越加强烈，残酷压迫、搜刮民财的政策法令及私有制度越完备。而孟庄子不与时俱进，不改前人尚存的仁爱之德，不修改过去的政策法令，这才是孔子称为孝弟的原因。

还记得鲁哀公因为税收不足问有若怎么办，有若说"盍彻乎？"？回到税收更轻的时代去呀。"彻"法，西周及之前的赋税制度，十取一，但是到了春秋时期，是十取二，是不是改变了先人的制度？是不是权贵更富、剥削更重的制度？

季氏为了更多地搜刮民财，改变田赋制度，冉求为季氏的家臣，孔子请他劝季氏不要改变过去的政策，但是冉求没有阻止，甚至还帮助季氏推行，气得孔子呼吁学生们群起而攻之。

参考：

《尚书·周书·毕命》："政贵有恒。"

《论语集注》："其父献子，名蔑。献子有贤德，而庄子能用臣，守其政。"

19.19 孟氏使阳肤为士师，问于曾子。曾子曰："上失其道，民散久矣。如得其情，则哀矜而勿喜。"

释义：孟孙氏任命阳肤掌管刑罚，阳肤向曾子征求意见，曾子说："位居上层的人失去道德，民众离心离德很久了。你如果知道这个状况，应该感到哀伤怜悯而不能高兴。"

上行下效，上梁不正下梁歪，社会风气就是被私有观念的统治者一代接一代、变本加厉地败坏了。这样的状况下当官，是应该喜还是哀？

参考：

《论语正义》："离散，谓民心畔离，违经犯道。"

19.20 子贡曰："纣之不善，不如是之甚也。是以君子恶居下流，天下之恶皆归焉。"

释义：子贡说："纣王的丑恶，不像传说和评价那么不堪。所以君子厌恶自居污贱下流之处，这样就会把天下所有的恶名都归集自己一身。"

所谓墙倒众人推，枯井任人填。

参考：

《列子·杨朱》："天下之美，归之舜、禹、周、孔，天下之恶，归之桀、纣。"

19.21 子贡曰："君子之过也，如日月之食焉：过也，人皆见之；更也，人皆仰之。"

释义：子贡说："君子的过错，如同日食和月食，犯错误人人都能看得到，改正错误人人都敬仰。"

什么叫好事不出门，坏事传千里？只是子贡说得好：做错了事情不可怕，大家可以看到错的，也就能看到改过的，只要改了，不仅仅是照样敬佩，而且会敬仰。

参考：

《陆九渊集·与傅全美书》："闻过则喜、知过不讳、改过不惮。"

19.22 卫公孙朝问于子贡曰："仲尼焉学？"子贡曰："文武之道未坠于地，在人。贤者识其大者，不贤者识其小者，莫不有文武之道焉。夫子焉不学？而亦何常师之有？"

释义：卫国的公孙朝问子贡："仲尼怎么学到这么多学问？"子贡答："文王、武王的道德精神至今没有失落，在于人们持续的传承。贤德的人学它的高尚伟大情操，不那么贤德的人也能陶冶小的方面情操，这些都是文王武王的道德规范的体现，夫子怎么能学不到呢？又有什么固定的老师呢？"

孔子学道，无所不教，无处不学，无书不修，无时不省，集万物、圣贤及民众之上德于一身，故能博闻强记，无常师而博学。更有利的客观条件是，"大公无私"的思想，高尚的道德观念，流传到春秋，还散落在世间，俯拾皆是，并没有消失。

参考：

《孟子·万章下》："孔子之谓集大成。集大成也者，金声而玉振也。"

19.23　叔孙武叔语大夫于朝，曰："子贡贤于仲尼。"子服景伯以告子贡。子贡曰："譬之宫墙，赐之墙也及肩，窥见室家之好；夫子之墙数仞，不得其门而入，不见宗庙之美，百官之富。得其门者或寡矣，夫子之云不亦宜乎。"

　　释义：叔孙武叔在朝廷对大夫们说："子贡比仲尼更贤德。"子服景伯把这话告诉了子贡。子贡说："用宫墙打个比方，我家的墙也就刚到肩膀那么高，能够从外边看见屋里布置得很好；孔夫子的院墙有好几丈高，如果不从门进去，就看不见里面的宫殿庙宇的华美，百官的富有。能够进到孔夫子门里的人很少，所以对夫子的评论不合适。"

　　"百官之富"，多解释为宫殿多而富丽。"官"通"馆"，本身也有房子的意思。但是直接用"百宫""百殿"是否更明确？可子贡为什么用"官"不用"宫"呢？孔子是语言大师，子贡是大师的弟子，用词可谓用心。

　　子贡说宗庙之美、百官之富，是皇家的奢华加上百家官员之富有，也比不上孔子道德品质之华美、富有，更能体现孔子的德深道厚。叔孙武叔也在百官之列，也就是说，你连百分之一都比不上孔子，有什么资格评论孔子呢？拍马屁拍到了蹄子上，被讥讽一下，可以清醒清醒头脑。

　　参考：
　　《论语集注》："七尺曰仞。"

19.24　叔孙武叔毁仲尼。子贡曰："无以为也。仲尼不可毁也。他人之贤者，丘陵也，犹可逾也；仲尼，日月也，无得而逾焉。人虽欲自绝，其何伤于日月乎？多见其不知量也。"

　　释义：叔孙武叔毁谤仲尼。子贡说："没有用呀。仲尼不可能被毁誉。别人的贤德，像丘陵那么高，可以超越；仲尼的道德，像日月那样高，没法超越。有的人想自绝于太阳和月亮，对日月又有什么损害呢？顶多是让人看到他的不自量力而已呀。"

　　这一段说得更明白了，叔孙武叔就是借吹捧子贡诋毁孔子，可是子贡不吃那一套，明明白白告诉叔孙武叔：诋毁孔子，自不量力！

参考：

《孟子·公孙丑章句上》："子贡曰：'见其礼而知其政，闻其乐而知其德，由百世之后，等百世之王，莫之能违也。自生民以来，未有夫子也。'"

19.25 陈子禽谓子贡曰："子为恭也，仲尼岂贤于子乎？"子贡曰："君子一言以为知，一言以为不知，言不可不慎也。夫子之不可及也，犹天之不可阶而升也。夫子之得邦家者，所谓立之斯立、道之斯行、绥之斯来、动之斯和。其生也荣，其死也哀，如之何其可及也？"

释义： 陈子禽对子贡说："先生修为得如此谦恭，仲尼的贤德怎么能比得上先生呢？"子贡说："君子可以因为一句话被别人认为是智者，也会因为一句话被别人认为是蠢才，所以说话不可不慎重呀。孔夫子的贤德人们之所以达不到，就像登天没有台阶。孔夫子之所以能够得到天下民心，就是所说的立身立德、德行天下、安宁随来、动辄众和。他活的时候誉满天下，死后万古流芳，拿什么和他比呢？"

有的解释："夫子之得邦家者"是如果孔子得到封国和封地，就会推行"立之斯立"，等等，意思是孔子没有做到这些。

这个解释逻辑不通，孔子已经去世，如果这些还没有做的话，怎么会"其生也荣，其死也哀"呢？仅仅就是一个设想，就能得到如此殊荣吗？不能如此贬低孔子呀。"夫子之得邦家者"不是得到封土和封地，他得到的是国家和人民的拥戴和人心！

参考：

《论语正义》："为恭者，言为恭敬以尊崇其师也。"

《论语集注》："道，引也，谓教之也。行，从也，绥，安也，来，归附也。"

第二十篇 尧曰

20.1 尧曰："咨！尔舜，天之历数在尔躬，允执其中。四海困穷，天禄永终。"舜亦以命禹。曰："予小子履，敢用玄牡，敢昭告于皇皇后帝：有罪不敢赦，帝臣不蔽，简在帝心，朕躬有罪，无以万方；万方有罪，罪在朕躬。"周有大赉，善人是富。"虽有周亲，不如仁人。百姓有过，在予一人。"谨权量、审法度、修废官，四方之政行焉。兴灭国、继绝世、举逸民，天下之民归心焉。所重：民、食、丧、祭。宽则得众，信则民任焉，敏则有功，公则说。

释义：尧说："嘖！舜呀，在世间落实天意的任务落在你的身上，要不偏不倚地执行。如果天下民众都在遭受困苦，那么上天赋予你的禄位就会永远终结。"舜同样用这番话训诫禹。商汤祭天时祷告说："我是后生小子履，冒昧用黑牛做祭品，冒昧而坦白地告诉皇天大帝：我的罪过不敢要求赦免，作为您的臣属也不敢有丝毫隐瞒，因为您的心如明镜。我自己的罪，与天下他人无关；其他人有罪，责任在我。"

周室得到上天丰厚的赏赐，就是告诫人们行善才能得福。武王曾说："虽然有亲属帮助治理国家，不如自己做一个仁德的人。所有百姓的过错，都是我一个人造成的。"要谨慎计算税收税率、审查法律法规有没有不合理的条款、恢复有利于国家运转的官职，这样才能政通令行。复兴那些被灭掉的诸侯国的经济、让人们继承那些断绝了后代的产业、举用那些隐居在民间的人才，那么天下的民众就会心归一处。需要重视的是：民众、粮食、丧葬、祭祀。为人宽厚就会得到民众拥护，诚实处世就会得到民众信任，做事及时不拖沓才会功及民众，公平正义才会让天下人都高兴。"

"兴灭国、继绝世、举逸民"，多解释为：恢复、复兴灭亡的国家、承续断绝的后代、举用闲逸的人才。

如果按照上面的解释，孔子就是想复辟过去的东西。

尧说的这句话因为引用在《论语》里，就被一些没有读过《论语》的人误认为是孔子说的。即使有的人是知道这句话出于尧帝，但既然《论语》采用，也必然是孔子的意愿和主张。

孔子确实赞同"兴灭国、继绝世、举逸民"。

反对的人为此对孔子进行毫不留情的批判，赞同的人坚决拥护、拍手叫好。可是不管是批判还是叫好，都没有明白他们是在误解的基础上做出的反应。

举用闲逸的人才，没问题。可怎么恢复灭亡的国家？把已经灭亡的夏、商、周及诸侯国都恢复？可能吗？

不要说西周之前有多少个国家，仅春秋初期，就有一百七十多个，楚庄王灭了三十六个，晋献公灭掉十九个，秦穆公灭二十个，齐桓公灭三十五个，这就灭掉了一百多个国家。到战国时期，只有七个大国数个小国了。这么多朝代、成千上万的国家都要恢复起来，孔子是觉得国家不够多还是国君不够多？社会不够乱？如果不是，那又是出于什么目的呢？

说孔子主张恢复灭掉的国家，这种解释讲不通。

话要说清楚呀，灭掉的国不可能恢复，可是原有的国土能兴。"兴灭国"，是省略句，必须要补足的是：兴旺发达那片被灭国家的地方，兴的只是那片已经归于他国的土地，不是复国！

"继绝世"，绝世的人也不可能承续，补足全句应该是：以其他民众承续断绝了世袭之人之业，也只能是其他民众承续所灭国断了世袭的国土。即使对被灭了的国家原执政者或尚余的亲属怜悯，可能给他们一块土地，但也与承续他原有的国家没有任何关系。

灭国之战，残酷血腥，国人不是被杀死，就是逃亡，十室九空，荒无人烟，土地无人耕种，荒草遍野，牲畜无人饲养。要继承的是被灭掉国家的国土、要兴旺发达的是这片荒芜的土地。

为什么要这样做？是要"天下之民归心焉"，不是让几个遗老遗少再重新恢复国家，依旧养尊处优。

看看全文，孔子心想的是人民大众，是执政者怎样施行仁政才能使民众幸福生活，他从来不会、也不可能为少数权贵着想。

参考：

《史记·管晏列传》："仓廪实而知礼节，衣食足而知荣辱。"

20.2　子张问于孔子曰："何如斯可以从政矣？"子曰："尊五美、屏四恶，斯可以从政矣。"子张曰："何谓五美？"子曰："君子惠而不费、劳而不怨、欲而不贪、泰而不骄、威而不猛。"子张曰："何谓惠而不费？"子曰："因民之所利而利之，斯不亦惠而不费乎？择可劳而劳之，又谁怨？欲仁而得仁，又焉贪？君子无众寡，无小大，无敢慢，斯不亦泰而不骄乎？君子正其衣冠，尊其瞻视，俨然人望而畏之，斯不亦威而不猛乎？"子张曰："何谓四恶？"子曰："不教而杀谓之虐、不戒视成谓之暴、慢令致期谓之贼，犹之与人也，出纳之吝谓之有司。"

释义：子张问孔子："怎样做才能从政？"孔子说："尊崇五项美好道德、摈弃四种恶行，这样就可以从政了。"子张问："什么是五美？"孔子说："君子恩惠而不靡费、劳苦而无怨言、欲求可得而不贪得无厌、处世坦然而不骄横、威严而不凶猛。"子张问："什么是恩惠而不靡费呢？"孔子说："按照民众所希望得到的利益而颁布让他们获利的政令法规，这不就是施恩惠而不靡费吗？选择那些应该服劳役的人去服劳役，又有谁会有怨言？你想要得到的是仁德而且得到了仁德，还需要贪恋什么呢？君子不管你是拥有人多还是人少、年老年少、社会地位有多低多高，都不敢怠慢，这不就是处世坦然而不骄横吗？君子衣冠端庄，表情庄重，令人望而敬重，这不就是威严而不凶猛吗？"子张问："什么是四项恶劣行为？"孔子说："不教育民众懂得法规法律，犯错就杀人就是暴虐、不告诉别人怎么做就要求他们做好一件事就是暴躁，懈怠政令致使误事误期就是贼害，应该给别人的财物，出手吝啬的就像是守卫仓库的小库吏。"

国家行政人员如果都具有五美的品德，还有贪官污吏吗？都除去了四恶，还会施行恶政吗？

参考：

《论语正义》："谓财物俱当与人，而吝啬于出纳惜难之，此有司之任耳，非人君之道。"

《荀子·富国》："使民夏不宛暍，冬不冻寒，急不伤力，缓不后时，事成功立，上下俱富，而百姓皆爱其上，人归之如流水，亲之欢如父母，为之出死断亡而愉者，无他故焉，忠信、调和、均辨之至也。"

20.3　孔子曰："不知命，无以为君子也；不知礼，无以立也；不知言，无以知人也。"

　　释义：孔子说："不知道天命是什么，不可能成为君子；不知道什么是礼，就无法立身处世；不知道怎样分析别人的言谈话语，就无法了解别人。"

　　"命"，有的解释是：命运。

　　命运，一般指的是个人，一个人的命运如何，谁能事先知道？

　　所以"命"指的是天命，是先天就存在的，是可以通过学习了解得到的，不是指人的命运。

　　参考：

　　《论语集注》："人不知命，则见害必避，见利必趋，何以为君子？"